Llewellyn's
Complete Book of

U0072833

# 儀式魔法全書
## CEREMONIAL MAGICK
### 西方祕法傳統完整指南

隆‧麥羅‧杜奎特、大衛‧修梅克 著

邱俊銘、羅亞琪、邱鈺萱 譯

下冊

楓 樹 林

# 致謝

　　我們兩位編輯想向所有為本書貢獻才華的作者致上最深的敬意，他們的智慧與洞見能夠幫助到未來的求道者。我們特別要感謝盧埃林出版社（Llewellyn）的伊萊西雅・高羅（Elysia Gallo），因為她除了給予專業指引，還有獨家本領，能使兩個瘋狂魔法師專注在這任務並按時完成。我們也要感謝我們的家人、朋友與老師們，感謝你們始終給予愛、智慧與支持。

目錄

# CONTENT

## 第七冊

# 第六冊
# 亞伯拉梅林魔法——馬可斯・卡茨

　　《亞伯拉梅林之書》（Book of Abramelin）是一部在十四到十五世紀用德語寫成的魔法書，教導魔法師認識自己的神聖守護天使並與之交流。其作者署名「沃母斯的亞伯拉罕」，這個有可能是亞科夫・本・摩希・哈利未・墨林拉比（Rabbi Jacob ben Moses ha Levi Möllin，人稱瑪哈利爾〔Maharil〕，約1365–1427年）的筆名，但仍有爭議。[1]

　　本冊先介紹這部魔法書的內容，總結亞伯拉梅林魔法的實踐做法，接著回顧在二〇〇四年花費一百七十七日完成這項儀式的經歷。任何有關亞伯拉梅林的文字內容，都免不了帶有個人色彩。在認識神聖守護天使並與之交流之後，宇宙的一切都有了目的，也被如此看待。在我進入小達人（Adeptus Minor）這個等級的七年後，便遇到能夠讓我執行亞伯拉梅林儀式的狀況條件；在完成亞伯拉梅林的七年後，便正巧開始撰寫《天使之後》（After the Angel）這本記述了我親身經歷的作品；在本書出版七年後，我便突然受邀撰寫本書的這個章節。從儀式完成那一刻起，這七年循環同時向著過去與未來延伸。

　　《亞伯拉梅林之書》跟其他玄祕魔法書有許多相似點，結合了自傳元素、魔法方陣、民俗傳說以及一系列的長時間儀式指導，旨在讓讀者認識自己的守護天使並與之交流。然而，許多人卻把它視為另一種完全不同的魔法類型，包括知名的神祕學家阿萊斯特・克勞利：

> 古老魔法儀式絕大多數不是刻意寫得艱澀難懂，就是真的純粹只是愚蠢的胡扯。那些直觀又易施行的儀式通常都被用來實現受相思病所苦的農人的

---

1. Abraham of Worms, *The Book of Abramelin*, xxiii。

願望，不適合擁有宏偉目標的教育分子。然而，這條定律有一個令人震驚的例外，那就是《魔法師亞伯拉梅林的神聖魔法書》（The Book of the Sacred Magic of Abra−Melin the Mage）。[2]

　　這套儀式為期六或十八個月，由愈來愈嚴苛的靈性活動所組成，最後會召喚出天使，接著叫喚、控制未獲救贖的靈體。

　　這本魔法書（以下簡稱《亞伯拉梅林》）有多個譯本，一開始被翻成法文、德文和希伯來文，後於一八九七年由麥克達格・馬瑟斯從法文翻譯成英文，正式引入西方密契主義晉級制度。

　　法文版的儀式為期六個月，德文版則是十八個月。[3]後來，克勞利將這個儀式作為等級進程的必要元素之一，將之指定為小達人的功課。[4]

　　《亞伯拉梅林》的格式和內容跟其他中世紀魔法書雷同，唯有希望達到的目標例外，不存在於其他魔法書，那就是與守護天使建立直接且持續的關係。然而，透過自傳體例建立著作權威、匿名導師、魔法方陣以及淨化、告解和召喚的儀式等，全都深植於西方的玄祕傳統。[5]

　　這些魔法書為馬瑟斯和黃金黎明赫密士教團的創始人提供了豐富的素材。馬瑟斯便翻譯過多本這樣的著作，包括《所羅門之鑰》和《阿瑪德爾魔法書》（Grimoire of Armadel）。[6]《亞伯拉梅林》可以跟這些著作以及阿格里帕所著的《祕術哲學三書》一起並列為古典作品。[7]

　　其他魔法書雖然通常與召喚靈體、護符和行星魔法有關，但也可看出《亞伯拉梅林》著書目標的端倪。例如在阿格里帕的著作便有提到神聖的惡魔：

---

2. Crowley, *The Confessions of Aleister Crowley*, 172–173。

3. 我自己是進行為期六個月的版本。雖然施行者可自行選擇，但我覺得十八個月的版本可能會導致專注力和強度難以維持的狀況。在本文中，我參考的是馬瑟斯的譯本，頁數則是使用他最初在一九七五年出版的多佛版《魔法師亞伯拉梅林的神聖魔法書》（The Book of the Sacred Magic of Abramelin the Mage）。我之所以採用這個版本，是因為我自己實行亞伯拉梅林儀式時，便是使用此譯本。這裡引用的二十八處段落，跟目前現有的法文或德文版只有些微差異。

4. 編註：請參見第九冊〈泰勒瑪＆阿萊斯特・克勞利〉。

5. "Jewish Elements in Magic," in Butler, *Ritual Magic*, 43, and on Abramelin, 296–297。

6. Mathers, *The Grimoire of Armadel and The Key of Solomon the King*。

7. Leitch, *Secrets of the Magickal Grimoires*, 19–22, and Tyson, *Three Books of Occult Philosophy*。

　　每個人都有一個三層次的好惡魔護佑、保守著自己，一是神聖、一是誕生、一是職業。根據埃及人的信條，神聖惡魔被指派給理智的靈魂，但不是由恆星或行星指派，而是來自普世、超越自然的上帝自己兼群魔統領的超自然之力。[8]

　　首先，我們要來看看《亞伯拉梅林》最獨特的章節所描述的儀式內涵，因為若少了這個部分，該書的其他章節都會失去生命力。

## ◆　亞伯拉梅林儀式操作過程　◆

　　《亞伯拉梅林》所敘述的儀式和沉思操作過程（以下簡稱「操作過程」）準備工作十分繁瑣，可分為三個階段，每階段為期兩個農曆月，且各個階段的日常實作與累加效應的強度會逐漸增大。在這六個月的籌備階段尾聲，會有一個激烈的七日階段，前三日要召喚善靈以及與神聖守護天使認識、交流的恩典。如果這部分成功，後三日則要依據天使指示召喚邪靈，令祂們發誓聽命於施行者及其天使。

　　操作過程結束時，不需要進行驅逐儀式，因為天使會繼續與施行者同在，邪靈也都很高興可以解散，離施行者越遠越好。就這一點來說，這跟其他魔法儀式和召喚形式相當不一樣。

　　為期兩個月的三個籌備階段可以總結如下：

● 移除階段：施行者透過告解和持續不斷的禱告移除自我心神。

● 變動階段：施行者透過儀式活動變動意識的所在位置。

● 憶想階段：施行者透過驅逐和召喚憶起天使。

---

8. Tyson, *Three Books of Occult Philosophy*, 527。

# 《亞伯拉梅林之書》是誰寫的？

《亞伯拉梅林之書》的作者自稱是來自沃母斯的亞伯拉罕、「西門之子」，說自己生於西元一三六二年，並在一四五八年、也就是他九十六歲時，為兒子拉麥（Lamech）寫了這份手稿。

在這部作品的傳記章節中，他花了許多篇幅描述自己的人生，並對當時的玄祕文化和重大事件發表看法。他曾進行多趟十分徹底的旅程，並在途中遇見魔法師亞伯拉梅林，從他身上學到書中描寫的儀式方法。根據他自己的說法，後來似乎是在德國的玉茲堡定居並娶妻生子。然而，作者的真實身分仍有爭議。喬治・德恩（Georg Dehn）主張作者是亞科夫・本・摩希・哈利未・墨林拉比，因為他不僅是知名的塔木德研究者，也在書中描述的迫害當中倖存下來。

然而，沒有任何文獻可證實自傳章節所描寫的那些細節。比方說，假使作者真如文中所說，是宮廷顧問，宮廷文件一定會寫出他的名字，但結果卻是沒有。當時也沒有任何可能人選有一個名叫拉麥的兒子。

同樣地，亞伯拉梅林的身分也仍舊成謎。這號人物有可能是虛構的，作為一種文學技巧使用，為本書提供一個擁有法術的作者。魔法書的作者使用假名或化名，是密契文學常見的手法，例如赫密士文本的作者據稱是赫密士・崔斯墨圖（Hermes Trismegistus），寫下玫瑰十字會文獻的英雄則據說是姓氏原意即為「玫瑰十字」的克里斯提恩・洛森庫魯斯（Christian Rosenkreutz）。

在很多例子中我們都會看到，唯一真正的魔法傳統，其實就是魔法傳統的發明。

第一個為期兩個月的階段是由禱告和研修所填滿。每一天，施行者一定要在日出前十五分鐘進入祈禱室，事先充分、正確地沐浴，並穿著新衣。在實踐上，整個儀式最困難的地方其實是準備新衣這部分，而非每日必須早起這點。接著，施行者要跪在敞開的窗前專注地禱告和演講。

在做這些事的過程中，會有一盞燈亮著。演講的內容雖然沒有一定，但本質上都是向神聖意志感恩、告解與懇求的禱告。這些舉動最重要的層面，就是要誠摯地與神聖意志結合，開啟施行者的內心。

在一天之中稍晚的時段，通常是晚飯後，施行者至少要研修兩個小時，研修的內容包括聖書、宗教文本、神祕學專著及其他具啟發性的著作。漸漸地，研修時間自然會拉長，因為施行者發現自己已經能夠重新專注在靈性事務上。

晚間，施行者會再次演講，並且清空先前使用的燈或薰香留下的灰燼。這在字裡行間似乎只是個小細節，但是實際上，開始執行操作過程時，燃燒及後續的灰燼清理其實有很深沉的靈性意義，象徵燃燒靈魂以會見天使。

這個活動每天都會反覆進行數小時的時間。至少有一本現代書籍提到，禱告被縮減為一天只有一次：

> 然而，剛開始只要一天一次應該就夠了。當然，如果你堅忍不拔，也可以選擇一天進行兩次，但是要馬上就做到這樣很難，你也不會希望一開始就嘗到失敗的滋味。[9]

然而，我建議應該要照著每一個指示進行儀式，來累積儀式強度，不要為了給自己的成就感而加以刪減。在前兩個月，會出現無法達到儀式標準的挫敗感，這是必要的一環，這會使人變得謙虛，而非帶來成就感，讓施行者的自我意識更加壯大。[10]

每個星期六必須更換臥室床單，並使臥室芬芳。同樣地，這個指示雖然看似不重要，但是每週清理就寢區域實際上卻是必要的，因為儀式大部分會在施行者睡眠時持續進行。夜裡，施行者會出現強烈的夢境、靈視以及其他重大的意識狀態改變，特別是在第二階段。

---

9. Newcomb, *21st Century Mage*, 152n2。
10. Townsend, *The Gospel of Falling Down*, 62：「我們所能發掘最大的寶藏，其實不是在『外面』找到的，而是在自我的內心。但，往往在嘗到最初的失敗後，我們才會真的發現它。」

經過兩個月每日不間斷的儀式活動之後，第二個為期兩個月的階段展開了。有一點要記住，無論有什麼原因，只要超過一次沒有履行該做的事項，整個儀式就得放棄。

在第二個階段，禱告的長度、深度和強度都會增加，施行者也必須盡可能地與世俗隔絕。這時，每次念誦前雙手和臉部都得使用乾淨的水進行儀式性清洗，每個星期六都得燒香，日夜都得禱告。

除了強度增加、遠離塵世，施行者每星期六還必須齋戒，為最後一個儀式準備。跟其他活動一樣，在操作過程中，務必認真對待飲食等方面的重大改變。

在第三個、也就是最後一個階段，遠離塵世的做法依然持續，同時還得在每日中午加入第三次禱告。因此，在這兩個月裡，每天除了被日常事務短暫打斷之外，其餘時間皆在不停禱告。

芳香物品和膏油也會加入儀式中，讓施行者為最後的儀式做好準備。這時，薰香幾乎是毫不間斷地燃燒，維持兩個月都不停止，幫助施行者達到前所未有的極致。

操作過程最後幾天的重點是，將祈禱室保持在運作狀態，準備好召喚地點及所要使用的特定詩歌，同時去除施行者殘留的最後一點自我。此外，會有一天是在絕對靜默的狀態下度過。接著，進行持續多個小時的禱告，並且更進一步地齋戒，最後在第三天藉由神聖恩典的力量，成功與神聖守護天使認識、交流。

接著，離開祈禱室一小時，之後再回到祈禱室，與天使同在一整天。

在接下來的三天，施行者會召喚、綁縛主要邪靈和邪靈次王，使祂們聽命。這些邪靈包括路西法、利維坦、彼列（Belial），甚至還有撒旦。這幾個邪靈被綁縛之後，就可以命令祂們集結別西卜、阿斯莫德等次王。這八位次王則統領了眾多僕從，包括基瑪爾（Kemal）、沙利歇爾（Sarisel）、羅弗里斯（Roffles）、魯庫姆（Rukum）等，書中列出了大量的名字和角色。

此外，施行者也會獲得四名貼身僕從靈，在一天之中的不同時刻為他服務。這是亞伯拉梅林操作過程中較少人注意到的一點，但是實際上卻意義深重，召喚天使過後的大師在施展魔法時，會發現這些僕從靈十分重要。

在最後一天，施行者要召喚、綁縛較次要的靈，使祂們誓言效忠。接著就是一天休息與慶祝的日子，讓順利成功的施行者正式結束操作過程。

《亞伯拉梅林》寫到，每一百人可能只有一人能夠成功完成操作過程，而且想要成功，除了正確執行每一個儀式，還得仰賴恩典：

> 我憑著真正的神發誓，在一百個嘗試這個操作過程的人之中，只有兩或三個人能夠真正完成。[11]

在整個西方文獻中，沒有其他儀式的要求像這一個那麼高，且操作過程完全專注在個人與神聖之間的關係，不是把注意力放在獲取控制靈體的力量或其他的附屬目的上：

> 執行操作過程時，絕對要以讚美、尊崇、榮耀神為目的；以鄰居的作用、健康與幸福為目的，無論敵友；以整個地球的福祉為目的。[12]

### ◆　關於地點的選擇　◆

想要執行這個操作過程，有很多實際的因素要考量，大部分都非常詳盡地記載在《亞伯拉梅林》中。亞伯拉梅林雖然描述了進行儀式的理想地點，但同時也提到：「跟其他提過的要點一樣，我們還是應根據手上現有的資源自行作主。」[13]

最理想的條件是有戶外露台和無遮棚陽台的小屋，還要有一扇可以往外看到露台的窗戶。此外，也應該要有一間祈禱室，可以進行最主要的禱告活動。這間祈禱室最好能有一扇滑軌門，隨時可開啟或關閉通往神聖場域的入口。

有些人會在不太合適的公寓中創造出這樣的格局配置，有些則是從既有的房子創造。至於我，則是收到天使所下的指令，其中還包括兩袋河沙。[14]

若要在戶外創造空間也是有可能的，書中有提到相關做法。然而，除非這個戶外空間是你不動產的一部分，且離你很近、容易進入，否則要維護戶外空間會出現很多問題。

---

11. Mathers, *The Book of the Sacred Magic of Abramelin the Mage*, 156。
12. Mathers, *The Book of the Sacred Magic of Abramelin the Mage*, 53。
13. Mathers, *The Book of the Sacred Magic of Abramelin the Mage*, 76。
14. Marcus Katz, *After the Angel*, 123n106。

## ◆ 儀式用品 ◆

祈禱室裡應該要有燈、香爐和祭壇。

## 燈

油燈最理想，可以在操作過程的不同階段輕鬆點燃或熄滅。在最後七天，會有一天必須將油燈點亮一整晚，同時讓窗戶開著，因此一定要小心確保安全無虞。

## 河沙

操作過程會需要沙子，可讓施行者知道邪靈現身，就跟要準備銀盤讓天使留下記號（見下文）是一樣的道理。河沙會在最後一個階段使用到，可倒在盤子上或碗裡。

## 銀盤

銀盤會在最後一個階段使用，可讓施行者知道天使現身。一塊方形的小銀板或鍍銀的盤子都可以。天使會在上面留下清楚可見的記號，是操作過程成功完成的第一個提示。

## 長袍、頭冠、手杖和薰香

施行者必須準備白色的亞麻長袍、絲綢腰帶和頭冠。一只簡單的黃金頭圈就可以了。各種油、香水和薰香也是必備品，最好還要有一根杏仁木製的手杖：

你也應該要有一根杏仁木手杖，光滑筆直，長度約落在半厄爾*到六呎之間。[15]

## 亞伯拉梅林油

這是操作過程指定使用的一種膏油，其配方來自聖經，由五種成分組成：沒藥、肉桂、桂皮、橄欖油和菖蒲（《出埃及記》第30章22–24節）。《亞伯拉梅林》的指示依循了聖經的經

---

*英國古代測量單位，相當於一個成年人的前臂長度。

15. 參見 Mathers, *The Book of the Sacred Magic of Abramelin the Mage*, 77。他提到，法文版所說的長度也有可能是指「一個手臂長」，而不是剛好六呎。

句：「以做香的方法調和製成聖膏油，它就成為聖膏油。」(《出埃及記》第30章25節)

不同的譯版記錄的成分和數量不盡相同，但是聖經的原始配方比例為：

- 沒藥1份
- 肉桂 ½ 份
- 桂皮，和沒藥等重
- 橄欖油，其他材料加總重量的 ¼ 重
- 菖蒲，和肉桂等量

馬瑟斯的版本是以高良薑取代菖蒲，並且沒有使用桂皮。克勞利也有另一個版本，用的是植物的精油：

- 8份肉桂
- 4份沒藥
- 2份高良薑
- 7份橄欖油

然而，肉桂成分增加，而且還是以精油的形式使用，則會調出較具腐蝕性的膏油，可能會灼傷皮膚。

### ◆　素食要求　◆

《亞伯拉梅林》明確指示施行者要吃素。在操作過程中，書中建議：「這整個期間你都不應該吃任何死亡動物的肉或血。」[16] 此外，在操作過程期間以及完成儀式的一年內，「你都不應該碰觸任何屍體。」[17]

---

16. Mathers, *The Book of the Sacred Magic of Abramelin the Mage*, 130。
17. Mathers, *The Book of the Sacred Magic of Abramelin the Mage*, 130。

關於素食這點，還有一項跟施行者的身體有關的明確規定，必須全程遵守：在這六個月期間，除非體內的排除功效讓血液自然流出，否則千萬要小心，別讓身體流失任何一滴血。[18]

在某些時間點，對於飲食的要求會更嚴格。在儀式尾聲跟未獲救贖的靈體交流的那三天：「你應實行齋戒，因為這是必要的，你會發現自己在操作過程中，身心更加自由寧靜。」[19]還有其他的一些明確要求，包括以下這個指示：「你這一生唯一的目標，就是要盡可能遠離沒有受到良好規範的生活，特別是放蕩、貪食與酗酒這三種惡。」[20]

儀式進行一百四十天之後，我在日誌上寫了跟血和儀式有關的一些領悟，雖然內容並沒有寫得十分完整清楚。[21]之後我還寫了另一個類似的想法：「所有會活下來的都會活下來。」

我所領悟到的是，這個儀式不僅是靈性層次的，也是生理層次的。身體的每一個組成都會透過跪拜、呼吸以及感官心錨的重複與天使齊平。結合規定的飲食與睡眠習慣，身體便能處於某個特定而明確的狀態。

因此，身體若受了任何傷，都會引發自動生存機制，進而無法實現儀式的意圖。即使只是流了一點點血或受了一點小傷，都會造成這樣的結果，因為身體已經進入如此強烈卻脆弱的狀態。操作過程有許多規定和指示，都是要到真正執行了一陣子之後，其意義才會顯現。

## ◆ 避世 ◆

書中建議施行者遠離塵世，其實完全是出於實用考量，因為這樣一來，施行者在操作過程中的責任就會減少。書中提到，如果是「僕人」，問題就在於如何平衡工作和儀式所需完成的義務，至於某個行業的「學徒」，就不可能做到這點，因為在儀式的等待過程中，他隨時都有可能被工作支開。用現代的話來說，就是工時固定的人才有辦法進行儀式。然而，一旦展開操作過程，生活所有的事物都得順從儀式的需求。反之，若是工時不固定或者必須隨傳隨

---

18. Mathers, *The Book of the Sacred Magic of Abramelin the Mage*, 130。

19. Mathers, *The Book of the Sacred Magic of Abramelin the Mage*, 129。

20. Mathers, *The Book of the Sacred Magic of Abramelin the Mage*, 128。

21. Katz, *After the Angel*, 160。

到的那類工作，連開始都會無法開始。最重要的是，即便要繼續工作，工作本身也應該「溫和得耐」，不可引起憤怒或焦慮的情緒。[22]

我的情況是，那時剛好得到了可說是千載難逢的機會，可以六個月不需要工作，但依然有收入能養家活口。我認為這絕對是展開這項儀式的徵兆。然而，我沒料到才剛開始幾個星期，局勢出現劇烈的轉變，使我必須再次尋找工作，同時不能放棄操作過程。這個毫無預期的轉折幾乎可以肯定是儀式的一部分，因為這份工作非常折磨人，恰好符合亞伯拉梅林儀式前兩階段的「靈魂剔除」。[23]

## 年齡、性別與婚姻狀態

操作過程要求的特定年齡和特質，顯然跟寫作當下的環境有關，因為在那個時候，平均壽命和健康狀態等都與今日迥異，社會和宗教觀亦然。《亞伯拉梅林》指示施行者應介於二十五到五十歲之間，這似乎是考量到健康因素，因為書中也有說到，施行者不能罹患諸如「痲瘋」等「傳染性疾病」。[24]我個人認為，最低年齡限制也差不多是二十五歲，甚至再更年長一點，但是只要健康許可，能夠完成操作過程，就沒有最高年齡限制。我只能假設，若在年紀較大的時候施行儀式，施行者的焦點可能會不一樣，與天使的交流也會不同。

《亞伯拉梅林》雖然這樣說道：「自由或已婚並不重要」，但還是建議施行者應單身或新婚未滿一年。[25]施行者若已婚，在開始操作過程之前應先跟伴侶討論，因為儀式會對任何關係造成立即和長期的影響。

至於性別方面，書中清楚指示「只有處女適合」，並且建議「重要事務不可告訴女性，因為她們好奇心重、喜歡說長道短，可能會造成意外。」[26]值得一提的是，馬瑟斯在這裡下了一個注腳：「這又是另一個偏見。今天，許多對卡巴拉知識掌握最深的學生都是女性，有未婚、亦有已婚者。」[27]我個人認為，施行者的性別固然應該列入考量，但是任何人都可以進行儀式。在我自己的經驗裡，並不覺得亞伯拉梅林儀式有特定的性別要求。

我認為，《亞伯拉梅林》第三卷第三章所提到的「特質」比特定的年齡和性別還要重要許多。施行者應該具備平靜、節制、「不貪不利」的特質。[28]

---

22. Mathers, *The Book of the Sacred Magic of Abramelin the Mage*, 67。
23. 我在 Katz, *After the Angel* 詳實記錄了這怪異的事件轉折。
24. Mathers, *The Book of the Sacred Magic of Abramelin the Mage*, 55。
25. Mathers, *The Book of the Sacred Magic of Abramelin the Mage*, 55。
26. Mathers, *The Book of the Sacred Magic of Abramelin the Mage*, 55–56。
27. Mathers, *The Book of the Sacred Magic of Abramelin the Mage*, 55, fn。
28. Mathers, *The Book of the Sacred Magic of Abramelin the Mage*, 55。

## ◆ 改變指示 ◆

曾經實行過亞伯拉梅林儀式的「以撒利亞」在自己的著作中寫道：「實踐是最重要的。這個操作過程不是理論，而是真實存在的事物，一定要親自做了才知道。如果只是思索或改變這個儀式，你永遠不會真正認識它。」[29]

然而，確實有好幾個人寫到跟神聖守護天使或其他的神祕經歷有關的事件，然後透露他們並沒有施行亞伯拉梅林儀式，而是計畫了一個四星期的版本，接著便遭遇一次重大經歷，相信那就是天使事件，又或者在靈視中跨越了深淵。

但是，這些經歷跟亞伯拉梅林儀式及其帶來的結果完全不可相比，就好像看一集旅遊節目跟實際到國外旅行一年是不能比較的一樣。

要進行這項儀式，就只能遵守書中的指示、倚靠天使的協助（雖然施行者不見得會察覺到）。如果施行者不確定有沒有認識天使並與之交流，那就表示他沒有成功。施行者務必信任、遵循書中指示：

> 你要與主合作，祂看見的不僅是人的外在，也能探得最深的內心。假使能夠擁有真正、堅定且屹立不搖的決心，倚靠主的意志，你將獲得自己渴望的結果，不遭遇任何困難。[30]

## ◆ 關於本書的迷信 ◆

有關《亞伯拉梅林》的迷信，最常見的就是認為書中的魔法方陣會突然有了生命，單憑方陣本身的存在就能作惡。這有一部分是馬瑟斯造成的，因為他一開始弄丟了要在巴黎出版的《亞伯拉梅林》手稿，必須拖延出版商，同時張貼海報尋找公事包。後來他在書中導言這麼寫：

---

29. Ishariyah, *The Abra–Melin Experience*, 3。
30. Mathers, *The Book of the Sacred Magic of Abramelin the Mage*, 54。

> 若隨意放置，魔法方陣很有可能纏上體質敏感的成人、小孩，甚至是動物。[31]

　　施行魔法的確有可能會使人著魔，而這也確實可能投射在儀式或像魔法方陣這樣的象徵物件上。然而，有所謂的「玄祕護衛」可以使施行者、方陣以及方陣的靈不被濫用。[32]

## 開始操作時的必要條件

　　我相信，亞伯拉梅林儀式帶來的深刻影響，足以改變我們一般對線性時空的概念。在進行儀式時，我們常會發現自己的時間感會發生變化，最終將之視為「動態的類永恆」。[33]實行亞伯拉梅林儀式的原則及唯一條件，就是「你在未來已經做過這項儀式」。有一道漣漪不斷往外擴散，從我們的視角往後倒流光陰，一直到你正準備開始進行儀式的當下這一刻。如果你沒有這種感覺，那麼未來的你很有可能並沒有成功，現在若想嘗試也不會成功。

　　此外，你的人生可能也會出現一個特別重大的事件，讓你有辦法展開操作過程。拿我的例子來說，我當時剛好得到六個月的有薪假，且生活中其他可能令我分心的事物也都排除了，日後恐怕也不太可能會再出現這種機會，因此我便決定進行儀式。

### ◆　操作時的實際準備　◆

　　西方密契主義晉級制度將亞伯拉梅林操作過程，視作學生升為大師的基本條件。這不僅可以測試學生先前累積的一切努力，也是一份獎勵，更是一種畢業典禮。最後的結果雖不盡相同，但我發現有一些必要的準備工作可以使成功的機率增加。

　　其中一個最重要的準備工作，其實偏向哲學，跟實際做法無關。我建議施行者徹底地分析自己的信仰體系以及二元論這個概念。心理治療、神經語言規劃及西方密契主義晉級制度可能會對這項準備工作有所幫助。[34]

31. Mathers, *The Book of the Sacred Magic of Abramelin the Mage*, xviii。
32. Mathers, *The Book of the Sacred Magic of Abramelin the Mage*, xvii。
33. Plato, *Timaeus*, E8。
34. 見 www.marcuskatz.com 的 "The Crucible Club"。

　　我發覺，有一些人完成亞伯拉梅林操作過程後，思想會局限在「內與外」、「善與惡」這種簡單的框架之中，結果施行了儀式，更是擺脫不掉這樣的思維。我不相信用這些狹隘的模式看世界時，天使時會真的顯現。

　　透過魔法或靈性思考來全面檢視自己對於時空的想法，可以避免亞伯拉梅林儀式強化不平衡的觀點。

## 準備死亡

　　亞伯拉梅林是一種耗竭的儀式，因此施行者應該準備好失去所有的一切，而不是等著獲得任何東西——最後有可能會連天使也得不到。這部分的前置作業包含：晉級儀式、死後重生練習及一些當代著作的閱讀，像是史蒂芬・拉維（Stephen Levine）所寫的《今生：若只剩一年可活，你要做什麼？》（A Year to Live）。

## 練習持續告解

　　基督教有好幾個支派都會使用心禱（又稱耶穌禱文），也就是不間斷地禱告。在開始亞伯拉梅林操作過程之前，這是個很有用的練習，因為儀式開始後，施行者必須持續不斷地把注意力放在沉思上。伊格內修斯・布萊恩全尼諾夫（Ignatius Brianchaninov）所寫的《論耶穌禱文》（On the Prayer of Jesus）是準備這部分的經典指導手冊。

## 練習虔誠

　　在任何一種類型的魔法中，很少會找到跟虔誠有關的練習，但這卻是亞伯拉梅林操作過程的首要特色之一。克勞利所寫的《阿斯塔特之書》（Liber Astarte）提供六個月的練習，幫助讀者自行選擇一位神祇練習虔誠，實行程度較亞伯拉梅林操作過程低。[35]另一個資源是托馬斯・肯皮斯（Thomas á Kempis）所寫的《師主篇》（The Imitation of Christ），屬於天主教傳統，可以作為沉思指導手冊使用，每天完成一百一十八沉思的其中一個，為期三到四個月。

---

35. 見 Crowley, *Magick*, 460–471。請注意克勞利寫到：「請注意不要把此召喚魔法與神聖守護天使的召喚儀式搞混。」

## 練習閱讀神聖文本

若想要專注、深入地閱讀操作過程指定的靈性讀物，練習閱讀神聖文本非常重要。這項源自本篤會的傳統會透過四個階段來閱讀聖經：閱讀、冥想、禱告和沉思，跟卡巴拉分析的四個等級字面、象徵、衍生與奧祕具有相似的本質。熟悉這種積極的靈性文本閱讀方式，能幫助施行者更快進入亞伯拉梅林儀式。然而，在一開始覺得閱讀靈性文本很困難其實也有好處，可以帶來一定的謙虛。

## 練習儀式

亞伯拉梅林操作過程是由一系列環環相扣的儀式活動所組成，儀式本身大部分都很容易完成，僅最後一個階段的儀式和技巧較為複雜。擁有少許西方儀式魔法的經驗，對施行者會很有幫助。

然而，有些人沒有儀式魔法的背景資歷也曾實行過魔法。施行者以撒利亞先前曾經「依循靈性的道路三十年之久」，但「從未對普遍認知的魔法實踐特別感到興趣，因為我認為大部分的儀式魔法都屬於比較低階的星界事務。」[36]同樣地，在一九七三年完成操作過程，並以筆名喬治‧舍瓦利耶（Georges Chevalier）出版個人日記的威廉‧布魯姆（William Bloom），先前也沒有很多儀式經驗。[37]

## 練習神祕主義冥想

那些會討論自己亞伯拉梅林經驗的人，可以根據他們提到的關注點、常出現的問題以及完成儀式後的焦點來分成三類。我相信，儀式會根本地改變施行者和宇宙之間的關係，這段關係的表現方式也會大大取決於先前存在的關係。

第一類人會獲得某種神祕或靈性的經驗，把結果形容成跟宇宙的合一；第二類人把結果描述成跟更高階的全新自我連結；第三類人則認為，操作過程使他們得以控制靈體。

這三個類型也可以分別形容為神祕的結果、心靈的結果和魔法的結果。還有第四類人，他們成功完成指定的儀式，認識自己的神聖守護天使並與之交流。

---

36. Ishariyah, *The Abra-Melin Experience*, 7–8。
37. Chevalier [Bloom], *The Sacred Magician*, 1976, and Bloom [Chevalier], *The Sacred Magician*, 1992。

### 選擇禱文和指定閱讀

《亞伯拉梅林》勸告施行者要把大部分的時間拿來閱讀、沉思靈性著作：「每天用完晚餐後，你應該花兩小時仔細閱讀聖經和其他的聖書，因為這些作品會教你好好禱告、敬畏主。」[38]建議的指定閱讀包括基督教神祕主義著作，或是施行者個人信仰傳統的啟發性作品。閱讀這些文本的最終目標除了是要學到新的禱告技巧，也是要「更了解你的創造者」，漸漸對自己位於廣闊神祕宇宙的位置感到開放。[39]

### ◆　放棄操作過程　◆

如果有正確實行，要求嚴謹的亞伯拉梅林操作過程至少會對施行者的心理狀態產生重大影響。重複的儀式活動、緊湊的行程表、自我檢視，再加上儀式的自我參與本質，都能快速消滅自我的心靈。

操作過程繼續進展的同時，除了會有更多重複的活動，在程度上更加強化，也會新增其他儀式，最後造成施行者失去平時對現實的感受。施行者可能會需要某種形式的逃避，但這一定要十分小心謹慎。簡單的遊戲可能是解套方式之一。馬瑟斯提到，在翻譯法文版的《亞伯拉梅林》時，他將禁止「jeu」的規定翻譯成「賭博」，而不是更廣泛的「遊戲」一詞，是因為他認為娛樂活動「在這段期間幾乎可說是必要的，可以避免大腦因強烈的神經緊繃而受損。」[40]

《亞伯拉梅林》也將健康問題列為調整或放棄操作過程的因素之一：

> 假使這段期間你遭病痛纏身，無法進入祈禱室禱告，你不必非得馬上放棄，但你還是應該盡力管理自我。[41]

書中建議施行者在床上禱告、盡量讀書，但倘若病痛持續到第二個階段（或十八個月的版本中，第三個為期六個月的階段），那麼就應該把這視為必須等待「更適當時機」的徵兆。[42]

克勞利自己第一次也放棄了操作過程。當時，他為了施行亞伯拉梅林，在一八九九年搬到蘇格蘭，但是因為希望在黃金黎明赫密士教團遭遇危機之時，前往巴黎拜訪麥克達格·馬

---

38. Mathers, *The Book of the Sacred Magic of Abramelin the Mage*, 67–68。38. Mathers, *The Book of the Sacred Magic of Abramelin the Mage*, 67–68。

39. Mathers, *The Book of the Sacred Magic of Abramelin the Mage*, 68。

40. Mathers, *The Book of the Sacred Magic of Abramelin the Mage*, 131。

41. Mathers, *The Book of the Sacred Magic of Abramelin the Mage*, 69。

42. Mathers, *The Book of the Sacred Magic of Abramelin the Mage*, 155。這個段落點出了「放棄一陣子」和「遵照神聖意志」的差別。

瑟斯，因而中斷了操作過程。[43]他寫道，馬瑟斯是「祕密首領」的連結之一，「如果這麼做意味著我必須暫時放棄亞伯拉梅林操作過程，那就這樣吧。」[44]之後，他對亞伯拉梅林的態度反覆，其後回到英格蘭，「腦海中隱隱約約覺得應該繼續完成亞伯拉梅林操作過程。」[45]

　　一直到他在中國旅行時，克勞利才又繼續操作過程，寫道：「我可以在我的周身建造自己的聖殿，在我的肉身施行操作過程」，不必使靈魂遠遊到位於蘇格蘭已經準備好進行操作過程的博斯肯屋。[46]

　　然而，在他回到英國、失去至親，接著又生了一場病之後，他開始思索自己是否無法再繼續操作過程。[47]一九〇六年七月，他跟魔法界的同僚塞西爾・瓊斯（Cecil Jones）協商，繼續規律的召喚，幾個月後，最後在薩里郡寇斯頓的阿什道恩公園飯店（Ashdown Park Hotel）經歷靈性事件：

> （十月）九號，準備好進行完整的召喚和儀式後，我便加以實行。我想我並沒有預期得到任何特殊的成果，但是成果卻出現了。我完成了魔法師亞伯拉梅林的神聖魔法操作過程。[48]

　　在同一天的日記內容裡，克勞利以簡短的篇幅更詳細地描述操作結果的本質，及其與下一小節會討論到的「發光體」之間的關係：

> 十月九號：我確實除去了一切，只剩下那神聖崇高者。我也肯定自己捧著祂一、兩分鐘左右。是的，我很確定我有這麼做。[49]

　　克勞利花了七年時間才完成操作過程，每一次都憑藉自己的方法，劇烈且全神貫注地執行。到最後，天使會出現在你面前，讓你知道你完成了操作過程。問題很簡單：你能禁得起過程中的一切辛勞嗎？[50]

---

43. 位於尼斯湖湖畔的博斯肯屋（Boleskine House）是克勞利展開操作過程的地方，曾有一段時間為齊柏林飛船的吉他手吉米・佩奇所持有。這棟屋子在二〇一五年遭受祝融之災，現在只剩一副空殼。
44. Crowley, *The Confessions of Aleister Crowley*, 195。
45. Crowley, *The Confessions of Aleister Crowley*, 337。
46. Crowley, *The Confessions of Aleister Crowley*, 517。
47. Crowley, *The Confessions of Aleister Crowley*, 122 － 125。
48. Crowley, *The Confessions of Aleister Crowley*, 532。
49. Crowley, *The Confessions of Aleister Crowley*, 532。
50. Mathers, *The Book of the Sacred Magic of Abramelin the Mage*, 54

### ◆　天使、更高階的自我與發光體　◆

當我們閱讀有關神聖守護天使和亞伯拉梅林操作過程的文獻時，常常會讀到各種用詞。這是從克勞利開始的，因為他一生中針對這個主題改變過多次看法。這或許只不過是術語問題，為了避開純基督教的天使概念才這麼做，但是卻可能使學習者感到困惑。

天使不是自我的另一種形式，就像我們跟另一個人建立的關係，並不是自我的另一種形式。天使不是無意識的自我，也不是更高階的自我。

愛德華·鮑爾韋－利頓（Edward Bulwer-Lytton, 1803-1873）在一八四二年出版了小說《札佐尼》（Zanoni），影響了克勞利與愛德華·韋特（Arthur Edward Waite），並且將「發光體」這個新柏拉圖概念引入西方密契傳統中。書中的神祕大師札佐尼曾提到「發光靈魂」這個詞[51]：

> 靈魂有一個原則優於一切自然，使我們能夠超越世界的秩序及體系。當靈魂被提升到比自身更好的本質之上，這時它就會與下級的本質完全分離，以此交換另一個生活，拋棄過去連結的事物秩序，和另一個秩序連接混合。——藹安布里克斯[52]

海蓮娜·彼得羅夫娜·布拉瓦茨基（Helena Petrovna Blavatsky, 1831-1891）也在神智學領域中提到發光體，說這是「靈性靈魂摒除所有（生理及精神）的衣服和軀體之後留下的發光軀體。」[53]

發光體被視為是靈魂的「精妙載體」，也是「神聖軀體」。[54]過著有德行的生活也能潔淨、活化此體。發光體也可以被召喚出來。在《札佐尼》中，擁有大師稱號的主角曾在一個洞穴裡召喚永恆光芒之子「Adon-Ai」。剛現身時，那是「一個巨大的發光柱體，閃閃發亮，不斷變換。」[55]接著，從柱子裡出現一個天使樣貌的人物：

51. Bulwer-Lytton, *Zanoni*, 2.IV。
52. Bulwer-Lytton, *Zanoni*, 4.IX。
53. Blavatsky, *Isis Unveiled*, 303fn80。
54. Mead, Orpheus: *The Theosophy of the Greeks*, IX, 281-291。
55. Bulwer-Lytton, *Zanoni*, 4.IX。

一個難以想像之榮耀的形體，其面部宛如年輕男子，但卻十分嚴肅，帶有永恆的意識與智慧的寧靜；光線如星芒般自祂透明的血管中洩出；光芒造就祂的四肢，並在祂耀眼的髮浪之間不停波動閃爍。[56]

這段描述跟守護天使很相似，克勞利心中漸長的概念可能就是從這裡萌芽。這是靈魂透過自己的光芒投射出來的意象，試圖尋找宇宙的回應，而不單純只是另一種自我認同。

### ◆　守護天使崇拜　◆

教會至今仍保留了好幾個與天使有關的運動，跟聖母崇拜和聖人崇拜的道理是一樣的。「神聖天使工作」（Opus Sanctorum Angelorum）就屬於這類運動，於一九六八年受到教宗保祿六世承認。[57]

在這個運動裡，欲與天使結合有三個階段。首先，要向守護天使做出靈性承諾，接著對守護天使進行獻身儀式，證實自己是「靈性戰士」，[58]最後在第三個階段獻身給所有的天使。

### ◆　亞伯拉梅林日記　◆

很少有完整的操作過程紀錄出版問世，第一個這樣的著作是由威廉・布魯姆（William Bloom）最初以筆名喬治・舍瓦利耶（Georges Chevalier）出版的《神聖魔法師》（The Sacred Magician）。[59]布魯姆是在一九七三年二十五歲時，跟妻子一起到摩洛哥的偏遠鄉村實行操作過程。此外，還有較少人知的以撒利亞・I・戈登（Ishariyah I. Golden）所出版的日記，是他在二〇〇三年五十四歲時到澳洲進行儀式所寫的紀錄。我在二〇〇四年三十九歲施行操作過程期間發現並購買了其著作《亞伯拉梅林經歷》（The Abra-Melin Experience）。

---

56. Bulwer-Lytton, *Zanoni*, 4.IX。

57. Grosso, "The Cult of the Guardian Angel," in Parisen, *Angels & Mortals*, 128。

58. Grosso, "The Cult of the Guardian Angel," in Parisen, *Angels & Mortals*, 128–129。

59. Chevalier [Bloom], *The Sacred Magician*, 1976。

作家兼研究者亞倫・萊奇（Aaron Leitch）撰寫了自己一九九七年的亞伯拉梅林經歷[60]；泰勒瑪魔法師比爾・海德里克（Bill Heidrick）也在一九九四到九五年間寫了長篇幅的「亞伯拉梅林漫談」[61]；雅典娜・W（Athena W.）在二〇〇三到二〇〇四年間完成操作過程，網路上可找得到她的紀錄[62]；書寫這段文字的當下，拉姆齊公爵（利昂內爾・斯內爾，Lionel Snell）寫的《亞伯拉梅林日記》（The Abramelin Diaries）是最新出版的著作，他也曾在 YouTube 上討論過自己在一九七七年進行儀式的經歷。[63]

## ◆ 神聖守護天使現身 ◆

沒有嘗試過亞伯拉梅林操作過程的人最常問的問題，就是關於天使的現身，也就是，天使是否會有實際的肉身？以筆者的經驗來說，確實是如此，我也推測只要是成功的操作過程，很有可能會有這樣的結果。會有這種結果是因為，在儀式達到高峰期間，世界會完全顛覆，因此天使以肉體現身並沒有超出這起重大事件的合理範圍。

對成功完成操作過程的施行者而言，看見天使實際現身沒有什麼好驚訝的，因為當下他的意識也被其他啟示所淹沒。

每一個人的天使都是獨一無二。四世紀的主教貴格利（Gregory Thaumaturgus）認為，天使是某個「重要決定」指派來的[64]；亞歷山大港的神學家俄利根（Origen of Alexandria，約 184–253年）推論，大使是根據他們獨特的特質而被指派的，因此當代作家相信，「我們被個別配給到一位適合我們個人救贖之旅的天使」。[65]

伊斯瑞・瑞格德受到藹安布里克斯的影響，認為「不同的人召喚神聖守護天使的結果不會一樣」，且「他對天使抱持的概念是怎麼樣，神祕聯姻的結果就是怎麼樣」。[66]

60. Aaron Leitch, "The Holy Guardian Angel," 2019年9月24日讀取 , http://kheph777.tripod.com/art_HGA.html。
61. Bill Heidrick, "An Abramelin Ramble," 2019年9月24日讀取 , http://www.digital-brilliance.com/kab/abramel.htm。
62. Athena W., "Abramelin Experiences," Enochian.org, 2019年9月24日讀取 , http://enochian.org/abramelin.shtml。
63. Ramsey Dukes, "Thoughts on Abramelin." YouTube video, 2019年9月24日讀取 , https://www.youtube.com/watch?v=IrtYoahG5Ww; and Dukes, *The Abramelin Diaries*。
64. Thaumaturgus, *Oration and Panegyric Addressed to Origen*, Oration 4。
65. Miller, *Lifted by Angels*, 109。
66. Regardie, "The Magician and the Holy Guardian Angel," *in Parisen, Angels & Mortals*, 92–93。

## 四名僕從靈

在操作過程最後一階段的第二和第三天，施行者要召喚惡魔階級的公爵和君王，請他們提供四名適合施行者的僕從靈。僕從靈可能來自《亞伯拉梅林》提供的名單，也有可能根據君王的心情來個別給予。僕從靈每天都有指定的待命時間，也可以借給別人施展魔法。[67]

## 使用魔法方陣

《亞伯拉梅林》跟一般魔法書一樣，包含了一個收錄許多魔法方陣的重要章節。魔法方陣大小不一，上面寫有字母或數字，形成類似離合詩的排列組合，會構成一些看似無意義的字彙，如「SEGOR」。有時候，這些字母或字彙可能是從希伯來文翻譯而來，像是「MAIAM」就是希伯來文的「水」，出現在「在其上行走，在其下操作，其為水」這個魔法方陣裡。[68]

---

# 日記摘錄

......................................................................

操作過程一定會對施行者身邊的人造成重大的影響。執行操作過程四十天左右，我記下了儀式對妻兒造成影響的初步徵兆；他們在整個儀式期間都十分容忍。我摘錄以下幾篇日記（發表在《天使之後》這本著作中），希望能用短短的篇幅說明開始操作過程之前必須慎重全面考量的重要性。

第三十九天：二〇〇四年五月一日，星期六

今晚，我搭配薰香執行祈禱室活動，之後感覺到頭頂被掀開，四周出現一個寬闊而空盪盪的層次，裡面聚集各種「存在」。這些存在不好不壞，純粹只是屬於另一種等級。這種感覺非常怪異，我記得自己在眨眼、瞪視，肚子裡翻絞。所有感受都是發自內心深處。

---

67. Katz, After the Angel, 189。
68. Mathers, *The Book of the Sacred Magic of Abramelin the Mage*, 231。

B（我的妻子）告訴我她做了一個惡夢，被戴著面具的可怕形體包圍，而我出現在她面前，跟她說：「一切事物都會變成別種事物。」

第四十天：二〇〇四年五月二日，星期天

完成了禱告。

我的人格開始反抗緊繃狀態。我能感覺到自己的每一個部位都在尖叫，想要獲得我的注意，或是離開這個過程。感覺就像某種黑暗療法。

第四十一天：二〇〇四年五月三日，星期一

完成了禱告。R（我的兒子）最近一直說他做了強烈且意義重大的夢。今天早上，他夢到一隻邪惡純白的貓，他想把牠趕出家中，但我和B（我的妻子）阻止他。

寬闊開放的無頭層次仍繼續開啟著。我也開始收到指令。真的。而且，跟我想像的完全不一樣。然而，一切都太短暫，我太滿溢，接下的不多。

今天晚上，走廊上有一個盆栽掉到地上，讓我們嚇了一跳。這盆栽不可能自己離開架子，然後掉到地上。感覺我們周遭的一切都活了過來，白天、夜晚和夢境中都有各種存在。

這些方陣可以帶來魔法結果，但若完全採字面上的意義，可信度不一，像是「防止山洞塌陷」或「讓屍體復活」。[69] 還有一些結果是：治癒或招致疾病、找到遺失的物品，以及其他相對常見的需求，像是在困頓時得到足夠的金錢。法文版及馬瑟斯翻自法文版的譯本並未收錄完整的方陣；有一個德文版則完整收錄。關於這些魔法方陣的使用，書中有明確指示，主要為：「你絕不能向守護天使索取會導致惡果的方陣，否則會使祂悲痛。」[70]

---

69. Mathers, *The Book of the Sacred Magic of Abramelin the Mage*, 182, 196。
70. Mathers, *The Book of the Sacred Magic of Abramelin the Mage*, 125。

此外，書中也有指示：「（在所有的情況下）都沒有必要寫出魔法方陣」，純粹說出口或把思緒專注在方陣本身就可以了。[71] 然而，書中確實有指示要如何在儀式中使用方陣，甚至鼓勵施行者「邪靈在作惡時會非常迅速、非常聽話」。[72]

倘若書中收錄的方陣能實現的目標都不是你所希望達成的，書中也有說明要如何獲得相關的方陣和靈體。

## 準備

1. 前一天齋戒。

2. 白天時，沐浴，穿著白衣進入祈禱室，點燈點香。

3. 在金、銀或蠟製的七角版上滴一滴膏油，再將版子放在祭壇上，置於薰香前方。

4. 跪下，請求 Adonai 協助。

5. 召喚守護天使提供建議，並以其出現給予你祝福。

6. 等待天使出現。

7. 天使出現後，把注意力放在天使身上。

8. 接著，你會發現完成任務所需的靈之名諱和方陣以及他的公爵都出現在銀版上，「像是以露水寫成，猶如版子出汗一般」。[73]

9. 把內容記下來，將版子留在祭壇上，晚上再回來。此時，銀版上的名字和方陣已消失。

10. 進行平常的禱告活動，用絲綢包裹版子。

## 使用獲得的方陣

使用薰香和亞伯拉梅林儀式所需的道具（包括一碗或一盤沙）來準備祈禱室。

1. 點香，謙恭地向天使祈禱。

2. 穿著長袍，佩戴腰帶與頭帶，站著，持手杖，面向棚架／門口。

---

71. Mathers, *The Book of the Sacred Magic of Abramelin the Mage*, 131。
72. Mathers, *The Book of the Sacred Magic of Abramelin the Mage*, 135。
73. Mathers, *The Book of the Sacred Magic of Abramelin the Mage*, 133。

3. 就像操作過程所做的一樣，召喚十二公爵。祂們會出現在你眼前。

4. 命令公爵不得離開，等待與負責該目標的公爵在沙中顯現前一天在銀版上得到的靈體方陣與名諱。

5. 此時，你可以確定靈已到來，只是看不見祂。

6. 就像操作過程所做的一樣，命令公爵與靈體發下誓言。

7. 先記下方陣，再解散眾公爵與靈體，因為靈體一解散，方陣就會消失。

8. 使用薰香結束儀式。

## 魔法方陣成功案例

筆者曾經多次成功使用過魔法方陣，有時是不得已，有時是為了實驗，皆有天使恩典加持。第一次成功是使用第十五個方陣：「靈體帶來各式各樣的食物」。[74]

第二個值得一提的案例比較屬於實驗性質，並非必要所致。那次的魔法方陣是取自另一本魔法書。我先前跟朋友討論到，某些魔法方陣的目標實在太荒謬了，於是我就隨意選了個方陣，做一個簡單的儀式來啟動它。然後，我就忘了這件事。不到一個星期，我來到另一座城市的劇院，倚著地板上的靠墊，聆聽阿拉伯樂曲，同時一邊觀看肚皮舞表演。我完全沒有刻意要去做這件事。

最奇怪、最難解釋的一點是，我早就忘記那個魔法方陣的荒誕目標：「在某個星期三召喚十三個跳舞女郎」。那天的確是星期三。

在第三個例子中，我希望使用魔法方陣替一個跟占卜有關的計畫取名。我打算在方陣裡找到平常不會被使用的字母組合。我也覺得，為整個計畫取個魔法名稱是很妙的點子。就在我徒勞無功地尋找魔法方陣裡可行的字母組合時，「Tarosophy」這個字突然浮現在我的腦海中，後來成為我一項終身計畫的名稱與商標。我把這個名稱寫下來後，準備闔上《亞伯拉梅林之書》時，才仔細看了我之前瀏覽的最後一個方陣：「認識文字的奧祕」。[75]

最後一個例子是為了這篇文章所進行的，以便展示魔法方陣的用法。我選了 16.10 的方陣 ORION ——「找到並擁有各種寶藏」，亦即「錢幣」。[76]這個方陣也可以用來找回遺失的錢財。我之所以選擇這個方陣，是因為它的目的和結果非常明確肯定。

---

74. Mathers, *The Book of the Sacred Magic of Abramelin the Mage*, 201。

75. Mathers, *The Book of the Sacred Magic of Abramelin the Mage*, 194。請看第十二章的第二個方陣 SIMBASI。

76. Mathers, *The Book of the Sacred Magic of Abramelin the Mage*, 203 － 204。

　　我在那天下午兩點的時候完成並啟動了這個方陣。隔天早上五點鐘，我突然醒過來，無法入睡。我用手機查看電子信箱，發現有一封通知我贏得英國樂透的信件。

　　我查看電腦，發現網站因為維修關閉了一夜。我去泡了一杯茶，重新整理頁面，在早上五點二十分發現我真的贏了四・八一英鎊的樂透。我相信，這個數字很有可能是過去幾年來在電影院從我口袋掉出來，以及其他狀況下所遺失的錢幣總額。

## ◆　阿萊斯特・克勞利與《亞伯拉梅林》　◆

　　前面已經看到，克勞利將認識神聖守護天使並與之交流視為偉大工程（the Great Work）的核心，自己也曾多次嘗試施行亞伯拉梅林操作過程。

　　我們也已經談過，克勞利在較後期的著作中曾比較過「神聖守護天使」以及「更高階的自我」、「庫」（Khu*）、「發光體」等術語，將後三者貶為「更高階的自我」或「我們內在的神」的不同版本，認為這些毫無意義。他懇求自己的學生要厭惡、憎恨這些詞，「好好專注在實踐上」。[77]

> 我們可能很容易就會贊同發光體、蘇格拉底的「守護神」以及魔法師亞伯拉梅林的「神聖守護天使」，全都是一樣的東西，可是我們不能將「更高階的自我」也一視同仁，因為天使是一個真實的個體，有自己的宇宙，就跟人類或蒼蠅一樣。他不只是一個抽象的概念，也不像「最高階的自我」給人的意象，是一個人最喜愛的自我特質的精選或提升版本。[78]

　　克勞利多次說到，神聖守護天使不是抽象的概念，也不是更高階的自我，否則《亞伯拉梅林》「就沒有意義了」。[79]

---

＊譯註：源自埃及神話，意味靈與魂的結合體。

77. Aleister Crowley, *Magick Without Tears*, 208。

78. Aleister Crowley, *Magick Without Tears*, 276。

79. Aleister Crowley, Magick Without Tears, 282。

他不是探索自我就能夠找到。沒錯，分析自我的過程最終確實會讓一個人發現，自己其實不過就是一個觀點而已，本身與其他觀點毫無區別。但，神聖守護天使卻是位於同樣的位置。[80]

現代施行者基本上也依循克勞利，專注在《亞伯拉梅林》召喚及命令靈體的這兩件事上：

因此，我們可以推斷，為了這樣的認識與交流所做的每一個儀式，不僅能讓我們更接近神聖守護天使，也可以增強我們控制外在情勢及靈體的能力。[81]

另一個常見的趨勢是，人們會拒絕把操作過程視為一種神祕經歷，喜歡將之看作獲得內在力量與影響的途徑，或甚至當成新世紀運動自我發展的一種表現：

亞伯拉梅林儀式的真正目標，是要獲得一位超自然的助手，可以賦予你限制靈體的能力，讓原本會對你造成傷害的靈聽命於你。[82]

權力的概念間接肯定了二元論，對認識神聖守護天使並與之交流所能獲得的合一靈性經驗造成很大的傷害．

---

80. Aleister *Crowley, Magick Without Tears*, 282。

81. Massimo Mantovani, "Holy Guardian Angel for Fun and Prophet," in Morgan, *Thelemic Magick II*, 90。

82. Frater Rufus Opus, "Never Again Alone," in Cecchetelli, *The Holy Guardian Angel*, 53。

# 《降靈曲》

於二〇一六年上映的電影《降靈曲》（A Dark Song）是曾經直接提及《亞伯拉梅林》的當代作品。導演連恩・蓋文（Liam Gavin）在受訪時說過，這本書之所以吸引他，是因為他可以只用少少的演員在單一場景完成拍攝，既簡樸又具有挑戰性。然而，這部電影也有成功捕捉到操作過程的強度、魔法紀律和靈性發展。

影片中有個很少被談論到卻跟亞伯拉梅林儀式關聯甚大的畫面，兩位角色（女的是施行者，男的負責協助）靜靜地坐在廚房說話，位處一棟租來進行儀式的偏遠房子。他們當時正在聊天氣，其中一人提到那時候的月份，但另一個人卻若有所思地說，他們之前以為是另一個月份。在這個回顧的時刻，我們可以看出他們已經完全脫離現實，而這正是操作過程中會出現的狀況。

除了相對孤立的施行地點以及施行過程的長度，電影描繪的儀式本身跟實際的亞伯拉梅林儀式其實沒什麼相似點。不過，性行為和飲食方面的忌諱確實也有提及。此外，影片也稍加運用到其他元素，例如閱讀神聖文本的時間漸漸拉長，以及在操作過程達到高峰前會面對邪靈等。

有一個轉變角色之間動態平衡的特殊時刻，出現了傷口和血，而電影的尾聲也再次重複這個主題，忠實呈現書中關於血的指示。

最後的犧牲也忠實地呈現操作過程，主角最重要的依附完全不復存在，而另一個角色也獲得某種救贖。導演本人雖然沒有深入密契主義，但是操作過程的主題卻在電影中強而有力地描繪出來。

可以說，這部電影雖然跟操作過程的功能無關，卻提到了操作過程的目的：認識神聖守護天使並與之交流是一種關於寬恕、犧牲與恩典的行動。

## ◆ 愛德華·韋特與《亞伯拉梅林》 ◆

愛德華·韋特曾在《儀式魔法之書》（The Book of Ceremonial Magic）的一個簡短章節中提到《亞伯拉梅林》：

> 神祕科學較令人半信半疑的那些實用派分支，在一八九八年對這個傳統產生很大的興趣，而我相信某些圈子應該也對這項珍寶頗為熟悉。[83]

偉特指出，《亞伯拉梅林》跟一般的魔法書有很多不同之處，特別是它「對平常那些普遍為人所接受的時間與季節觀察」抱持嘲弄的態度。[84]

他對《亞伯拉梅林》的作者感到有些輕蔑：

> 極其簡化的技藝魔法之倡導者；但是，儀式本身雖然省略許多，各種誇張的戲劇舞台效果倒是沒有省。[85]

最後，韋特否定了馬瑟斯認為這本書極為重要又有益處的說法。

## ◆ 落差 ◆

操作過程結束後，日常儀式中斷，很多施行者會因此感覺到極大的落差，或者說是失落。有一個施行者就寫道，這就「好像我失去了一位朋友」。[86]完成亞伯拉梅林儀式後，我整整三十天無法寫日記。之後，我寫了一頁紀錄，但是我至今依然無法理解自己書寫的內容。裡面所提到的「黑色星期二」和「五號州際公路」等特定詞語，我現在意識清楚時還是不能明白其意涵。[87]之後，我又有三個月的時間沒寫任何日記。在那段期間，我深刻地感覺自己分裂

---

83. Waite, *The Book of Ceremonial Magic*, 93。
84. Waite, *The Book of Ceremonial Magic*, 94。
85. Waite, *The Book of Ceremonial Magic*, 95。
86. Ishariyah, *The Abra-Melin Experience*, 131。
87. Katz, *After the Angel*, 192–193。

成兩個意識狀態。在其中一個狀態裡，我已經成功完成操作過程了；在另一個狀態裡，我失敗了，不是被困在一個無止境的儀式迴圈，就是被困在一個由惡魔創造的虛構世界。

以撒利亞寫到自己需要跟家人「重新團結」，同時「不喪失發生在我身上的改變」。[88]

亞伯拉梅林操作過程既是大師等級的高潮事件，也是一個新生活的開始。以撒利亞也寫到這個儀式是個「巨大的祝福」，但也提到了「新階段」在操作過程完成數個月後展開。[89]

操作過程如果成功完成，會帶來好幾個常見且互有關聯的轉變：

● 性格的轉變

● 生活的轉變

● 優先順序的轉變

性格方面，施行者會比較遠離個人事務的安排，變得較為平靜、較不依附日常事宜。然而，這並不是一種消極的轉變，而是能夠大量釋放能量與目的，特別是如果天使引導施行者進行某一項任務時。施行者很明顯會專心致志在任務上，可能導致生活中較世俗的角色和責任遭到忽視。

因此，施行者調適變化的同時，生活也會跟著轉變。在好幾個例子中（包括我自己），無論結果是好是壞，生活都會自行走上摩擦最少的方向。施行者可能會脫離人生義務，讓自己成為自己的主人。施行者可能會愈來愈傾向較鄉村的生活形態：「對人類、天使和所有的行星生命而言，荒野是必要的。」[90]

這是成功認識神聖守護天使並與之交流的主要特徵。《亞伯拉梅林》這樣描寫：

> 現在，我會開始限制自己的文字，因為透過主的恩典，我已經將你託付給一位永遠不會讓你歧誤的偉大主人。[91]

---

88. Ishariyah, *The Abra-Melin Experience*, 130。

89. Ishariyah, *The Abra-Melin Experience*, 134。

90. Dorothy Maclean, "Humans and Angels Now," in Parisen, *Angels & Mortals*, 260。

91. Mathers, *The Book of the Sacred Magic of Abramelin the Mage*, 85。

操作過程完成後，每當和天使接觸，一個人的目的、錯誤和道路都不會再有疑慮。再也沒有恐懼、不安全感或焦慮的容身之處。再也沒有令人分心的事物，也無疑慮，因為不會再有人能經歷這些感受。天使是連貫的靈魂之光，向外放射光芒。祕訣就在於如何在操作過程之後維持那種認識與交流。

湯瑪斯・阿奎納寫道：「守護天使……教導我們點亮自己的感知意象，強化智識的光芒。天使讓我們更清楚地看見一切事物，就像一位很有技巧的老師，組合排列感知意象，讓頭腦有更好的資訊可以運用。」[92]

用外行人的方式來說，就是這個經歷讓世界整個由裡到外翻轉了。意識的每一個部分都了解到，外在世界其實就是我們的內在世界被投射在一個極為複雜的互動螢幕上。沒有所謂的人、地方、時間或空間，就只有那個螢幕。然後，某個東西砸破了這個如此真實、如此富有存在感的螢幕，讓我們覺得這如果不是一個被瘋狂投射的自我經歷，導致自我看起來完全是「他者」，要不就是自我確實是「他者」，而我們也願意接受自己是螢幕的一部分。我們變成虛構的「他者」，天使才是真實。

人生的優先順序會朝靈性或具教育性和發展性的方向轉變。最急迫的事務被放輕，個人生命則被當作整個人類物種短暫卻重要的一部分。要完全跟著這些新的優先順序行動不太可能，但是天使會引導施行者獲得機會，使這些優先順序至少可以被部分實現。

做出這些調整最重要的考量，就是認識天使並與之交流。接著，施行者的任務就是要忘記這個經歷以外的一切，再次概括了晉級制度前幾個等級的功課。狂熱級和理論級這兩個等級所要進行的狂熱與回想練習，可以為天使之後打下必要的根基。

亞倫・萊奇建議，施行者完成操作過程後，雖然不太可能繼續運作祈禱室，但「次好的做法是，在家中某個地方營造『某種形式』的祈禱室。」[93]

克勞利註明，「大師遭到丟棄的元素」並沒有被浪費掉，也沒有留下來「變成著魔的載具」。[94]這些元素先前因為認識神聖守護天使並與之交流而「變得聖潔榮耀」，後透過在免除大師等級所做的功課，被建構成一個人工但適當的性格，實現其被指派完成的目的，不再受到虛妄的性格（也就是依附）所阻饒。

每一個守護天使都帶來一個訊息和一項任務。接著，無論施行者是否執行該任務，這訊息與任務都將繼續屬於他。

---

92. Huber, *My Angel Will Go Before You*, 61。
93. Aaron Leitch, "Working with Your Holy Guardian Angel," in Cecchetelli, *The Holy Guardian Angel*, 75。
94. Crowley, *Magick Without Tears*, 318。

### ◆　晉級制度裡的《亞伯拉梅林》　◆

　　認識神聖守護天使並與之交流歸屬於生命之樹的「科帖爾」這個輝耀。乍看之下，這似乎有點奇怪，因為此輝耀位於晉級制度相對新手的等級——狂熱級（Zelator）。然而，這其中蘊含了很深的真理。意識到天使的存在改變了施行者和宇宙之間的關係，讓自我認同與現實領悟發生根本的改變。這是晉級制度的第三次轉變，其後則會經歷跨越無底坑的第四次轉變：

　　　　有一點絕對要時時刻刻牢記著，那就是魔法師最核心必要的功課，是要
　　認識神聖守護天使並與之交流。一旦達成這個目標，他當然就必須把自己完全
　　交到天使手中，永遠、必然地仰賴天使，讓天使引領他到下一步，即跨越無底
　　坑，來到聖殿大師這個等級。[95]

　　所以，這完美地呼應了科帖爾這個輝耀。相對應的塔羅牌「宇宙」被分派給科帖爾與基礎這兩個輝耀之間的路徑，不僅代表我們內在的世界模型，也表示我們在這個模型之中的經驗。「基礎」指的是我們個人認同的根本、我們的「自我」。我們從科帖爾開始偉大的工作，因為我們確實就是位於那個位置。

　　在「悌菲瑞特」這個輝耀與天使相遇，並不是在該輝耀「之中」（我們的「意識」）獲得的經歷，因為我們早已不存在個人的自我意識。在大師等級之後，已經沒有真正的「樹」了；「樹」變成純粹是在一個無邊無際的地方所說的語言。因此，天使的顯象帶來的經歷，其實是自我認同與不可知的宇宙之間的關係。這個關係需要神祕主義的語言來解釋，而非科學、心理學或魔法的語言。

　　克勞利自己在寫給一名學生的最後一本著作《無淚魔法》（Magick Without Tears）中，就提到了這個經歷以及表達上的困難。他認為神聖守護天使的經歷之後還有別的層次，鞏固了神祕主義的進程概念：

　　在「與神聖守護天使的認識與交流」這個崇高的顯象之後，還有所謂的「普世孔雀顯象」（Atmadarshana），也就是宇宙顯象（使用「領悟」這個詞更貼切）的單一事件，超出時間、空間、因果等等一切限制。[96]

---

95. Crowley, "Epistola Ultima," *in Magick Without Tears*, 502。
96. Crowley, *Magick Without Tears*, 56。

## 《亞伯拉梅林》與心理學

密契主義雖然深奧，對日常生活也會有根本上的影響。持續實踐密契主義會改變一個人的觀點，但在兩個認同狀態轉換的時候，會出現許多「危機點」：

> 「次元的改變」無可避免會帶來創傷經歷，讓心理出現某種劇變。[97]

亞伯拉梅林的操作過程也會釋放大量心理學所謂的投射和心靈陰影。因此，謹遵書中指示、專注閱讀靈性文本、透過告解培養出透澈感，是很重要的。正如羅勃・布萊（Robert Bly）所言：「我會提到小心使用語言這一點，也就是準確且具有實體基礎的語言。有意識地使用語言，應該是取回散落在世界的陰影物質最有成果的方法。」[98]

我們也可以思考一下天使的超心理學，例如：「這讓我們放下對自我的掌控，轉託付給更高層次意識的動態。」[99]

## 當代文化

流行文化最近一次提到《亞伯拉梅林》的操作過程，是在二〇一六年由連恩・蓋文執導的恐怖片《降靈曲》（參閱前文）。這部電影至少提到亞伯拉梅林這個詞兩次，並且運用了召喚神聖守護天使這個主題，實現角色的特定願望。這在社群網站上帶動了一些關於亞伯拉梅林以及克勞利多次嘗試此儀式的討論。[100] 片中呈現的儀式雖然混合了數種魔法類型、魔法書和魔法傳統，但是仍然忠於亞伯拉梅林的精神，點出了操作過程的救贖本質及其會造成的心理負擔。

其他談到大師與神聖守護天使之間的關係（特別是提升相關的敘述），但是沒有直接提及儀式本身的電影有：

1.《地鐵風情畫》（Kontroll，尼莫洛德・安塔爾執導，2003年）

2.《時空攔截》（Jacob's Ladder，阿德里安・萊恩執導，1990年）

---

97. Templar, *The Path of the Magus*, 87。

98. Bly, *A Little Book on the Human Shadow*, 42。

99. Michael Grosso, "The Cult of the Guardian Angel," in Parisen, *Angels & Mortals*, 128。

100. Reddit thread: "Curious about some things in A Dark Song (Spoilers, for sure)," 2019年9月24日讀取，https://www.reddit.com/r/horror/comments/6g2p2j/curious_about_some_things_in_a_dark_song_spoilers/。

3.《去年在馬倫巴》（Last Year In Marienbad，亞倫·雷奈執導，1961 年）

4.《全面啟動》（Inception，克里斯多福·諾蘭執導，2010 年）

## 結論

《亞伯拉梅林之書》為施行者提供了全面的儀式，讓他們大大改變自己的宇宙經驗。此外，這也是中世紀魔法和當代自我發展之間的獨特橋梁。整個經歷至少可以達到考驗施行者信念、培養其靈性實踐、迫使他們重新檢驗自己的信仰體系等目標。假使儀式順利成功──這畢竟是極為真實的一種經歷，不只是單純的研究──就會展開一個全新的人生，以全然不同的現實經驗為基礎：

當宇宙的整個體系能與你的理解認知銜接，「向內」和「向外」就會變得一模一樣。[101]

## ◆　作者介紹　◆

馬庫斯·卡茨（Marcus Katz）已經研究、教導西方密契主義晉級制度三十五年以上，是第一位被授予西方密契主義碩士學位的人（英國艾希特大學，2008 年）。

他曾寫過超過四十本關於塔羅牌和密契主義的著作，包括跟塔利·古德溫（Tali Goodwin）合著的獲獎作品《環遊塔羅世界 78 天》（Around the Tarot in 78 Days，2012 年）以及具開創性的《塔羅學》（Tarosophy，2011 年）。

他在「考驗俱樂部」（the Crucible Club）的網站上教學生，幫助他們進入「永恆白晝協會」（the Order of Everlasting Day），旨在協助個人準備進行亞伯拉梅林操作過程的組織。

馬庫斯也是麥琪卡學院（Magicka School）的院長之一與課程教師；該學院提供了威卡、塔羅牌、卡巴拉、煉金術、咒語和埃及魔法等課程。他十八歲時接觸加德納巫術（Gardnerian Witchcraft），師承傑拉爾德·加德納（Gerald Gardner）與派翠西亞·克魯（Patricia Crowther）。

---

101. Crowley, *Magick Without Tears*, 204。

　　他的研究使他得以接觸到稀有獨特的材料，包括許多有關塔羅牌與卡巴拉的未出版著作。他曾在倫敦的黃金黎明研討會以及紐奧良的流行文化協會／美國文化協會（Popular Culture Association / American Culture Association）的研討會上演講，並在澳洲、新加坡、香港及歐美各地教授人數眾多的團體。他共同主辦了世界各地的塔羅學研討會（Tarosophy TarotCon）達七年之久，也在二〇一一年春天到紐約知名的歐米茄研究所（Omega Institute）授課。他曾周遊日本和埃及，前往後者是為了追隨克勞利的腳印。

　　馬庫斯現居英國湖區，目前正與夏洛特・路易斯（Charlotte Louise）合著完整介紹西方密契主義晉級制度的十冊巨作《大師》（Magister）的第二冊。

　　www.marcuskatz.net

　　www.magicka-school.com

　　www.tarotassociation.net

# 第七冊
# 以諾魔法與神祕主義──亞倫・萊奇

　　以諾魔法是一種天使水晶占卜系統，在一五八一到八三年左右的近現代時期（莎士比亞和詹姆士國王的年代）於英國興起。這套水晶占卜系統的內涵很多沿用了記載於《所羅門王小鑰》（特別是《蠟壇術》和《保羅術》這兩卷）、《阿瑪德爾魔法書》、《亞伯拉梅林之書》、《召喚靈體進入水晶的藝術》（Art of Drawing Spirits into Crystals）等文獻的蠟壇傳統。此外，這套系統有很多形式和方法則是源自早期的文藝復興天使魔法內涵，諸如阿格里帕的《祕術哲學三書》、率瑟米爾斯的《論七種次要智慧》（De Septum Secundeis）和《隱寫術》、《索亞之書》（Book of Soyga）、《阿巴太爾魔法書》（Arbatel of Magic）、《霍諾流斯宣誓書》（Sworn Book of Honorius）、《所羅門之鑰》、《七日談》以及許多跟西方魔法和神祕主義有關的文本。

　　以諾魔法的焦點是宇宙間最崇高的天使等級「神聖活物」（Holy Hayyot），也就是直接在神的寶座左右隨侍的天使。以諾魔法保證，施行者能接觸到那些參與宇宙創造的天使，包括掌管行星、黃道、煉金元素，甚至是地球四個角落的王室天使。以諾魔法最為人所知的，或許就是它使用了一種很特殊的神聖語言。天使宣稱這是他們的母語，而這個語言最初就叫做「天使語」，但是今天卻常被不正確地稱為「以諾語」（也有人把這個語言稱作「上帝基督第一語言」或乃至於「亞當語」，因為據說這是亞當在伊甸園跟天使溝通所使用的語言）。基於這個原因，人們認為這套系統極為強大，但同時也極其危險。

　　自十六世紀晚期，以諾魔法便一直籠罩在濃厚的神祕氛圍之中（並獲得不少誤解），但同時也對整個西方神祕主義造成劇烈影響。數世紀以來，以諾魔法複雜的魔法方陣（裡面藏著此系統大部分天使與靈體的名諱）一直吸引著學者，同時令魔法界的學生感到頭痛。談到以諾魔法，就會讓人想到英國與歐洲的政治陰謀和間諜活動，是許多歷史學家很有興趣的主題。大師等級的魔法師長期以來也一直試圖理解以諾魔法，並將當中的一些面向納入自己的系統中。

在這些大師之中，最首要的莫過於黃金黎明赫密士教團（1888-1903年）的創始人，其中又以威廉‧韋恩‧維斯特考特（William Wynn Westcott）與塞繆爾‧馬瑟斯為甚。他們將以諾魔法的多個面向納入進階課程，嚴格限定只有「內階層」的學生可以學習。後來，克勞利短暫加入，之後便採納協會的以諾魔法內涵，融入自己的泰勒瑪體系之中。接著，這些來源的部分內容又進入新異教主義以及現今西方玄祕主義大部分的體系裡。假如你曾召喚過「守望台的守衛」（guardians of the Watchtowers）來開啟神聖圓圈，那你就曾經歷過以諾魔法的影響。

約翰‧迪伊博士的日記是第一個記錄以諾魔法的文獻。迪伊是女王伊莉莎白一世的顧問兼非官方的宮廷哲學家，也是一位成就非凡的學者，在政治圈的影響力極大，英國和歐陸各國的貿易商、航海家、軍事領袖、科學家、學者、間諜及王室成員都曾諮詢過他的意見。他協助打造了日後的大英帝國（大英帝國一詞也是他想出來的），幫忙開闢新的貿易路線和合約、鼓勵女王善加利用新世界的資源並建立海軍、推動國內的科學與教育發展，甚至在國外時，有時還會代表女王祕密行動。中年過後，他感覺自己已經窮盡人類知識的一切途徑，因此決定追隨聖經先知的腳步，直接從天使那邊尋求天上的智慧。

迪伊認為自己沒有天生的通靈能力，因此透過水晶占卜師來達到這個目標。這些占卜師當中，最成功的一位是充滿神祕的愛德華‧凱利，他具有卓越的水晶占卜天賦、脾氣暴躁，並擁有不為人知的過往。凱利跟迪伊合作了好幾年，前者負責觀看水晶，後者負責召喚靈體。正是因為有凱利的水晶觀看能力，以諾魔法及神祕主義才得以流傳於世。

迪伊記錄的這一系列召喚日記有很多個不同的版本，包括《約翰‧迪伊博士與某些靈體之間多年存在的真正忠實關係》（A True & Faithful Relation of What Passed for Many Years Between Dr. John Dee and Some Spirits，1659年出版，由梅里克‧卡索本〔Méric Casaubon〕作序）、《神祕五書》（The Five Books of the Mysteries，今日稱作《約翰‧迪伊的神祕五書》〔John Dee's Five Books of Mystery〕，由約瑟‧皮特森編撰），以及迪伊的個人魔法書，包括《七行星的奧祕》（Heptarchia Mystica）和《天使四十八鑰》（48 Claves Angelicae，今天稱為《約翰‧迪伊博士的以諾魔法》〔The Enochian Magick of Dr. John Dee〕，由傑弗瑞‧詹姆斯〔Geoffrey James〕所著）。近年來，所有的日記曾以兩個不同的更新版本出版，即史蒂芬‧斯基納所著的《約翰‧迪伊博士的靈性日記》（Dr. John Dee's Spiritual Diaries），以及凱文‧克雷恩（Kevin Klein）詳盡的著作《約翰‧迪伊博士的神祕紀錄》（The Mystical Records of Dr. John Dee）。

# 伊莉莎白一世女王

伊莉莎白一世女王（1533年9月7日－1603年3月24日）是亨利八世國王的女兒；亨利八世就是那位脫離天主教會、創立英國新教教會的君主。亨利八世駕崩之後，其子愛德華六世不久後也去世，由當時身為公主的伊莉莎白的姊姊瑪麗即位。瑪麗是個堅定不移的天主教徒，在位期間為了讓英國重新皈依教宗管轄，造成政治與宗教上的動盪不安，使她獲得「血腥瑪麗」（Bloody Mary）的稱號。至今，年輕人都不敢在黑暗的房間裡說出這個名字，以免喚醒她的報復靈魂。

瑪麗統治期間，約翰‧迪伊因為算命算出伊莉莎白比瑪麗更適合當女王，而被抓進大牢。伊莉莎白本人也因為差不多的理由被姊姊囚禁。當然，隨著時間過去，瑪麗駕崩，伊莉莎白登基。她希望保留父親的教會，創造了我們今日所知的英國國教，比亨利和愛德華的功勞還要大。

伊莉莎白是個思想進步的君主，努力將當時尚屬落後的英國變成真正的世界強權。因此，她找來英國最知名的占星家、航海家、科學家、密碼學家兼學者的約翰‧迪伊博士作為自己的顧問，希望達到此一目標。伊莉莎白與迪伊共同攜手創造了英國史上的「伊莉莎白時代」，這個時代因其重大的文化與科技進展而出名，也是殖民主義大英帝國的搖籃，使英國在往後數個世代成為全球霸主。我們今天所知的現代世界，在無數方面都可以直接追溯到伊莉莎白一世女王的功績，以及她經過縝密思考後所做出的決定。

這些日記非常複雜，而且寫得十分密集（更別提還是以「莎士比亞式」的英語寫成），因此有將近四百年無人加以探討。這些文獻摘錄的內容常常是在沒有完整閱讀所有紀錄的情況下擷取，或是完全來自二手資料。例如，黃金黎明會形塑自己的以諾魔法體系時，並不知道《七行星的奧祕》大部分的內容。一直到千禧年來臨之後（再加上網路的大力協助），以諾魔法的學生才終於聚在一起解開迪伊原始系統的完整內涵。在這方面，我也有貢獻一己之力，出版了《天使語，第一和第二冊》（The Angelical Language, Volumes I and II）和《基礎以諾魔法書》（The Essential Enochian Grimoire）這兩部作品。

### 從迪伊到黃金黎明的以諾魔法

現代的以諾魔法可分為兩個主要的研究領域：迪伊純粹主義（Dee purist）和新以諾魔法（neo-Enochian）。迪伊純粹主義研究的是迪伊最初的水晶占卜紀錄，以及他參考過的文藝復興材料（如屬於所羅門魔法的魔法書）。

黃金黎明在十九世紀晚期制訂這個系統的修訂版時，能夠取得的資源有限。他們不是得使用曾引起轟動的《真正忠實關係》（A True & Faithful Relation）和後來出現的一份文件《H書》（Book H，稍後會提到）等二手資料，就是必須自己坐在大英圖書館的閱覽室，在沒有其他學者的幫助下研讀迪伊的手寫日記。這對任何研究者來說都非常難以招架。

這些限制意味著，馬瑟斯和維斯特考特並未精準謄寫迪伊記載的以諾資料。他們只是擷取迪伊文獻中最吸引他們的元素，再將這些元素應用在他們已經開始發展的魔法體系。他們創造出的東西跟迪伊的魔法沒什麼關聯，不僅宗旨不同，也存在於全然不同的時代背景（即維多利亞時期）之中。現代赫密士主義的學生一直認為迪伊留下的只是一個骨架而已，後由黃金黎明賦予血肉，成為一個完整的魔法傳統。然而，事實卻是，迪伊確實曾在日記中完整記錄了文藝復興風格的天使魔法。

不過，黃金黎明協會改編的以諾魔法其實跟迪伊最初的日記所記載的內容一樣具有效力。即便馬瑟斯和維斯特考特採納了一些不正確的資訊，那些資訊也已經過將近一百五十年的實際應用，現在已經成為正當合理的傳統。

在這一章，我們將討論以諾魔法是如何從迪伊的日記，演化到早期黃金黎明協會的體系中。我們將會看見，黃金黎明的以諾魔法是怎麼源自協會本身創立之前就出現的一份神祕以諾文件。幸運的話，你將透過本章內容深刻了解到迪伊純粹主義和新以諾魔法的差別。

#### ◆　以諾傳統　◆

在認識迪伊的天使魔法體系之前，首先必須把它放在適當的脈絡中。我得先說明兩個重點：一、「以諾」一詞確切的含義；二、所謂以諾天使的真實身分。

首先，「以諾」這個詞並不是迪伊魔法系統的正確名稱。迪伊的魔法系統既不是「以諾魔法」，也沒有使用到「以諾語」。迪伊的日記裡完全沒使用這些詞來指涉他記錄的系統。「以諾」這個形容詞的確切定義其實是：「聖經先知以諾的或與之有關的」。

真正的以諾傳統至少要回溯到西元前六百年巴比倫之囚期間。學者相信，最古老的經

外書《衣索比亞以諾啟示錄》（即《以諾一書》）很有可能就是在這個時間和地點寫成的。在迪伊生存的年代，人們認為這是失傳已久的聖經文本，但在十七世紀初，這份文本卻在衣索比亞東正教聖經中被重新找到。這本書收錄了守望天使失去神的恩典的著名神話、拿非利人（Nephilim）的興起（舊約聖經的大洪水就是用來懲罰這個民族）以及先知以諾穿越七層天的靈性之旅。

以諾在這趟旅程中看見知名的「天簡」，也就是記載宇宙一切事物的板子。希伯來傳統通常把這些天簡稱作《拉吉爾之書》（《神的祕密之書》〔 Book of the Secrets of God 〕——不要跟借用這個名稱的猶太魔法書搞混），基督教則稱之為《生命之書》（Book of Life）或《羔羊之書》（Book of the Lamb），裡面記載了所有獲得救贖的事物名稱（《啟示錄》第五章會提到這本書被使用七印給封印起來，除了基督，沒有人可解除封印）。

以諾被允許謄寫天簡當中三百六十六本書的內容。之後，這些以諾書在他的家族之中傳承，最後來到諾亞手中。諾亞據說在這些書裡找到建造方舟的指示，但是書後來在大洪水中遺失了。

在基督教草創初期，《以諾書》（即《以諾一書》）的影響力極大。此文本似乎對新約聖經的好幾本書造成直接的影響，許多教會父老的作品也受到了影響。理查・勞倫斯（Richard Laurence）翻譯的《先知以諾之書》（The Book of Enoch the Prophet）的導論有關於這個主題的精彩討論。事實上，基督教尚未成為古羅馬的官方宗教以前，《以諾書》就被收錄在許多地區教會的聖經典籍裡。至今，此書仍是衣索比亞與厄利垂亞東正教台瓦西多教會（Ethiopian and Eritrean Orthodox Tewahedo Church）的典籍之一。

可惜，西方世界的教會權威卻將《以諾一書》深埋起來，把它歸為經外書，甚至是異端邪說，因此被排除在聖經之外。《以諾書》就這樣在世界上消失了好幾百年。然而，書中的故事卻難以消滅，而以諾的傳說就這樣持續在世界各地流傳，數世紀以來深深吸引猶太教和基督教的學者與神祕主義者。過去還曾出現過兩度書寫《以諾書》新版本的情況，也就是《希伯來以諾書》（即《以諾二書》）和《斯拉夫以諾書》（即《以諾三書》）。然而，最初收錄在《以諾一書》的故事才是定義以諾傳統的根據。

在迪伊和凱利的時代，《以諾書》仍未被尋獲，歐洲神祕主義者對它的傳說依然深感興趣。迪伊在日記中寫道，他曾詢問天使是否能讓他拜讀這份知名的文本。天使最終應允了他的要求，只是方式應該跟他想像的不一樣。天使交給迪伊的並不是《以諾一書》或其他兩本經外書，而是以諾謄寫的天簡，也就是《羔羊之書》本身，只是迪伊的天使把它稱為《上帝講話

之書》（Book of the Speech from God）。這些天簡以及後續其他文本的出現，使迪伊的日記成為真正古老的以諾傳統的一部分。

# ◆ 以諾天使 ◆

所以，跟迪伊和凱利交談的這些實體究竟是什麼？如果你研究過這主題，肯定會看到一個說法是迪伊發現了一種全新的實體。這雖然具有一點點真實性，卻非常容易誤導人。有些人甚至堅稱這些實體根本不是天使，而是另一種類型的生物，只是他們沒有誠實告知迪伊和凱利自己的真實本質。不少學生開始把這些實體稱作「以諾人」，完全捨棄了「天使」這兩個字。甚至還有少數人（幸好不多）說迪伊接觸的是另一個星球或次元的外星人！

迪伊的天使日記不知怎的是從一五八一年十二月二十二日開始的，他那時候還沒遇見愛德華・凱利，僱用的是一個名叫巴拿巴・掃羅的靈媒。掃羅坐在水晶球前面，盯著水晶球的深處瞧，迪伊則在附近的祈禱室念誦禱文。過了一陣子，一名天使出現在球裡，開始跟這兩個人說話。他們請天使說出自己是誰，天使回答祂的名字是阿納爾（Annael）。

阿納爾是一位大天使，魔法書常常提到祂是金星的天使。他在《七日談》就是被當作金星天使，書中也有記載祂的其他行星大天使同伴（圖1）。

卡西爾－（Cassiel，土星）

薩奇爾－（Sachiel，木星）

薩邁爾－（Samael，火星）

米迦勒－（太陽）

阿納爾－（Anael，金星）

拉斐爾－（水星）

加百列－（月亮）

圖1：七大行星的大天使

這七位大天使是整個宇宙的主要掌管者，在聖經和聖經神祕主義文獻裡有不同的名稱和形態。幾乎在所有的文獻中，祂們都同時是掌管七大古典行星、每個星期的七個日子以及七層天的大天使。

　　下一個不得不問的問題是，為什麼現身在水晶球的是這位天使？在這七位最高階的大天使中，阿納爾會現身並非隨機偶然。迪伊說他是「這個偉大時代的主要總督」，這個意義含糊的稱號並沒有出現在《七日談》，而是來自流行於當時的另一個神祕主義文本：《阿巴太爾魔法書》。

　　《阿巴太爾魔法書》於十六世紀晚期出版，是一部非常簡單又富有文采的魔法書，內容是根據七這個神聖的數字概略描寫出一套玄祕哲學。書中提到上帝的七靈，只是稱呼改成「奧林帕斯七靈」。奧林帕斯七靈就像《七日談》描述的大天使，也具有行星屬性，因此每一個靈都掌控了生物的特定行星類別。

　　最重要的是，書中寫道這些「靈」會輪流掌管世界。每一個靈都握有同等的權威，但是他們會輪流擔任四百九十年（即七十乘以七）的首領角色。書上寫，木星之靈是從西元前六○年開始擔任首領，接著輪流由火星和太陽之靈擔任。從西元一四一一年開始，換金星之靈（名為「哈及」）掌管世界，一直到西元一九○○年為止。因此，在《阿巴太爾魔法書》成書以及迪伊舉行降神會的時候，哈及是統領世界的靈。

　　因此，迪伊接觸的第一位天使不僅是七位大天使的成員之一，還是《阿巴太爾魔法書》所謂的「這個偉大時代的主要總督」——金星天使，也就沒有什麼好奇怪的了。迪伊只不過是把《阿巴太爾魔法書》的原理應用在《七日談》的七位大天使上，因為他比較想要使用虔誠的基督徒較為熟悉的天使名諱。奧林帕斯七靈不但不明確，且缺乏聖經背書，而且「奧林帕斯」一詞本身就帶有危險的異教含義。所以，迪伊遇到的是阿納爾，不是哈及。另外，從一九○○年開始，統領大天使應該已經改成水星天使拉斐爾。

　　現在繼續回到迪伊《神祕五書》的第一個條目：一五八一年十二月二十二日。阿納爾告訴迪伊和掃羅如何進行接下來的降神會，並說自己目前是四位主要大天使米迦勒、加百列、拉斐爾和烏列爾的統領。這四位大天使跟七位行星大天使的力量相當（甚至更強大），負責四大古典元素、四組黃道十二宮的三分主星以及世界的四個角落。聖經正典有直接提到當中的三位（米迦勒、加百列、拉斐爾），且根據傳說，米迦勒和加百列就坐在上帝的右手和左手邊。阿納爾向迪伊保證，他也會見到這幾位天使，尤其是米迦勒，然後阿納爾便發誓自己永遠不會再出現。

　　日記到這裡便暫時中斷，一直到隔年三月（1582年）才又有新的條目，首次介紹了迪伊的另一名靈媒愛德華・塔伯特爵士（Sir Edward Talbot，即愛德華・凱利）。為了測試凱利的能力，迪伊請他使用水晶球接觸天使安科（Anchor），亦即當時某個不明確的玄祕文獻所提到的三天使（安科、阿納科和阿尼洛斯）之一。迪伊使用跟掃羅合作時用過的召喚方式，很快便有一位

天使現身。然而，這位天使並不是安科。他們請天使說出自己是誰的時候，水晶球裡的天使回答他是大天使烏列爾。

# 愛德華・凱利爵士

愛德華・凱利爵士（1555年8月1日－1598年）是出現在約翰・迪伊博士日記中的一位神祕角色。傳說經常把他描寫成騙子或罪犯，但真實的歷史紀錄卻十分模糊。約翰・迪伊剛認識他的時候，他自稱為「愛德華・塔伯特」，許多研究者都曾探討過他的來歷與真實身分，甚至有人認為，他可能是天主教教會派遣潛入迪伊家中的間諜。

我們對凱利的了解大部分是來自迪伊的日記，但是近年來，有數份原本用捷克語寫成的文件被翻譯出來，不僅延續了迪伊後來沒再繼續寫的凱利事蹟，也跟一般普遍流行的傳說認知相左。我們可以確知的是，凱利是以專業的水晶占卜師身分跟迪伊接觸，這個職業在當時比現在還要常見。迪伊的日記證明，凱利確實是個很優秀的水晶占卜師，可能是史上最厲害的一位。他連續好幾年每天都替迪伊觀看水晶球裡的天使數個小時（迪伊自己沒有這個能力）。在這段期間，他和迪伊一起周遊歐洲，路上在好幾個國家停留，進行天使占卜和煉金實驗。

凱利聲稱自己握有把鉛變成黃金的祕密，在布拉格期間，他離開迪伊，接下神聖羅馬帝國皇帝魯道夫二世的宮廷煉金術士一職。多年後，迪伊寫到凱利為了逃離魯道夫的監禁而摔斷一條腿，進而因此喪命。然而，近日翻譯的捷克語文件卻有不同的說法：皇帝授予凱利男爵身分（英語作家稱他為「爵士」其實不太正確）和數個礦坑之後，其實過著非常受人尊敬的生活，後來更生兒育女，並光榮離世。

在古典魔法文獻裡，烏列爾經常扮演中介靈的角色，不只是為了占卜目的而被召喚，也是為了讓他帶其他的靈到魔法陣問卜。他在迪伊的日記中扮演的正是這個角色：讓這兩個人認識其他三位主要大天使，每一位大天使都負責傳遞該魔法系統的特定面向。在之後的數百頁篇幅裡，烏列爾都會以降神會主角的姿態現身。他會展開、結束每一次會議，將其他靈體召喚到水晶球。假使這兩個人做了某些事情讓天使們不高興，通常也是由烏列爾中止會議，以示懲罰。

烏列爾帶來水晶球的第一位大天使是米迦勒（就如阿納爾所言），他主要的任務似乎是告訴兩人接下來會用到的魔法道具和設備。第二位現身的是拉斐爾，他用四十九張表格傳遞了《上帝講話之書》的全文，因此也是第一個用某種方式揭示知名天使語的天使。在他之後，加百列現身了，他負責傳遞天使四十八鑰，解開拉斐爾聖書的奧祕。

現在，我們已經知道迪伊和凱利確實曾跟傳統上的西方天使交談，也真的接收了一套天使魔法系統，那麼我們就可以來認識這套系統了。

## ◆　迪伊的以諾系統概述　◆

迪伊和凱利的天使魔法是透過以下三個互有關聯的階段傳遞：

1. 第一個階段主要是跟召喚天使時應該使用的魔法道具和儀器有關，也談到了召喚七大行星大天使底下管轄的一群天使（稱作「七統」）需要用到的方法。
2. 第二個階段聚焦在《上帝講話之書》及使用此書可以施展的魔法。
3. 第三個階段的重點是「地球大表格」（Great Table of the Earth）以及表格中不同階級的天使；可以召喚這些天使影響物質世界。

可惜，許多以諾魔法的學者把這三個階段當成毫不相干的三件事來看待。可是，迪伊的日記並沒有這樣表示。天使帶來的每一個階段都是下一個階段的入門準備，先出現的資訊永遠是後接收的資訊的基礎。因此，這些日記記載的是一套完整的天使魔法體系。另外，迪伊雖然對密碼學和複雜的魔法方陣明顯有強烈的偏好，但他記錄的系統其實跟中世紀與文藝復興時期的其他天使魔法類型沒有很大的差異。

### 第一階段：七統

阿納爾把迪伊和凱利交給四位大天使之後，米迦勒便擔起主要指導者的角色。他把聖桌（圖2）、真神印記（又稱真理印記，圖3）、創世七徽（seven Ensigns of Creation，圖10到16）、神聖墜盤（Holy Lamen，圖4）及所羅門指環（Ring of Solomon，圖5）傳給了兩人。

圖2：聖桌

神聖施法桌的桌面由蜜樟、三尺方形做成，再以聖化過的金色或黃色顏料塗色。
這應離地一段距離，由四塊刻有真神封印的蠟版支持著。

圖3：真神印記

又稱真理印記，由純封蠟製成，聖桌上要放一個大的，四個桌腳底下要各放一個小的。

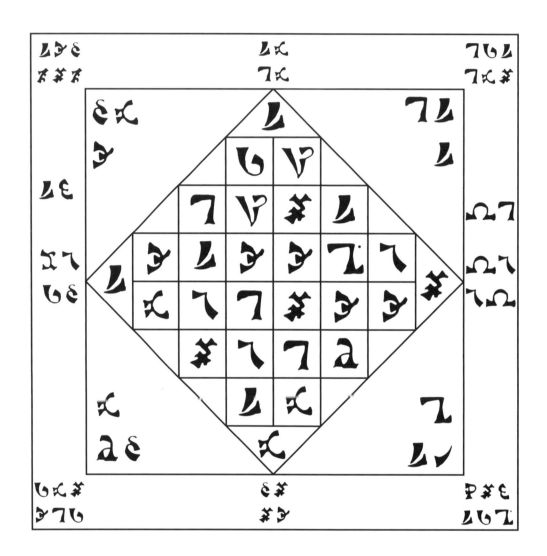

圖4：神聖墜盤

神聖墜盤用白紙畫成，藏在一塊布中攜帶。

圖5：所羅門指環

米迦勒大天使傳下來的所羅門指環設計圖，一定要用純金製成。

圖6：聖桌布置

聖桌的布置方式，上有真神印記和創世七徽。這張桌子應放在紅絲綢上方，

桌腳下放置小的真神印記，並以七彩絲綢覆蓋整張桌子。

　　近年來，已經確定這些工具有好幾樣是改編自更古老的魔法書就已經收錄的一些工具。例如，真神封印的圖樣設計就可以在好幾個文獻裡找到，最主要的是《宣誓書》（圖7）。

圖7：《宣誓書》的印記

真神印記的早期版本，收錄在《宣誓書》中。

　　就連印記的建造方式似乎都是參考更古老的來源。印記是由蜂蠟製成，且是天使現身的核心位置（如果你有使用水晶或其他物質製成的圓球進行占卜，應放在印記上），這跟《亞伯拉梅林之書》所描述的「七角形蠟版」以及《所羅門王小鑰》所提到的所羅門蠟壇（刻有魔法名稱的蜂蠟版），都有異曲同工之妙，這兩個文獻所說的物品都是用來跟天使溝通（圖8）。

　　除此之外，你可以看出迪伊的聖桌桌面設計也受到所羅門蠟壇很深的影響。誇張一點，甚至可以說真神封印和聖桌加起來就是所羅門蠟壇的以諾版。

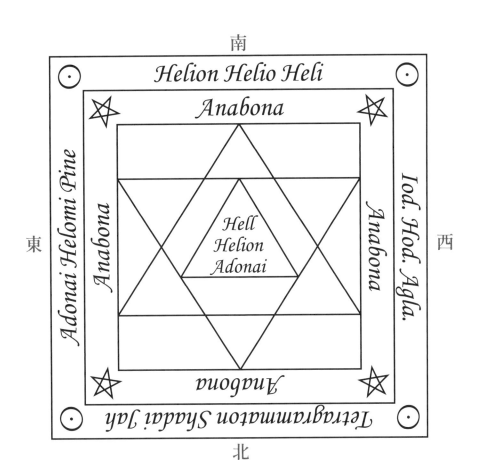

圖8：所羅門蠟壇

《所羅門王小鑰》裡收錄的所羅門蠟壇，其設計跟聖桌類似，也跟真理印記一樣是用蜂蠟製成。

　　另外，聖桌跟《所羅門王小鑰》之《保羅術》的施法桌也有許多相似點（圖9）。

圖9：《保羅術》的施法桌
請注意跟聖桌之間的相似點。

　　當然，以諾魔法所使用到的工具有一些是迪伊的系統獨有。所羅門指環和神聖墜盤雖然都可以追溯到所羅門魔法，其設計圖樣卻沒有明顯的參考先例。創世七徽（圖10到16）跟《七日談》列出的行星大天使有直接的關聯，但其設計也是以諾系統原創：

| | | | | | | | |
|---|---|---|---|---|---|---|---|
| 2 ⊥ b / b ⊥ 3 | G / b b | g. | **B** 2 2 | 2.4.6 / b b b / 2 4 6 | b b / L / b | B / r o g | Ⓑ |
| 8 b / b / b 2 | b̶b̶ / 8 | G / b | GG / b | 1 5 2 / b | 1 5 2 / b | 5 2 / B B B | B / ⊥ / B |
| ☽ / q B / q | b o / o o | **B** / 7 V 9 | b b b / b b b / b b b | 11 / **B** / 5 | b b / b / b b | b b / b | b / 8 b 3 / b |
| b b / b b / b b | b b / b15 b / b b b | b M / 166 | 7 / △bb | Ⓑ b / 5 | **G** **M** + | **B** | b A / 1556 |
| 1 2 3 / **B** / 1 2 3 | | b | **T** / b | ⅋**B** / 9 | B B B / 6 / b | b b / 72 / **F** | ḅ |

圖10：金星與阿納爾的徽章

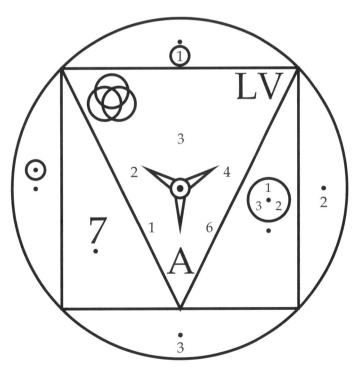

圖11：太陽與米迦勒的徽章

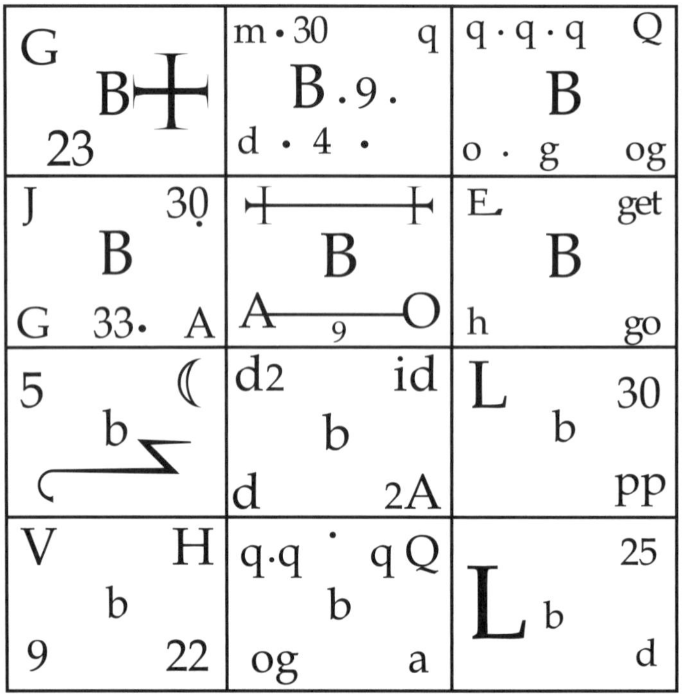

圖12：火星與薩邁爾的徽章

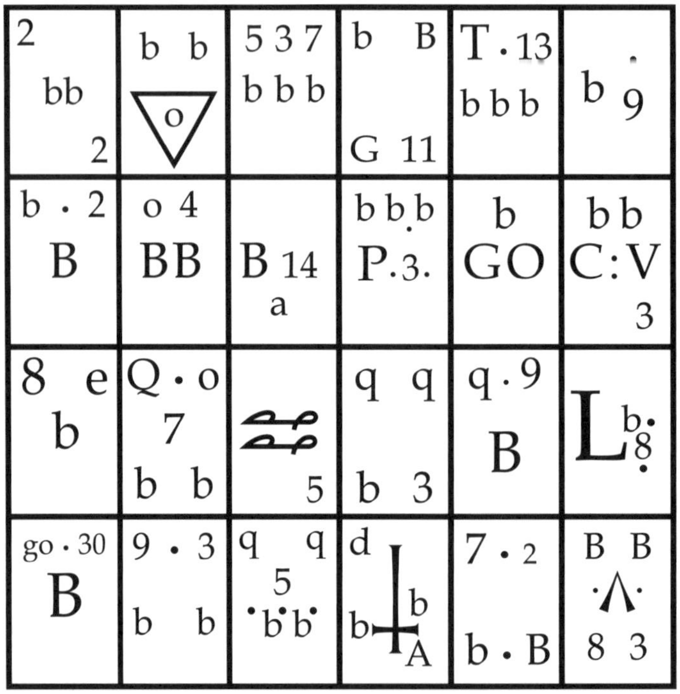

圖13：木星與薩奇爾的徽章

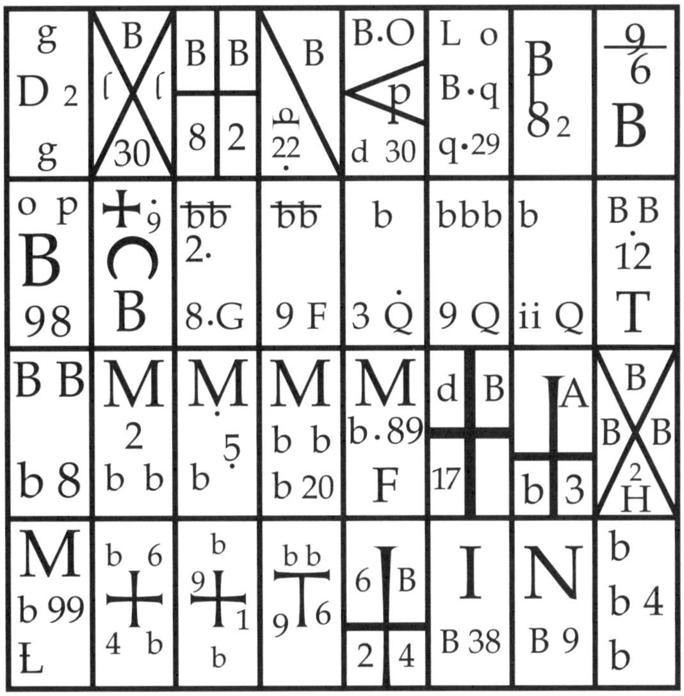

圖14：水星與拉斐爾的徽章

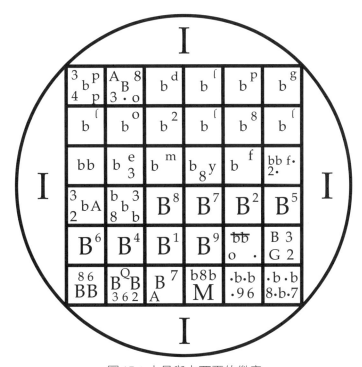

圖15：土星與卡西爾的徽章

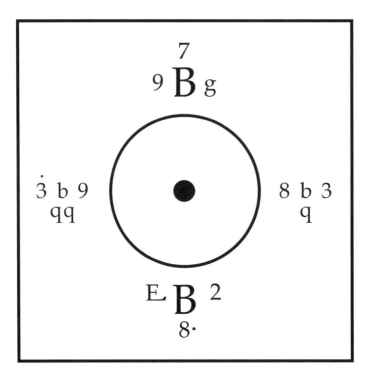

圖16：月亮與加百列的徽章


　　迪伊的日記並沒有說明以諾魔法的工具和設備只能用來召喚日記中所描述的哪些天使。事實上，這些用品可用來召喚任何一位天使。話雖如此，這些物品的象徵意義主要是來自七統天使，體現了所有跟七這個數字有關的神祕主義考量，像是七大行星、每個星期的七天，還有最重要的──聖經創世七日。

　　七統階級底下有四十九位天使，共分七級，一級有七位，分別是一位君王、一位親王、五位總督，掌管每一顆行星和一星期當中的其中一天。以諾魔法道具上所刻的天使語字母，全都來自這些七統天使的名字，只有真神封印沒有用到天使語字母，而是使用兩組跟七統有關的卡巴拉名稱。我們很快就會討論到這些其他的名稱。

　　七統天使是迪伊系統獨有的，祂們的名字則是從米迦勒傳授的七張七乘七的表格解碼出來。這些表格統稱為「集合表格」（Tabula Collecta，圖17）。

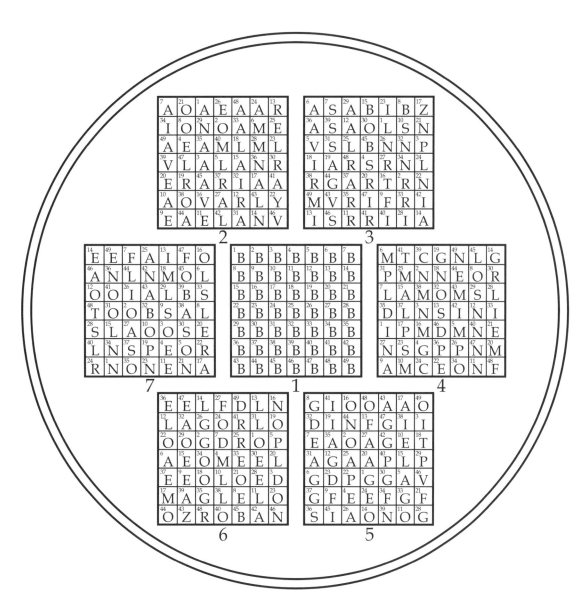

圖 17：集合表格

七張良善天使的表格。

日記上雖然從未如此說明，但這七張表格其實各分配到特定的屬性：

表格一：巧智與智慧

表格二：晉升與親王的統領

表格三：在會議和貴族之間稱霸

表格四：貿易、商業和水

表格五：大地的相關特質

表格六：空氣及在空氣中移動的一切相關知識

表格七：掌管火

　　理論上來說，任何一張表格都可以用來當作護符，了解或實現該表格象徵的屬性。每張表格還可找到天使的名字，例如表格三第六列的「穆利弗利」（Murifri）就曾出現在迪伊和凱利的某次水晶占卜，為他們提供諮詢。

　　接著，迪伊聽從指示將這七張表格放進圓形的「良善天使表格」（Tabula Bonorum）進行解碼，根據四十九位七統天使的行星屬性分門別類（圖18）。

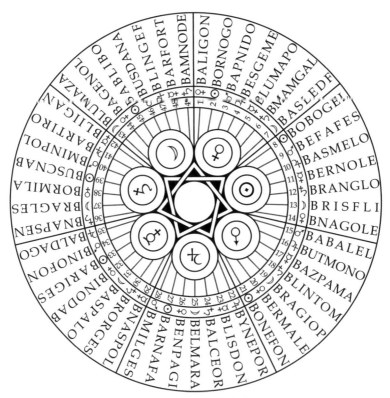

圖18：良善天使表格

七統天使的圓形表格。

　　每個行星又再被分為七個子行星，因此舉例來說，星期五的君王（Baligon）是金星的金星的天使，他的親王（Bagenol）是金星的月亮的天使，而其餘五位總督則分別是金星的土星、水星、木星、火星和太陽的天使。

　　除此之外，迪伊和凱利也學到要如何從良善天使表格中，解碼每個行星的四十二位大臣的名字。這些大臣被分成六組，一組七位，到了他們的行星每星期所掌管的那一天，每一組會各負責值班四個小時。迪伊和凱利經由一連串的靈視，得知了大臣具備的各個功用。他們大部分都擁有各種自然力量，諸如天氣、金屬和四大元素，也可以指揮邪靈及管轄君王的興衰等等。召喚特定行星的君王或親王（或五位總督之一）時所需製作的護符，也會使用到大臣的名字。

　　整個七統階級（至少在迪伊的時代）是由金星的君王和親王（Baligon 和 Bagenol）所統治，因此他們分別又擁有卡爾瑪拉君王（King Carmara）和哈戈內爾親王（Prince Hagonel）這兩個頭銜。雖然迪伊的日記裡並沒有提及，但我覺得負責統領的君王和親王應該會隨著統領該時代的大天使一起更換輪替。在迪伊的時代，阿納爾是統領的大天使，如果按照《阿巴太爾魔法書》的四百九十年任期來算，現在統領的大天使就是拉斐爾，而七統階級的統治者則是水星的君王與親王（Bnaspol 和 Blisdon）。然而，我們並不知道他們的頭銜是否跟前面的統治者一樣，還是他們有自己的獨特頭銜。

　　最後，我們必須再次回到真神印記，討論印記上的天使階級。封印（圖3）上寫滿看似應為天使語的名字，但這些其實是用密碼寫成的希伯來卡巴拉名字。


## 七個祕密神名

　　首先，我們先來看看真神印記最外圈的七角形所列出的七個神名。這些名字是以圖19的表格形式交給迪伊。

　　這些神名看起來雖然很怪異，卻不是天使語，而是取自生命之樹七個大天使的希伯來名字；從庇納（Binah）到易首德（Yesod）的這七個大天使即是聖經所說的「寶座前……上帝的七靈」（《啟示錄》4章5節）。從表格的左上角往下讀，就會找到：沙法爾、薩基爾（Zedekiel）、卡麥爾、拉斐爾、漢尼爾、米迦勒和加百列這幾位天使的名字。最後一格是一個臂長相等的十字符號，代表地球（封印的中心點也有相同的十字架）。

## 七個無法發音的神名

在真神印記最外圈的七角形內側，又有七個神名，天使說是「無法發音的」。這些名字也用表格的形式交給了迪伊，如圖20。

我們可以清楚看出這些名字為何無法發音，因為當中有好幾個字母其實只是數字加上點點的符號。然而，這些怪異的符號其實代表了印記最外側的圈圈裡所對應的字母：21加上8等於「El」這兩個字母的組合；8、26、30等於「L」這個字母。El 和 L 正是希伯來文和天使語當中的神名之一。

| Z | l | l | R | H | i | a |
|---|---|---|---|---|---|---|
| a | Z | C | a | a | c | b |
| p | a | u | p | n | h | r |
| h | d | m | h | i | a | i |
| k | k | a | a | c | c | c |
| i | i | e | e | l | l | l |
| e | e | l | l | M | G | ✠ |

圖19：七位輝耀大天使的表格
這些名字出現在真神印記最外圈的七角形。

此外，這張表格也可解碼一些發得出音的希伯來天使名。這些名稱很簡單，就是七大行星的希伯來文再加上「el」這個字尾。從表格的左上角開始，以左下對角線的方向逐一往下讀，就會找到七位行星天使的名字：薩巴提爾（Sabathiel）、薩基爾、瑪迪米爾（Madimiel）、西米利爾（Semeliel，Semeshiel 的變形）、挪加爾（Nogahel）、科卡比爾（Corabiel，Kokabiel 的變形）

及黎瓦納爾（Levanael）。這些天使直接掌管行動界（Assiah）的行星。他們解碼之後的名字拼法可在真神封印中央找到，圍繞著地球的十字符號。

| S | A | A | I²¹⁄₈ | E | M | E⁸ |
|---|---|---|---|---|---|---|
| B | T | Z | K | A | S | E³⁰ |
| H | E | I | D | E | N | E |
| D | E | I | M | O | ³⁰ | A |
| I²⁶ | M | E | G | C | B | E |
| I | L | A | O | I²¹⁄₈ | V | N |
| I | H | R | L | A | A²¹⁄₈ | |

圖20：七位行星大天使的表格
這些名字出現在真神印記最外圈的七角形內側。

其他填滿印記的天使名諱也都是從行星主宰天使的這張表格解碼出來，只要從不同的方向以對角線閱讀，就能找到每一個名字。這些天使今天統稱為「光之家族」，他們是光的兒女及其兒女的兒女。我們並不完全清楚這些天使在七統階級裡的準確地位，迪伊的日記只有提到他們一次，說他們直接伺候七統王室。此外，迪伊最著名的一些天使（他們在以諾體系的後兩個階段扮演關鍵角色）也可以在印記上找到，如亞芙（Ave）、瑪迪米（Madimi）和伊利米思（Illemese）。

七統制度並不會過於複雜。如果很多人認為這套系統很難理解，也只是因為那些魔法方陣和從方陣解碼天使名的方法很複雜而已。然而，施展魔法並不需要事先學會那些解碼方法，因為現在所有的名字都已全部解碼出來了。

這套系統的實踐方式也非常直截了當，跟文藝復興的天使魔法相去不遠，因為它的七個大天使是來自《七日談》，整個體系也跟《阿巴太爾魔法書》有強烈的連結。大天使跟《阿巴太爾魔法書》的奧林帕斯七靈一樣，會輪流掌管宇宙，且《阿巴太爾魔法書》的「四十九句格言」所描寫的玄祕哲學，也可視為迪伊七統魔法的必要入門文本。

要召喚一位七統天使，你需要前面提到的道具和設備。你必須準備聖桌和五份真理印記，四份小的用來放在桌腳下、一份大的用來放在桌面上，接著再用七彩絲綢覆蓋這些東西（七彩代表的是與召喚和溝通有關的水星）。創世七徽可以用精煉過的錫製作，然後擺在聖桌上，或者用聖化過的金色或黃色油漆塗在桌面上。

你也必須製作你想召喚的君王和親王的護符，還要製作另一張護符，寫上伺候君王與親王的四十二大臣名字。坐在聖桌前方時，你應手持王室天使的護符，腳踩四十二大臣的護符。召喚君王和親王的咒語可在迪伊的日記中找到，念誦咒語，你所指定的天使便會現身在真理印記之上。

## 少了什麼？

許多以諾魔法的相關研究都指出，迪伊的紀錄裡少了一部分關鍵資訊（這通常都怪罪到一名女僕的身上，因為據說她在迪伊過世多年後發現他的日記，但是因為不知道這些文獻的重要性，竟把好幾頁拿去當作派的吸油紙），然而，缺少的資訊其實比預期的少得多，而且雖然有一些遺漏的部分，或是迪伊的日記沒有多做描述的部分，我認為這些並不會影響此魔法的施展。

若真要說這個體系有少了什麼重要的資訊，那就是迪伊曾提及一兩次、但是現存的日記卻完全找不到插圖的一顆特殊「球體」（從日記中提及球體的段落可看出原本確實有插圖）。根據迪伊所說，這顆球體是一幅插圖，七統護符所需的某些字母可以從中尋找。球體上方有一個卡爾瑪拉君王的模型；球體內部有七位七統君王的名諱，還有某些很有可能是光之家族天使印記的符號（幸好，這些印記並未遺失，因為迪伊在日記別處也有記下來）。此外，還有其他字母和數字用某種方式附加在君王的名字之中，有一些是正著寫，有一些是倒著寫。可惜，這些字母都已不復存在。

圖21：迪伊的七統護符

　　圖21是迪伊為其中一位君王所繪製的七統護符，正中央是直接服侍該君王的光之家族天使的印記，君王的名諱寫在印記周圍，而最外圈則寫有更多字母（有些正著寫，有些倒著寫）。

　　我個人是相當希望能夠得到那幅球體插圖，這樣就能正確繪製出其他君王和親王的護符。然而，我也堅信這項資訊倘若是整個系統的關鍵之一，天使們一定不會讓資訊遺失的。至少，迪伊也一定會把插圖記在他至今尚存的個人魔法書，可是書中並沒有提及之。無論如何，我們還是有跟每位君王有關的光之家族天使的印記，真正缺乏的就只有護符外圍的那些特定字母。但是，我不認為少了這些字母，護符就不能發揮作用。

### 第二階段：《上帝講話之書》和蓋博法爾

　　迪伊得到《七行星的奧祕》之後，便換成大天使拉斐爾現身，揭露了這個體系真正的核心：神聖的《上帝講話之書》，天使語寫作「Loagaeth」。

# 魯道夫皇帝

　　魯道夫二世（Rudolph II，1552年7月18日－1612年1月20日）是克羅埃西亞、匈牙利與波希米亞的國王及奧地利大公，並在一五七六年即位成為神聖羅馬帝國的皇帝。然而，他跟其他皇帝不同，對政治沒什麼興趣，也不太會堅守自己的權力。很多人認為，他對皇帝的角色與職責興趣缺缺。他不問世事，大部分的注意力都放在藝術、神祕主義、煉金術和玄祕學。

　　迪伊和凱利在歐洲各處旅行時，曾待在克拉科夫很長一段時間，跟可能成為他們貴人的亞伯特・拉斯基（Albert Lasky）閣下或親王在一起。其間，天使敦促他們前往布拉格，到魯道夫的宮廷呈上自己的水晶占卜成果。然而，拉斯基最後並沒有贊助他們的旅程，於是兩人只好自己跋涉到布拉格。可惜，迪伊好不容易見到這位皇帝，他對迪伊的日記卻沒什麼興趣，對迪伊的那些「上帝的訊息」更毫無熱情。兩人待在布拉格期間，他似乎都不怎麼搭理他們。據說，凱利後來成功靠自己的煉金配方將卑金屬變成黃金，這才引起皇帝的興趣。

　　迪伊回到英國，而凱利則留下來，成為魯道夫宮廷的煉金術士。凱利在這方面是否成就非凡，我們並不知道，但我們倒是知道魯道夫封他為男爵，還給了他數座銀礦坑，因此凱利在布拉格度過了備受尊崇的餘生。魯道夫對政治不感興趣，雖然導致許多人認為他是一個沒有實質影響力的統治者，但今天我們知道，就是因為他選擇把焦點放在人文藝術上，他的王國內才發生一次迷你文藝復興，科學革命也得以在他去世數百年後橫掃全球。

　　現在，你已經知道《上帝講話之書》就是以諾天簡、擁有七道封印的《生命之書》、真正的《拉吉爾之書》。書中收錄了四十九張表格，大部分前後都有四十九乘以四十九的方格。這些格子寫滿字母，號稱是全新的聖經教義。新約之於舊約，就好比可蘭經之於新約，而《上帝講話之書》也是一個全新的約，據天使所說，可以改正當前所有的信仰，使它們互相寬容。天使承諾，把新教義帶來這個世界（別忘了，這個教義曾經傳給以諾，後來在大洪水的時候

遺失），便象徵聖約翰在《啟示錄》所說的末日開端。新教義應該要先在地球各地傳播一段時間，接著最終的善惡大對決才會展開。

　　問題是，這本書完全是以天使語寫成，天使也沒有提供翻譯。這是因為，新教義並不是要在講道壇上講給一般無知的大眾，而是只能透過神祕主義者認識，學習如何解開書中奧祕，直接得到天使的指導。

　　因此，天使把其中四十八張表格（表格二到四十九）的鑰匙交給兩人，用來解鎖。第一張表格屬於基督（即邏各斯〔 Logos 〕），人類和天使都無法開啟（同樣參見《啟示錄》第五章關於解除書之封印的部分）。

　　可以打開《上帝講話之書》其餘四十八張表格的鑰匙，統稱天使四十八鑰，實際上是完全以天使語寫成、富有詩意的咒語，可用來召喚個別表格的天使。

　　根據直接隸屬在大天使加百列底下的天使，如何正確使用《上帝講話之書》及天使四十八鑰的這套系統，就稱作「蓋博法爾」（Gebofal，這個字從來沒有翻譯出意思來）。蓋博法爾似乎跟猶太教的「數算俄梅珥」習俗有關，而此習俗又和卡巴拉的「理解的五十道門」有關。因此，我現在要先花一點篇幅解釋一下這個猶太傳統。

　　俄梅珥（Omer）是計量穀物的一種單位。數算俄梅珥在妥拉（Torah）的《利未記》（Leviticus）和《申命記》（Deuteronomy）當中都有規定，是一個和逾越節（Passover）相關的五十天神祕習俗。這個習俗的名稱源自《利未記》23章15–16節：

> 你們要從安息日的次日，就是獻那捆莊稼為搖祭的那日起，計算足足的七個安息日。到第七個安息日的次日，共計五十天。

《申命記》16章9–10節也有囑咐同一件事：

> 你要計算七個七日：從你用鐮刀開始收割莊稼時算起，一共七個七日。你要向耶和華——你的上帝守七七節。

《出埃及記》（Exodus）提到這項為期七週的習俗背後的意義。在埃及度過逾越節後，希伯來人開始進入荒野。在接下來的五十天，他們過得很艱辛，除了被法老的軍隊窮追不捨，差點受困在紅海岸邊，還得忍受數週在險惡的沙漠環境中跋涉的苦難，完全不曉得應該往哪

裡去，又該如何生存。在第五十天，他們抵達西奈山，摩西在此收下十誡，正式訂下與上帝的約。

數算俄梅珥不只是用來紀念出埃及經歷的宗教習俗，也是在靈性層次上重現這個事件的神祕習俗。從逾越節次日開始，神祕主義者必須把自己脫離凡人的世界（象徵埃及）。當你這樣做時，「埃及人」會追著你，企圖把你抓回去。此外，你也會面臨自己的內在阻礙，必須跨越潛意識習慣的汪洋，忍受可怕的靈性未知荒野。

在這五十天期間，神祕主義者必須練習冥想，目標是讓自己脫離俗世的五十道不潔之門，藉此進入天界相對應的五十道理解之門。這些門是以生命之樹命名的（圖22）：下方七個輝耀各自分成七道門，例如黑系德（Chesed）這個輝耀可再分為仁慈的仁慈、仁慈的葛夫拉（Gevurah）、仁慈的俤菲瑞特（Tiphareth）、仁慈的聶札賀（Netzach）、仁慈的易首德（Yesod）、仁慈的瑪互特（Malkuth）等門。每一道門都象徵上帝的一個面向，並透過舊約聖經某個先知經歷的事件來展現該面向。繼續以黑系德這個輝耀為例，仁慈的七道門對應到的就是亞伯拉罕，因為當天使阻止他犧牲自己的兒子以撒時，便是上帝向他展現了仁慈。要進入仁慈的這七道門，神祕主義者必須透過冥想思索跟亞伯拉罕有關的不同聖經故事所要傳遞的教訓。

猶太神祕主義者從仁慈的仁慈之門開始數算俄梅珥，一天進入一道門，最後在第四十九天來到王國的王國之門。開啟下方七個輝耀的四十九道門之後，神祕主義者就算打開了所有直接通往理解的門。然而，他不可以打開第五十道門，因為這道門位於天國的純神性之內。那道門只能從裡面開啟，過去曾經打開讓摩西通過，下一次要等到彌賽亞在末日期間需要通過時，才會再度開啟（後來基督教堅稱此門也曾開啟讓耶穌升天）。因此，數算俄梅珥的目標並不是要進入理解的領域，而是要將我們和天國之間的每一道門打開，讓神聖的啟示和見解降臨到我們手中，就像出埃及時摩西到西奈山上收下十誡一樣。

現在，說明完這個習俗之後，讓我們聊聊蓋博法爾。《上帝講話之書》的第一張表格是基督／邏各斯的表格，體現宇宙最初的創造能量。《約翰福音》第一章寫道：

太初有道，道與上帝同在，道就是上帝……萬物都是藉著祂造的。

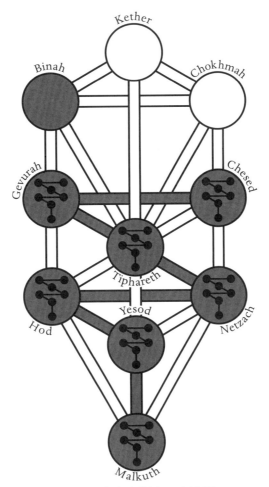

圖22：生命之樹與五十道門

　　表格二到十九體現的是創世的前六天。用來開啟這十八道門的天使之鑰咒語明確點出此意涵，每一個咒語都描述了宇宙某一面向的創造，也說明了上帝指派哪一位天使掌管該面向。咒語詩中也有許多天啟意象，似乎強調這些統治天使在末日時都會一起玩樂。

　　最後，剩下的三十張表格代表的是創世第七天，體現了此時此刻創造完成的宇宙，全部都是反覆使用同一個咒語開啟。天使解釋，這些表格代表了從上帝到地球的三十重天，居住在每一重天的天使都負責掌管一個特定的地理區域，或稱「地球各區」，後面很快就會談到。

　　整組來看，《上帝講話之書》的四十九張表格似乎代表了宇宙間的各種星象與元素能量，從第一張表格的至高神性開始，一直往下來到第四十九張表格的實體地球。迪伊的天使常把這些表格稱作「理解之門」或「智慧之門」，指的都是庇納和侯克瑪這兩個輝耀所在的天國領域。

蓋博法爾是一個為期四十九天的過程，施行者會從人類可達的最高點（表格二）一路回到物質世界（表格四十九）。以諾系統的水晶占卜道具都會使用到，因為念誦天使之鑰咒語會使靈性導師一一現身，闡述沒有翻譯過的每張表格當中的奧祕。天使也告訴迪伊，他可以進入理解之門造訪天使的城市，就像以諾曾經做過的一樣。

每天，施行者必須把聖書打開至對應的表格，念誦以諾禱文（收錄在迪伊的日記中），接著再念誦該表格的天使之鑰咒語，每個流程一天進行三次。之後發生在施行者與召喚現身的天使之間的所有事情，必須嚴格保密不外洩。最後一張表格會在第四十八天開啟，施行者在第四十九天應會直接從上帝那裡收到啟示。

蓋博法爾儀式中並沒有說明「地球各區」；這似乎是那種要透過儀式的進行才會得到的玄祕智慧。迪伊在下一階段會得到的地球大表格也是如此。事實上，地球各區與地球大表格具有直接的關聯。

## 第三階段：地球大表格（守望台）

地球各區揭示後，迪伊當初會想得到這套魔法的真正動機也揭開了。在這之前，一切都顯得十分崇高、靈性。然而，迪伊全心全意地堅信著英國是上帝在地球上的王國，英國有權建立帝國，統治整個世界。別忘了，迪伊可是英國的第一個間諜，經常在造訪他國時幫女王進行祕密行動。老態龍鍾的巫師帶著一名可疑的煉金術士到處旅行，這樣的形象是最好的掩護。

地球各區系統保證讓迪伊能夠直接影響統治已知世界每一個國家的黃道守護天使，同時也保證迪伊的靈媒可以遠距觀看那些國家當下所發生的事，以及各國是否藏有任何祕密。他只需要念誦三十重天之鑰的咒語、代入他想召喚的重天名稱，對應的門就會開啟。

每一重天都包含了地球的三個區域，但最低的重天則包含四個區域，且另外還有一個「隱藏」區域，因此地球總共分成九十二個區。每一區都有一個由七個字母組成的名稱（圖23）。

圖23：寫有九十二個區域的地球大表格
地球九十二區的名稱排列在這張圖表中，創造出一個二十五格乘以二十七格的大表格。

　　這就是知名的地球大表格（圖24）的由來。九十二區的名稱便是以圖中所示的方式全部放在這張魔法表格裡的。大表格本身又可分作四大象限，稱為「守望台」。

| r | Z | i | l | a | f | A | u | t | l | p | a | e | b | O | a | Z | a | R | o | p | h | a | R | a |
|---|---|---|---|---|---|---|---|---|---|---|---|---|---|---|---|---|---|---|---|---|---|---|---|---|
| a | r | d | Z | a | i | d | p | a | L | a | m |   | u | N | n | a | x | o | p | S | o | n | d | n |
| c | z | o | n | s | a | r | o | Y | a | u | b | x | a | i | g | r | a | n | o | o | m | a | g | g |
| T | o | i | T | t | x | o | P | a | c | o | C | a | o | r | p | m | n | i | n | g | b | e | a | l |
| S | i | g | a | s | o | m | r | b | z | n | h | r | r | s | o | n | i | z | i | r | l | e | m | u |
| f | m | o | n | d | a | T | d | i | a | r | i | p | i | z | i | n | r | C | z | i | a | M | h | l |
| o | r | o | i | b | A | h | a | o | z | p | i |   | M | o | r | d | i | a | l | h | C | t | G | a |
| c | N | a | b | r | V | i | x | g | a | z | d | h | Я | O | c | a | n | c | h | i | a | s | o | m |
| O | i | i | i | t | T | p | a | l | o | a | i |   | A | r | b | i | z | m | i | i | l | p | i | z |
| A | b | a | m | o | o | o | a | C | u | c | a | C | O | p | a | n | a | B | a | m | S | m | a | l |
| N | a | o | c | o | T | t | n | p | r | a | T | o | d | O | l | o | p | i | n | i | a | n | b | a |
| o | c | a | n | m | a | g | o | t | r | o | i | m | r | x | p | a | o | c | s | i | z | i | x | p |
| s | h | i | a | l | r | a | p | m | z | o | x | a | a | x | t | i | r | V | a | s | t | r | i | m |
| m | o | t | i | b |   | a | T | n | a | n |   | n | a | n | T | a |   |   | b | i | t | o | m |   |
| d | o | n | p | a | T | d | a | n | V | a | a | a | T | a | O | A | d | u | p | t | D | n | i | m |
| o | l | o | a | G | e | o | o | b | a | u | a |   | o | a | l | c | o | o | r | o | m | e | b | b |
| O | P | a | m | n | o | O | G | m | d | n | m | m | T | a | g | c | o | n | x | m | a | l | G | m |
| a | p | l | s | T | e | d | e | c | a | o | p | o | n | h | o | d | D | i | a | l | e | a | o | c |
| s | c | m | i | o | o | n | A | m | l | o | x | C | p | a | t | A | x | i | o | V | s | P | s | И |
| V | a | r | s | G | d | L | b | r | i | a | p | h | S | a | a | i | z | a | a | r | V | r | o | i |
| o | i | P | t | e | a | a | p | D | o | c | e |   | m | p | h | a | r | s | l | g | a | i | o | l |
| p | s | u | a | c | n | r | Z | i | r | Z | a | p | M | a | m | g | l | o | i | n | L | i | r | x |
| S | i | o | d | a | o | i | n | r | z | f | m |   | o | l | a | a | D | a | g | a | T | a | p | a |
| d | a | l | t | T | d | n | a | d | i | r | e | r | p | a | l | c | o | i | d | x | P | a | c | n |
| d | i | x | o | m | o | n | s | i | o | s | p | a | n | d | a | z | N | z | i | V | a | a | s | a |

圖24：地球大表格

　　迪伊當初得到的地球大表格如圖所示。天使對迪伊和凱利這樣解釋：地球各區雖然能夠讓你影響世界各地的某一區（也就是某一國），地球大表格卻能讓你影響地球的某一象限。

　　從日記中的敘述來看，這些象限似乎比較是以地緣政治、而非地理方位來區分的。從迪伊的時代到今天，世界區分東、西、南、北文明的方式一直是以歐洲為中心點。因此，西守

望台掌管的是英國、希臘、羅馬、西班牙、法國等西方國家（今天，北美也包含在內）；東守望台掌管的是中國、日本、西藏、蒙古、印度等東亞國家，還有所謂的中東地區；北守望台掌管的是丹麥、芬蘭、冰島、挪威和瑞典等北歐國家；最後，南守望台掌管的是澳洲、紐西蘭、斐濟、衣索比亞和大部分的非洲國家（當然，今日的南美也算在內）。

　　把地球各區放進地球大表格（如圖所示）之後，這些字母就會組成各式各樣的神名以及跟四個方位和地緣政治區塊有關（不是跟四大元素有關！）的天使名諱（圖25）。

　　每一個守望台的天使都擁有相同的力量。因此，舉例來說，如果你需要召喚醫藥天使，就得召喚掌管病人居住地區的那些天使。假如他們住在中國，你就要召喚東守望台的天使；如果是住在美國，你就要召喚西守望台的醫藥天使；在非洲的話，就要召喚南守望台的天使；若在挪威，則要召喚北守望台的天使。

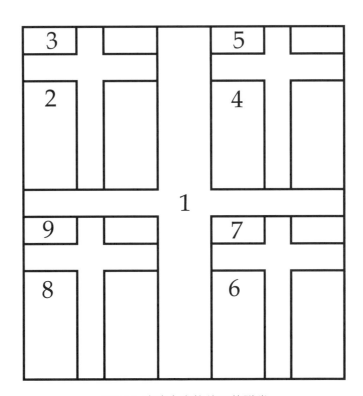

圖25：地球大表格的天使職掌

1. 人類知識與諮詢　　2. 醫藥
3. 物質混合　　　　　4. 金屬與寶石
5. 運輸　　　　　　　6. 四大元素
7. 發掘祕密　　　　　8. 轉變
9. 手作工藝

　　這張空白的守望台圖表是所有四座守望台共用的結構。如圖所示，每一座守望台又可再分成四個子象限，並有標出神名和天使持有的力量。首先，每一座守望台正中央的大十字架水平臂上都有三個神名，掌管該守望台的階級。因此，整個地球大表格共有十二個這樣的神名（可能是對應了黃道十二宮）。

　　每一座守望台的大十字架上，還可找到天啟二十四長老其中六位的名字；天啟二十四長老以成對的方式代表以色列的十二支派。他們能夠傳遞知識，對人類事務提供判斷和意見（支派長老的職責）。要召喚他們，你必須在大十字架的正中心以漩渦方式找出一個神名。在迪伊的年代，天啟二十四長老和黃道十二宮有關，兩位長老對上一個星座。迪伊也很有可能是這樣想的，但是他似乎認為這不需要特別說明，因此日記中沒有提到。

　　每座守望台的四個子象限都各有一個耶穌受難的十字架樣式，每個十字架上都有兩個神名，可以用來召喚十字臂下方的天使。

　　位於左上象限的是醫藥天使，還有數個可造成疾病的惡魔名諱。

　　位於右上象限的是寶石天使，知道如何找到、蒐集、使用金屬和寶石，以及金屬和寶石的屬性。沒有記載這裡的惡魔擁有何種能力。

　　位於左下象限的是轉變天使（與惡魔）。迪伊並沒有明確說出「轉變」是什麼意思。然而，守望台天使大部分似乎都有跟煉金術相關的能力（金屬、寶石、醫藥等），因此可以假定這些天使的能力和煉金變化有關。

　　位於右下象限的是四大元素天使（與惡魔）。請注意，地球大表格中唯一具有元素本質的天使，就只有每一座守望台的右下象限所列出的四位天使。在迪伊的時代，四大元素主要是出現在跟煉金術相關的議題上（一部分的原因要歸功於知名的醫生兼神祕主義者帕拉塞爾斯），對於四組三分主星來說只是次要的星象屬性。我們從煉金術歸結出四大元素的屬性：熱、冷、溼、乾。迪伊很有可能也是這樣理解四大元素。

　　在每一個子象限的耶穌受難十字臂上方，又可以再找到一個天使的名諱。雖然十字臂上方就只有短短一列字母，但是只要把前一位天使的名字重新排列，就能拼出每位天使的名字。左上象限的天使擅長混合自然物質；右上象限的天使能夠把各種事物（人或許也可以）運輸到其他地方；左下象限的天使擅長手作工藝（亦即任何用手完成的作品，如繪畫、雕刻、木工、石匠，乃至於建造、修理機器）；右下象限的天使可以發掘任何人的祕密。這些天使全都沒有相對應的惡魔名字。

　　要召喚這四組天使，你必須取十字臂上方的四個字母，再從連結四座守望台的超大十字架中取一個字母放在四個字母的最前面，藉此拼出一個神名。迪伊將這個超大十字架稱作「黑十字」，很有可能是因為它代表了煉金術的黑龍，也就是腐敗物質。黑十字上的字母大多數都可以用來組成耶穌受難十字臂下方的惡魔名諱；此外，借用黑十字的幾個字母，還能拼出掌管十字臂上方那些天使的神名。

　　惡魔名和神名都能使用一個稱作「黑十字」的東西拼出來，這聽起來似乎有點矛盾。然而，我認為這也是地球大表格煉金術象徵意涵的一部分，因為神名就代表可從腐敗物質之中提煉出來的不朽靈體（即水銀），而惡魔代表的當然就是腐敗本身。

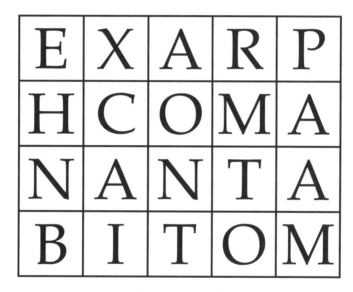

圖26：合一表格

　　黃金黎明協會的學生都知道黑十字的另一個形式：合一表格（圖26）。迪伊的系統裡並沒有所謂的「合一表格」，但此圖表確實出現在他的日記中，被天使用來教導迪伊如何把地球各區的其中三區——雷克札夫（Lexarph）、寇馬南恩（Comanan）和塔比通姆（Tabitom）——拆解後放到黑十字上，僅此而已。因此，迪伊純粹主義者完全忽視了合一表格。我個人認為合一表格也具有效力，因為黑十字既然象徵物質渣滓裡固有的靈體，合一表格也象徵四大元素裡固有的靈體（但是要記住一點，那就是黃金黎明使用合一表格的用途跟迪伊系統完全不一樣）。

使用地球大表格不是只要布置道具、召喚天使這樣就完成了。迪伊描述了一個為期十九天的實施過程，可以讓施行者一次跟所有地球大表格的天使建立永久的連結。之後，他可以隨時隨地召喚天使。

紀錄沒有提供任何召喚天使用的咒語，因為迪伊被指示要自己寫。有一位天使告訴迪伊這句著名的話：「善意才能使咒語發揮作用。」因此，迪伊應自行創作《祈求之書》（Book of Supplication），收錄用來召喚地球大表格每一組天使的咒語。每組天使都有四則咒語，用於四座守望台。因此，總共要有三十六篇禱文，另外再加上萬軍之主（YHVH Tzabaoth）以及地球大表格十二個主要神名的禱文一篇。迪伊後來確實有寫了自己的《祈求之書》，收錄在傑弗瑞·詹姆斯的《約翰·迪伊博士的以諾魔法》。

以下盡可能簡短地敘述迪伊應遵循的十九天實施過程：

1、前四天，迪伊只需要使用地球大表格的十二神名來念誦祈求萬軍之主的禱文，一天三次。他要用這些名諱祈求上帝派遣守望台的天使給他，賦予他天使的恩典。

2、在接下來的十四天，相同的禱文同樣一天念誦三次，另外也要增加祈求守望台天使的禱文。多年來，以諾魔法的學者不斷爭論這三十六則咒語是怎麼在這十四天之中分配的，但是要平均分配所有咒語是不可能的，而且迪伊的天使從來就沒有說，咒語應該平均分配在這十四天念誦。我認為，每次禱告時，施行者都必須念誦所有三十六則咒語，每日三次，持續十四日。

3、在第十九天，咒語應該已經發揮功效。迪伊要穿上一件白色亞麻袍，再次進入祈禱室，跟地球大表格的天使們自由開放地交談。天使會在那裡指導他，往後他也應該能隨時隨地接觸他們。天使告訴他，不得再使用《祈求之書》和那件白袍。

這就是約翰·迪伊的守望台體系概述。守望台是地球各區體系的直接延伸，而地球各區又是《上帝講話之書》體系的直接延伸。這時，迪伊的日記只剩最後一個簡短的重點要描述，也就是所謂的「拉斐爾改良表格」（Reformed Table of Raphael），來自黃金黎明協會的以諾魔法系統。

## ◆　拉斐爾改良表格　◆

收下所有的以諾魔法材料之後，迪伊和凱利又合作了好幾年，固定向天使諮詢政治議題或自己的生命中發生的其他事件。兩人最終將各自解散，但是在一五八七年四月，天使做了最後一次努力，要讓兩個人繼續在一起。

首先，日記寫到光之家族的天使瑪迪米在夜裡拜訪凱利，叫他跟迪伊互相分享彼此的妻子。凱利對這個要求似乎很苦惱，迪伊和兩名女子也是。

```
r Z i l a f A y t l p a e   T a O A d u p t D n i m
a r d Z a i d p a L a m     a a b c o o r o m e b b
c z o n s a r o Y a u b x   T o g c o n x m a l G m
T o i T t z o P a c o C a   n h o d D i a l e a o c
S i g a s o m r b z n h r   p a t A x i o V s P s N
f m o n d a T d i a r i p   S a a i x a a r V r o i
o r o i b A h a o z p i     m p h a r s l g a i o l
t N a b r V i x g a s d h   M a m g l o i n L i r x
O i i i t T p a l O a i     o l a a D n g a T a p a
A b a m o o o a C u c a C   p a l c o i d x P a c n
N a o c o T t n p r n T o   n d a z N z i V a a s a
o c a n m a g o t r o i m   i i d P o n s d A s p i
s h i a l r a p m z o x a   x r i n h t a r n d i L
m o t i b       a T n a n       n a n T a       b i t o m
b o a Z a R o p h a R a a   d o n p a T d a n V a a
u N n a x o P S o n d n     o l o a G e o o b a u a
a i g r a n o o m a g g m   O P a m n o V G m d n m
o r p m n i n g b e a l o   a p l s T e d e c a o p
r s o n i Z i r l e m u C   s c m i o o n A m l o x
i z i n r C z i a M h l h   V a r s G D L b r i a p
```

圖27：拉斐爾改良過的地球大表格

在這起事件發生期間，凱利說自己收到了和地球大表格有關的指示。有一個聲音叫他「加入以諾的表格」（指的是守望台，不是《上帝講話之書》的表格）。換言之，這個聲音希望他考量整個地球大表格，不是只聚焦在其中一座守望台。接著，他要為每一個格子標上數字，從左上角開始往右標示，共六百二十四格。同時，天使給了他一個用數字密碼寫成的訊息，只要用標好數字的地球大表格的字母取代訊息中的數字，就能解碼。

然而，這出現了一些問題，因為使用地球大表格的字母解碼訊息的數字，出來的文字內容無法閱讀。接著，凱利夜晚再次受到天使拜訪，天使給了他拉斐爾的改良表格。

改良表格其實就只是將地球大表格的守望台重新排列過而已。用這種方式排列並標上數字之後，終於解開了以拉丁文寫成的訊息（雖然如此，文字內容還是沒有很完美，請參見萊科克的《以諾大字典》〔 Complete Enochian Dictionary 〕第49–50頁）。解碼後的內容顯示，這是來自上帝的訊息，特別允許迪伊和凱利共妻。因此，迪伊「非常欣喜」，同意了這件事。

在接下來的日記中，我們讀到了凱利獨自在臥房裡連同「改良過」的地球大表格一起收下的訊息內容，並得知傳遞訊息的天使是拉斐爾。因此，這個版本便被稱作拉斐爾的改良地球大表格（圖27），也是黃金黎明協會使用的名稱。在接下來數頁，共妻的行為發生了，迪伊和凱利也一起召喚最後一次天使。沒有發生什麼引起我們興趣的結果，而日記也來到了尾聲。

## ◆　以諾魔法與早期黃金黎明協會　◆

迪伊去世後，他的以諾魔法體系大部分都遭到埋沒。他在歐洲旅行時，家中有許多手稿和財物不是被毀，就是被偷（幸好他當時把天使日記帶在身邊）。之後，他的以諾材料大部分都被藏在一個櫃子的底部下方，多年不見天日。後來，材料被人發現，但有好幾頁卻遭先前提過的女僕用來作為派的吸油紙。

一六五九年，迪伊天使日記的許多內容以《約翰・迪伊博士與某些靈體之間多年存在的真正忠實關係》這個書名出版，並由梅里克・卡索本作序。卡索本的動機其實跟政治有關，因為他企圖證明，迪伊這位知名又備受尊敬的英國國教徒其實偷偷跟魔鬼打交道，希望用《上帝講話之書》取代新約聖經。

《約翰・迪伊博士與某些靈體之間多年存在的真正忠實關係》後來成為大部分以諾魔法學者和施行者的主要參考文獻。湯瑪斯・路德便是其中的一人，因為將占星和風水的元素對應到迪伊的系統而出名（此外，他不知為何也把《歌伊提亞》的元素加進創世七徽中，但是迪伊

的日記裡並沒有相關的支持證據）。請參見亞當‧麥克萊恩（Adam McLean）的《天使魔法論文集》（A Treatise on Angel Magic），了解路德的天使魔法以諾系統。

## 湯瑪斯‧路德博士

　　湯瑪斯‧路德博士（約1583–1656年）是一位在低地國（即荷蘭）的軍事工程師和數學家。英王查理一世在一六二七年任命他為威爾斯境內所有城堡與防禦工事的首席工程師，之後又賦予他國王主要工程師的職位。歷史紀錄也證明了英國各地有數個軍事建築體在興建、修繕與拆除之時，確實都曾諮詢過路德的建議。他也憑著自己的數學專長出版了兩本數學著作：《應用幾何上與下》（Practical Geometry, in Two Parts）以及歐幾里得《幾何原本》的編撰版本。約翰‧迪伊博士為後者寫了導論，而路德據說也對迪伊的作品很有興趣，特別是有關神聖幾何學的《象形圖案單子》（The Hieroglyphic Monad）一書。

　　或許就是基於這個原因，路德也因為身為一名熟稔赫密士主義的神祕主義者而出名。據說，他是某個英國魔法師團體的領袖，但是這並未獲得證實。後來，有一份跟天使魔法有關的手稿聽說是他寫的（今天由亞當‧麥克萊恩編纂成《天使魔法論文集》這本書），但我們沒有辦法證明這是否真的是由路德本人所寫。此外，魔法書《歌伊提亞》有一個版本也據說是由他所寫的，今天由史蒂芬‧斯基納博士和大衛‧朗金編成《路德博士的歌伊提亞》（The Goetia of Dr. Rudd）一書出版。無論這些著作是否真由路德所寫，或者只是把作者寫成他，這些著作之後都影響了西方神祕主義好幾代的發展，讓我們初步認識所謂的新以諾魔法，並為早期的黃金黎明協會帶來重大的影響。

　　後來，迪伊日記的其餘內容也都全數出版（不再有政治動機參雜其中），讓全世界的人都能研究。我已經在本章開頭列出一些最好、也最容易取得的參考文獻。

　　前面已經敘述過，在黃金黎明協會草創之初，其創始人必須在大英圖書館慢慢研究迪伊的日記。然而，迪伊的日記內容極為豐富，過去難以進行全面完整的研究。要一直到一九九

○年代，網際網路的出現才讓全世界的迪伊愛好者與神祕主義者可以自由閱讀日記內容，彼此分享、辯論自己的發現。

　　此外，早期黃金黎明協會的成員並沒有全靠迪伊的日記來獲取資訊。他們也引用了迪伊的時代以降所發展出的那些極其晦澀的以諾傳統，像是路德博士的著作以及（最重要的）來源不明的一份文件《H書》（大英圖書館館藏 Sloane MS 307）。

| r | Z | i | l | a | f | A | u | t | l | p | a |
|---|---|---|---|---|---|---|---|---|---|---|---|
| a | r | d | Z | a | i | d | p | a | L | a | m |
| c | z | o | n | s | a | r | o | Y | a | u | b |
| T | o | i | T | t | x | o | P | a | c | o | C |
| S | i | g | a | s | o | m | r | b | z | n | h |
| f | m | o | n | d | a | T | d | i | a | r | i |
| o | r | o | i | b | A | h | a | o | z | p | i |
| c | n | a | b | r | V | i | x | g | a | z | d |
| O | i | i | i | t | T | p | a | l | o | a | i |
| A | b | a | m | o | o | o | a | C | v | c | a |
| N | a | o | c | o | T | t | n | p | r | a | T |
| o | c | a | n | m | a | g | o | t | r | o | i |
| s | h | i | a | l | r | a | p | m | z | o | x |

| T | a | O | A | d | v | p | t | D | n | i | m | 24 |
|---|---|---|---|---|---|---|---|---|---|---|---|---|
| a | a | b | c | o | o | r | o | m | e | b | b | 48 |
| T | o | g | c | o | n | x | m | a | l | G | m | 72 |
| n | h | o | d | D | i | a | l | e | a | o | c | 96 |
| p | a | t | A | x | i | o | V | s | P | s | i | 120 |
| S | a | a | i | x | a | a | r | V | r | o | i | 144 |
| m | p | h | a | r | s | l | g | a | i | o | l | 168 |
| m | a | m | g | l | o | i | n | L | i | r | x | 192 |
| o | l | a | a | D | a | g | a | T | a | p | a | 216 |
| p | a | L | c | o | i | d | x | P | a | c | n | 240 |
| n | d | a | z | n | x | i | V | a | a | s | a | 264 |
| l | i | d | P | o | n | s | d | a | s | p | i | 288 |
| x | r | i | i | h | t | a | r | n | d | i | L | 312 |

| e | x | a | r | p |
|---|---|---|---|---|
| h | c | o | m | a |
| n | a | n | t | a |
| b | i | t | o | m |

| b | O | a | Z | a | R | o | p | h | a | R | a |
|---|---|---|---|---|---|---|---|---|---|---|---|
| v | N | n | a | x | o | p | S | o | n | d | n |
| a | i | g | r | a | n | o | o | m | a | g | g |
| o | r | p | m | n | i | n | g | b | e | a | l |
| r | s | o | n | i | z | i | r | l | e | m | u |
| i | z | i | n | r | C | z | i | a | M | h | l |
| m | o | r | d | i | a | l | h | C | t | G | a |
| Æ | O | c | a | n | c | h | i | a | s | o | m |
| A | r | b | i | z | m | i | i | l | p | i | z |
| O | p | a | n | a | l | a | m | S | m | a | L |
| d | O | l | o | p | i | n | i | a | n | b | a |
| r | x | p | a | o | c | s | i | z | i | x | p |
| a | x | t | i | r | V | a | s | t | r | i | m |

| d | o | n | p | a | T | d | a | n | V | a | a | 336 |
|---|---|---|---|---|---|---|---|---|---|---|---|---|
| o | l | o | a | G | e | o | o | b | a | v | i | 360 |
| O | P | a | m | n | o | O | G | m | d | n | m | 384 |
| a | p | l | s | T | e | d | e | c | a | o | p | 408 |
| s | c | m | i | o | o | n | A | m | l | o | x | 432 |
| V | a | r | s | G | d | L | b | r | i | a | p | 456 |
| o | i | P | t | e | a | a | p | d | o | c | e | 480 |
| p | s | v | a | c | n | r | Z | i | r | Z | a | 504 |
| S | i | o | d | a | o | i | n | r | z | f | m | 528 |
| d | a | l | t | T | d | n | a | d | i | r | e | 552 |
| d | i | x | o | m | o | n | s | i | o | s | p | 576 |
| O | o | D | p | z | i | a | p | a | n | l | i | 600 |
| r | g | o | a | n | n | ꟼ | A | C | r | a | r | 624 |

圖28：《H書》最開頭的插圖
使用黑色與紅色墨水寫成的拉斐爾改良表格及合一表格（正中央）。

關於《H書》和這份文件的歷史，我覺得最好的參考資料是史蒂芬・斯基納和大衛・朗金所寫的《約翰・迪伊博士的以諾表格之應用天使魔法》（The Practical Angel Magic of Dr. John Dee's Enochian Tables）。書中雖然提出了一些今天不怎麼受到支持的理論（例如《H書》可能是迪伊本人寫的，但這個可能性極低），但這本書之所以重要，並不是因為那些臆測的推論，而是因為作者闡述了《H書》的歷史及其對黃金黎明協會的影響。研究新以諾魔法的學生一定要讀此書。

《H書》收錄了召喚地球大表格每一位天使的冗長咒語。書中賦予天使的能力跟迪伊的日記中所記錄的一樣，但是使用守望台找出天使名諱的方法，卻跟迪伊的完全不同，且召喚天使的方式也不一樣。《H書》和迪伊的《祈求之書》所收錄的禱文在本質上很類似，但是憑著禱文的內容，我們無法看出前者是改編自後者。事實上，《H書》的咒語幾乎是迪伊咒語總長度的十倍！此外，《H書》也沒有說到使用這些咒語必須要先完成一個十九天的儀式。

這位身分不詳的作者在書的最前面放了一幅插圖，如圖28所示。這是將凱利的拉斐爾改良表格稍微修改之後的版本，而改良表格的原始版本則可以在《約翰・迪伊博士與某些靈體之間多年存在的真正忠實關係》接近書末的地方找到。兩者唯一的差別是，這張圖使用了紅墨水標出天使的名字、黑墨水標出大十字架和耶穌受難十字架上的名字。除此之外，這張表格字母順序跟原始的地球大表格不同，並有迪伊加在右側的數字，將所有的格子從一標到六百二十四，以便解碼上帝的訊息。

《H書》的作者有可能讀過《約翰・迪伊博士與某些靈體之間多年存在的真正忠實關係》，並在書末發現改良表格以及迪伊所寫的筆記，表示這樣重新排列地球大表格為他「解決了一個大問題」，使他「歡欣不已」。這位不詳的作者自然假定改良表格是地球大表格的修正版，進而用在《H書》裡。

然而，作者沒有仔細閱讀改良表格出現前那幾天的日記內容，否則他就會知道改良表格只跟換妻事件有關，而表格所解決的「大問題」其實就只是解開上帝允許迪伊、凱利和他們的妻子互相混交的訊息。不幸的是，從作者決定使用改良表格的那一刻起，也同時導致將近兩百年後，以諾魔法研究永遠分裂成兩派。

之所以會造成這樣的分裂，原因在於《H書》是早期黃金黎明協會主要使用的以諾魔法權威著作。此處附上的插圖，就是協會最早的幾位大師魔法師所用的地球大表格，有黑與紅兩種顏色的標示，也有正中間的合一表格。內階層的成員會使用更複雜的色彩標註法標示守望台，但這個方法不會透露給外階層的成員。此外，內階層也會把《H書》用來當作召喚天使的魔法書。

可惜，《H書》並沒有說明多少背景脈絡。關於天使的資訊，我們只能在咒語中找到，包括天使的能力（基本上跟迪伊記錄的一樣）以及掌管的羅盤方位。除此之外，書中既沒有像我一樣解釋有關地球大表格的一切，也沒有說明表格裡的那些天使隸屬何種階級或對應到什麼玄祕內涵。

因此，就我們所知，一開始將四大古典元素對應到個別的守望台、並將次元素（水之火、地之風、風之水等等）對應到四座守望台的十六個子象限的人，是馬瑟斯和／或維斯特考特。此外，他們也是最初把長老（他們是使用「長者」一詞）分配給七大行星而非黃道十二宮的人，並將表格中央的神名改成掌管長者的一位太陽天使之名。每一組長者和他們的「王」會在特定元素的範疇內體現某一行星的力量，像是當木星位於水象三分主星（巨蟹座、天蠍座或雙魚座）的範疇時。

黃金黎明協會也是第一個將四字神名（上帝的四字母名稱 YHVH）應用在合一表格及子象限的方格，同時把所有的風水、塔羅、元素等玄祕內涵對應到個別格子的團體。還有一點應該提及的是，某些守望台的版本會在許多格子放入一個以上的字母，這也是黃金黎明協會的發明。這是因為，學生不確定格子裡該放的是哪一個字母，例如 u 或 v、e 或 a。這些怪物之所以會永遠存在於現代的黃金黎明協會，都拜切奇·西塞羅（Chic Cicero）與桑德拉·塔巴沙·西塞羅（Sandra Tabatha Cicero）所賜。

《H書》也沒有提到天使四十八鑰，因此我們或許可以假定是馬瑟斯或維斯特考特最先把四十八鑰應用在地球大表格。這些鑰匙最有可能來自迪伊個人的魔法書，今天仍保存在大英圖書館的 Sloane 藏品中（今天以《約翰·迪伊博士的以諾魔法》這個書名出版）。在魔法書中，迪伊完全沒有解釋四十八鑰是什麼或應該如何使用，也沒提及《上帝講話之書》。迪伊純粹就是把它們寫在裡面，供自己使用。因此，早期的黃金黎明大師會把這些天使召喚咒語應用在《H書》裡的天使，也就不難想像了。

至於天使四十八鑰的文字內容應該如何發音，迪伊的魔法書倒是有說明。然而，早期的大師發展了自己的一套發音系統，被一些現代施行者親暱地稱作「黃金黎明禮儀以諾語」。基本規則就是，把名字裡的每一個字母唸出來，並根據希伯來語的規則在缺少母音的地方加上母音。多個字母如果能夠很自然地（對英語母語者而言）合在一起唸，常常會有合唸的情況，但是這方面並沒有嚴格的規定需要依循。

多年來，這些規則一直都很寬鬆，所以現在似乎每位大師都有自己的發音方式。然而，源自黃金黎明協會或受其影響的現代赫密士體系所使用的天使語，大部分仍可聽出黃金黎明禮儀以諾語的音韻。

同時，許多研究都在持續努力解開迪伊的日記和個人魔法書中的發音筆記，所以我們對於這個語言聽在迪伊和凱利的耳中是什麼感覺，已有很不錯的概念。我的兩冊《天使語》著作也是在這個領域研究的成果。

◆ 結論 ◆

這個簡短的章節僅簡略帶過以諾魔法（包括迪伊純粹主義和新以諾魔法）的奧祕與應用，並稍微提示迪伊和凱利對現代魔法體系的影響有多大。他們的貢獻後來影響了玫瑰十字會、泰勒瑪、新異教主義、威卡等眾多傳承至今的傳統。然而，在相對近期的年代以前，以諾魔法的原始文獻大部分都沒有受到檢視，使得少數已知的資訊被蒙蔽在神祕和誤解之中。自從資訊時代的來臨，已經有很多資訊重見天日，讓我們更清楚迪伊的生平、他所生存的年代與環境，以及他這套以諾魔法系統背後的動機。希望我為你建立了堅實的基礎，幫助你了解這項傳統的由來及其結構與意圖，還有它是如何流傳至今，成為西方神祕傳統的一顆明珠。

措爾格

2019年，亞倫・萊奇

◆ 參考書目 ◆

Agrippa, Henry Cornelius. *Three Books of Occult Philosophy*. Woodbury, MN: Llewellyn Publications, 2018.

Crowley, Aleister. "Liber LXXXIV Vel Chanokh: A Brief Abstract of the Symbolic Representation of the Universe Derived by Doctor John Dee Through the Skrying of Sir Edward Kelly." *Hermetic Library*. Accessed September 26, 2019. https://hermetic.com/crowley/libers/lib84.

Crowley, Aleister, Lon Milo DuQuette, and Christopher Hyatt. *Enochian World of Aleister Crowley: Enochian Sex Magick*. Tempe, AZ: Falcon Press, 2017.

Crowley, Aleister, Victor B. Neuberg, and Mary Desti. *The Vision & the Voice: With Commentary and Other Papers: The Collected Diaries of Aleister Crowley*, 1909–1914 E.V. York Beach, ME: Weiser Books, 1999.

De Abano, Peter. *Heptameron: Or Magical Elements*. CreateSpace Independent Publishing Platform, 2015.

Dee, John. *The Heptarchia Mystica of John Dee*. Edited by Robert Turner. Wellingborough, UK: Aquarian Press, 1986.

———. *A True & Faithful Relation of What Passed for Many Years Between Dr. John Dee and Some Spirits*. Preface by Meric Casaubon. London : Printed by D. Maxwell for T. Garthwait, 1659.

DuQuette, Lon Milo. *Enochian Vision Magick: An Introduction and Practical Guide to the Magick of Dr. John Dee and Edward Kelley.* York Beach, ME: Weiser Books, 2008.

Fell-Smith, Charlotte. *John Dee* (1527–1608). Berwick, ME: Ibis Press, 2004.

French, Peter J. *John Dee: The World of the Elizabethan Magus.* New York: Hippocrene Books, 1989.

Honorius of Thebes. *The Sworn Book of Honorius: Liber Iuratus Honorii.* Lake Worth, FL: Ibis Press, 2016.

James, Geoffrey, ed. and trans. *The Enochian Magick of Dr. John Dee.* St. Paul, MN: Llewellyn Publications, 1998.

Klein, Kevin, ed. *The Complete Mystical Records of Dr. John Dee: Transcribed from the 16th-Century Manuscripts Documenting Dee's Conversations with Angels.* Woodbury, MN: Llewellyn Publications, 2017.

Laycock, Donald C. *The Complete Enochian Dictionary.* Boston, MA: Weiser, 2001.

Leitch, Aaron. *The Angelical Language, Volume I: The Complete History and Mythos of the Tongue of Angels.* Woodbury, MN: Llewellyn Publications, 2010.

———. *The Angelical Language, Volume II: An Encyclopedic Lexicon of the Tongue of Angels.* Woodbury, MN: Llewellyn Publications, 2010.

———. *The Essential Enochian Grimoire.* Woodbury, MN: Llewellyn Publications, 2014.

Lumpkin, Joseph B. *The Books of Enoch: A Complete Volume Containing 1 Enoch (The Ethiopic Book of Enoch), 2 Enoch (The Slavonic Secrets of Enoch), 3 Enoch (The Hebrew Book of Enoch).* Fifth Estate, Incorporated, 2011.

McLean, Adam, ed. *A Treatise on Angel Magic: Being a Complete Transcription of Ms. Harley 6482 in the British Library.* Grand Rapids, MI: Phanes Press, 1990.

Peterson, Joseph, ed. and trans. *Arbatel: Concerning the Magic of the Ancients.* Lake Worth, FL: Ibis Press, 2009.

———. *John Dee's Five Books of Mystery.* York Beach, ME: Weiser Books, 2002.

———. *Lemegeton Clavicula Salomonis: The Lesser Key of Solomon.* York Beach, ME: Weiser Books, 2001.

Regardie, Israel. *The Complete Golden Dawn System of Magic.* New Falcon Publications, 2015.

———. *The Golden Dawn.* St. Paul, MN: Llewellyn Publications, 1982.

Scholem, Gershom. *Major Trends in Jewish Mysticism.* New York: Schocken, 1995.

Skinner, Stephen, ed. *Dr. John Dee's Spiritual Diaries* (1583–1608). Woodbury, MN: Llewellyn Publications, 2012.

Skinner, Stephen, and David Rankine. *The Practical Angel Magic of Dr. John Dee's Enochian Tables: Tabularum Bonorum Angelorum Invocationes.* Woodbury, MN: Llewellyn Publications, 2010.

Trithemius, Johannes. *De Septem Secundeis (Seven Secondary Causes).* Edited by Joseph H. Peterson. Esoteric Archives. Accessed September 26, 2019. http://www.esotericarchives.com/tritheim/tritem.htm.

———. *Steganographia.* Accessed September 26, 2019. http://trithemius.com/steganographia-english/.

Tyson, Donald. *Enochian Magick for Beginners: The Original System of Angel Magick.* St. Paul, MN: Llewellyn Publications, 1997.

Woolley, Benjamin. *The Queen' s Conjurer: The Science and Magic of Dr. John Dee, Adviser to Queen Elizabeth I.* London: Flamingo, 2002.

## ◆　作者介紹　◆

　　亞倫・萊奇（Aaron Leitch）是黃金黎明協會以及學術機構魔法協會（Societas Magica）的資深成員。他是一名西方赫密士主義、所羅門魔法書傳統及以諾魔法的學者、實踐者兼導師，撰有《魔法書的奧祕》（Secrets of the Magickal Grimoires）、《天使語，第一和第二冊》和《以諾魔法書精要》（The Essential Enochian Grimoire）等著作。亞倫與妻子卡莉・米凱兒－萊奇（Carrie Mikell-Leitch）共同創辦了「所羅門博士的玄祕珍玩道具」（Doc Solomon' s Occult Curios），販售手工製作傳統的玄祕道具和用品，並提供魔法書和亞伯拉梅林等主題課程。近日，他們在佛羅里達州的荒野創建「所羅門之泉」（Solomon Springs）這個十六公頃的活動場地，供異教和密契主義舉辦節慶和聚會。

# 第八冊

# 黃金黎明會

## 切奇·西塞羅與桑德拉·塔巴沙·西塞羅

　　黃金黎明協會的初學者儀式（Neophyte Ritual）有一句常被引用的話，總結了神祕主義學生主要的抱負：「汝居暗處已久，離夜覓晝！」協會名稱「黃金黎明」指的正是永恆聖光突破黑暗局限所帶來的燦爛明亮，使人類的靈性演化進入全新的白晝。黃金黎明協會所有的儀式和魔法實踐，除了是為了得到魔法這門藝術的技巧、增進超自然感官能力，更是要創造魔法師與永恆不朽的自我之間的靈性連結。

　　黃金黎明對當代儀式魔法的影響力不容小覷。身為黃金黎明的魔法師，我們自然比較偏袒自己的傳統，但是會說出這句話的，絕對不只有我們。黃金黎明常被稱作「現代最知名且最具影響力的玄祕組織」[1]；克里斯多福·麥金托什（Christopher McIntosh）也在其優秀的著作《玫瑰十字會成員》（The Rosicrucians）中這麼形容黃金黎明：「十字玫瑰會這棵大樹所長出的最豐碩果實」[2]；至於為艾利克·豪伊（Ellic Howe）的黃金黎明協會歷史作品作序的傑拉德·約克（Gerald Yorke），則在序言中說道：「黃金黎明赫密士階層以及紅寶石玫瑰與黃金十字架階層（Rose of Ruby and the Cross of Gold，R.R. et A.C.）是十九世紀神祕主義復興浪潮中至高無上的榮耀。黃金黎明將眾多缺乏連結且極為分散的材料融合為連貫的整體，結合成一個實用又有效的系統，是當時或後來的任何神祕組織都沒有做到的。」[3]若沒有黃金黎明協會，二十一世紀的密契與魔法世界將會跟今天非常不一樣。

---

1. Greer, *The New Encyclopedia of the Occult*, 202。
2. McIntosh, *The Rosicrucians*, 97。
3. Howe, *The Magicians of the Golden Dawn*, ix。

今天存在著許多不同的魔法學派，但是當中有很多都是來自同一個源頭（……）黃金黎明協會是現代魔法傳統中唯一一個最重要的源頭。[4]

黃金黎明究竟為何如此重要？又為何在黃金黎明誕生的維多利亞時期早已遠去之後，這套體系至今仍持續吸引著充滿抱負的魔法師？

我們很容易就能看出黃金黎明為什麼比該時期的任何密契組織都還要進步——它除了接受男性成員，也以完全平等的立足點接納女性成員。此外，當時類似的組織都只有停頓在魔法或各種玄祕主題的理論研究，可是黃金黎明的創立宗旨卻是要成員學習並實際演練魔法。

黃金黎明傳授的魔法大多都非原創，其眾多的組成元素取自多個來源，是由西方密契主義傳統的各個分支所構成，因此先前各時代的赫密士主義者、煉金術士、占星學家、自然哲學家、魔法師、玄祕主義者都會覺得熟悉。黃金黎明的魔法師必須進行的研究範疇非常廣泛，包括古埃及宗教與魔法、古典希臘哲學、希臘化時代的埃及神祕宗教、希臘化哲學、諾斯底主義、新柏拉圖主義、赫密士主義、猶太教卡巴拉與基督教赫密士卡巴拉、玫瑰十字哲學與基督教神祕主義、占星術與行星魔法、塔羅牌及其他占卜類型、煉金術原理、召喚與靈體顯象、魔法道具與神聖空間的建置、治療、氣場控制、化身神的樣貌、能量的投射與移動、召喚戲劇表演、護符聖化、以諾魔法。

但是黃金黎明真正獨到之處，在於其創始人的天才巧思，能夠從這些多元的領域中創造出有條不紊的單一框架，為魔法的研究、訓練與實踐建構出全面完整課程體系。黃金黎明的系統設計非常平衡、有邏輯且可實行，包括了多重等級的晉升典禮，每一個等級都伴隨指導與作業、儀式、冥想、練習與考試等面向。黃金黎明協會是密契知識的學校與寶庫，以循序漸進的方式慢慢傳遞給成員。剛入會的學生要學習玄祕科學的原則，牢記魔法的基礎知識，而較進階的學生則會深入探索各種密契主題，並與應用魔法的儀式技巧加以結合。

---

4. King and Skinner, *Techniques of High Magic*, 9–10。

## 結構源頭與直接影響

　　十九世紀時，英法兩國就已經對西方密契主義產生很大的興趣。這被稱作玄祕主義復興運動，領導者包括曾任天主教神職的阿爾方斯・路易斯・康斯坦丁（Alphonse Louis Constant，1810-1875年，較知名的稱呼是埃利法斯・列維）。他是一位精明的卡巴拉學者及多產的作家，著有《高等魔法的信條與儀式》（The Dogma and Ritual of High Magic, 1854）一書，後來成為西方魔法的基石。列維提出了一個理論，認為塔羅牌的二十二張大阿爾克那卡（Major Arcana）可對應到二十二個希伯來字母，這後來成為黃金黎明的重要指導之一。此外，他關於卡巴拉的著作、護符製作以及星界之光（Astral Light）的概念，大多也都受到黃金黎明協會創始者的擁護。弗雷德里克・霍克利（Frederick Hockley，1809-1885年）是玄祕主義復興運動的另一位重要人物。他是共濟會與玫瑰十字會的會員，相信靈媒的存在，同時也大量抄寫了卡巴拉、煉金術和魔法方面的未出版著作。他使用魔鏡和水晶進行、記錄六十年的靈體溝通與超感視覺實驗。

　　當時，英國仍持續探索世界的各個角落，因此有很多人對當時和過往各種文化的種族與宗教習俗深感興趣。古老的凱爾特文明及遠東的神祕主義吸引了特別多人，而人們對任何有關古埃及和美索不達米亞的事物也充滿熱忱。後者可歸功於大英博物館埃及與敘利亞古代藏品的策展人 E・A・沃利斯・白琪爵士（Sir E. A. Wallis Budge）。他從一八八三年開始為大英博物館工作，在整個一八八〇年代為博物館取得為數眾多的珍貴手稿、楔形文字刻版和埃及莎草紙，其中包括一份保存得極為良好的《亡者之書》（Book of the Dead）。這類資源成為維多利亞時代玄祕主義學生的重大養分。

　　此外，各式各樣的石匠與半石匠組織也在一八八〇年代中葉興起。共濟會便是一個國際性的兄弟會組織，成員據說是傳承自所羅門王聖殿興建時期、甚至更早以前的石匠。然而，共濟會真正的源頭其實是中世紀晚期英格蘭與蘇格蘭地區的石匠公會。共濟會會員都會透過象徵符號學習基本的倫理和人類的境況發展。要加入共濟會，必須相信上帝是宇宙的神聖建構者。

　　共濟會的本質雖然不是玄祕組織，但其歷史卻與玄祕主義脫不了關係，至今依然是西方最有影響力的兄弟會組織。基於這個原因，共濟會的組織結構和集會所等概念有很大比例都被玄祕組織和魔法集會所採納。要進入共濟會的各個等級，必須遵循一套複雜的象徵儀式系統。這些儀式包括密碼、符號、神祕的圖表、敲門、發誓、蒙眼和握手，後來都直接影響了黃金黎明晉級儀式的架構。就連「如此塵埃落定」（So mote it be）這句話也是從共濟會引入黃金黎明。

　　最後一個、或許也最重要的影響是玫瑰十字會，這是一個源自十七世紀德國的神祕主義與哲學運動。充滿傳奇色彩的玫瑰十字會是基督教神祕主義者的一個祕密組織，旨在替人類福祉工作，專門研究煉金術和赫密士哲學的藝術。從一六一四年開始，一系列神祕難解的手稿出現了，裡面首次描述到玫瑰十字會這個組織。《兄弟會宣言》（Fama Fraternitatis）是這些手稿的第一份，但是不久後又出現了兩份手稿《兄弟會自白》（Confessio Fraternitatis）和《克里斯提恩・洛森庫魯斯的化學婚禮》（Chymical Wedding of Christian Rosenkreutz）。《兄弟會宣言》宣稱，這世上存在著一個祕密組織，由一群技藝高超的神祕主義者組成，並以玫瑰十字為象徵符號。文中接著描述了兄弟會創始人克里斯提恩・洛森庫魯斯的生平，還有此人和組織所有祕密一起被埋藏的洞穴。手稿呼籲，志趣相投的人可以聯絡兄弟會，共同分享組織的密契知識。然而，這根本是不可能的，因為文中完全沒有指示如何聯繫兄弟會，還警告任何人若自稱玫瑰十字會會員，就是假冒的！不管是真是假，總之沒有人真的找到這群人過。之後，路德教派的神職人員約翰・凡・安德里亞（Johann Valentin Andreae）晚年坦承《克里斯提恩・洛森庫魯斯的化學婚禮》是他寫來開玩笑的，而其他手稿可能也都是他的傑作。

## 安娜・博努斯・金斯福德

　　安娜・博努斯・金斯福德（Anna Bonus Kingsford, 1846-1888）因反對活體解剖、提倡素食主義、爭取婦女權益，又身為最早獲得醫學文憑的英國女性之一而出名。此外，她也是一位學識豐富的神祕主義者，對黃金黎明協會的創始人發揮了重大的影響力。

　　金斯福德的生平大多來自她的友人兼傳記作者愛德華・瑪特蘭（Edward Maitland）的著作。他們兩人之間的關係非常深刻，卻又僅只是柏拉圖式的友誼。金斯福德開始收到一系列的預言夢境顯象（她的「啟迪」）時，瑪特蘭把它們記錄、保存下來。這些後來成為《完美的途徑；找到基督》（The Perfect Way, or the Finding of Christ）與《身披太陽》（Clothed with the Sun）兩本書的基礎。

　　這兩個人宣揚他們所謂的「新詮釋福音」（New Gospel of Interpretation），旨在重拾基督教遺失的密契真理，特別是關於上帝女性面向的那些真理。金斯福

德最強而有力的說法就是「女性之日」預言：「我要向你們展現一個奧祕與一個新觀念……將拯救全世界的那個字，會是從一名女子的口中說出。一名女子將懷有救贖的消息，並把它帶來。」*

在一八八〇年代初期，金斯福德與瑪特蘭加入了倫敦神智學協會（London Theosophical Society）。之後，他們脫離神智學協會，自創了赫密士協會（Hermetic Society）。不久即將創立黃金黎明協會的維斯特考特與麥克達格・馬瑟斯便是在此時遇見金斯福德。他們兩人都曾在金斯福德的赫密士協會演講。

這時候，金斯福德的事業生涯正值高峰，她具有絕佳的領導魅力、言詞打動人心、美麗又氣質超脫塵俗，任何人一靠近她目光就會被吸引住。馬瑟斯把自己翻譯的《卡巴拉揭密》（The Kabbalah Unveiled, 1887）獻給她和瑪特蘭，並在前言稱讚金斯福德與瑪特蘭的《完美的途徑；找到基督》是數世紀以來寫得最好的神祕學書籍。金斯福德的影響讓馬瑟斯堅信，他跟維斯特考特正在創建的魔法協會應該接受女性。瑪特蘭後來寫道：「在一八八六年的這年夏天，一位知名的專家向她提議研究玄祕主義。」** 這位「知名的專家」有可能說的是馬瑟斯。

除了採納金斯福德的女性主義，馬瑟斯也協助她進行反活體解剖運動，並成為素食主義者。黃金黎明協會的官方歷史演講課程大讚金斯福德，說她是當時最偉大的赫密士主義者之一。《完美的途徑；找到基督》融合了基督教與多神教、使用守護神（genius）一詞指稱更高階的自我，並且重視上帝的女性面向，這些顯然都對黃金黎明的課程造成了巨大的影響。因此，我們或許可以像瑪麗・K・格瑞爾（Mary K・Greer）在著作《黃金黎明的女性》（Women of the Golden Dawn）中所說的一樣，將金斯福德視為黃金黎明協會的「魔法媽媽」。

——M・伊西多拉・福瑞斯特

---

* Edward Maitland, *Anna Kingsford: Her Life, Letters, Diary, and Work*, vol. 1, 344–345。
** Edward Maitland, *Anna Kingsford: Her Life, Letters, Diary, and Work*, vol. 2, 268。

**M・伊西多拉・福瑞斯特**（M. Isidora Forrest）寫了許多關於埃及女神伊西斯的書籍和文章，包括《伊西斯魔法》（Isis Magic）和《獻祭伊西斯》（Offering to Isis），也寫了不少關於現代新異教主義和現代靈性魔法某些神祇的文章。她是伊西斯之家（House of Isis）的先知、國際伊西斯組織（Fellowship of Isis）的祭司、大師等級的魔法師、酒神戴歐尼修斯的邁那得斯（maenad，意指追隨者 maenad），並在奧勒岡州創立了赫密士組織。

　　無論玫瑰十字會的真實由來究竟為何，其理念總之是非常吸引人。共濟會在十八世紀遍布歐洲，十九世紀又再次擴張勢力，同時各種神祕的主題、聖經的題材、古代的神祕宗教以及包括神祕的玫瑰十字會在內的祕密組織，都帶來了一點一點的啟發。結果，好幾個共濟會性質的玫瑰十字兄弟會都創立了。玫瑰十字運動催生了數個把關注焦點放在宗教神祕主義、哲學與宗教教義、煉金術、卡巴拉、靈性轉變及整個密契主義思想的團體。

## 黃金黎明簡史

　　黃金黎明協會是維斯特考特博士（1848-1925）的心血結晶，他是倫敦的驗屍官，對於玄祕主義的各個面向都很感興趣。維斯特考特是英國玫瑰十字協會（Societas Rosicruciana in Anglia，S.R.I.A.，共濟會性質的玫瑰十字研究組織）的石匠工師兼祕書長，對共濟會在傳統石匠工藝以外蓬勃發展出來的眾多變化很有興趣。他在當時大量存在於英國的各種密契組織中皆十分活躍，並且因為擅長卡巴拉、煉金術和赫密士哲學而廣受尊敬。他出版了很多赫密士主義和醫學方面的著作，也翻譯過著名的卡巴拉文獻《形塑之書》及埃利法斯・列維的塔羅牌著作《聖殿王國的魔法儀式》。此外，他還編輯了許多赫密士和諾斯底主義文本，並以「赫密士叢書」（Collectanea Hermetica）系列出版。

　　黃金黎明協會的起源常常使人困惑，充滿刻意神祕化的氛圍。根據維斯特考特的原始版本，他在一八八七年從一位年長的共濟會會員——伍德福德牧師（Reverend A. F. A. Woodford）得到了一份六十頁左右的密碼手稿。據說，伍德福德是從一位「古董珍玩商」拿到這份手稿。維斯

特考特很快便使用修道院院長約翰‧率瑟米爾斯所著的《多重書寫文字》（Polygraphiae）中收錄的密碼，解開了這看似十分古老的手稿。原來，手稿描述某個類似共濟會玄祕組織的一系列晉級儀式。手稿中還放了同樣以密碼寫成的一張紙，裡面寫了一位德國大師史普林格小姐（Fräulein Sprengel）的身分憑證和住址。故事的後續發展是，維斯特考特跟史普林格魚雁往返多次，史普林格最後授權他在英國建立一個新的神廟。維斯特考特將手稿的內容變成完整的施行儀式。

這份密碼手稿雖然真的描繪了一套密契組織能夠有效實行的儀式內容，但是有關史普林格小姐和那些書信往來的部分，現在被認為極有可能是維斯特考特自己捏造的。在維多利亞時代，密契組織需要有古老的「血統證明」才能吸引顯赫的共濟會會員、玫瑰十字會會員及認真的玄祕主義者加入：共濟會有海勒姆（Hiram Abiff）的故事、玫瑰十字會有克里斯提恩‧洛森庫魯斯的傳說、神智學協會也有布拉瓦茨基的玄祕大師。維斯特考特當然也會覺得自己必須提出證據，證實黃金黎明不是憑空創造出來，而是有類似的高貴故事可以撐腰。

密碼手稿列出的儀式內容有可能是屬於一個稱作「八之協會」（Society of Eight）的煉金團體原型。這個團體於一八八三年由弗雷德里克‧霍蘭德（Frederick Holland）創立，但卻從未真正推出。將這些手稿抄寫下來的是《皇家共濟會百科全書》（The Royal Masonic Cyclopaedia）的作者，同時也是英國玫瑰十字協會重要成員兼史威登堡共濟會儀式大祕書長的肯尼斯‧麥肯齊（Kenneth Mackenzie）。麥肯齊一八八六年去世後，維斯特考特接任史威登堡共濟會儀式大祕書長的位置，得到他所有的文件，包括散布在史威登堡共濟會儀式各種檔案之中的密碼手稿書頁。總之，維斯特考特解開儀式內容的密碼之後，便開始把他的新神祕組織願景付諸實現，希望打造一個重視實作與實用的組織，而不只是另一個研究理論的團體。

在一八八八年二月，伊西斯－烏拉尼亞神廟（Isis-Urania Temple）在倫敦開幕，黃金黎明協會正式誕生。維斯特考特之前就已找來兩位共濟會玫瑰十字會的同儕擔任地位平等的職員，一起為他的新組織實行三頭管理制度。這兩個人是威廉‧羅伯特‧伍德曼博士（Dr. William Robert Woodman）與麥克達格‧馬瑟斯。

在黃金黎明的三位創始成員之中，麥克達格‧馬瑟斯是最有天分的儀式專家。此外，他也因為翻譯多部魔法書而知名，如《魔法師亞伯拉梅林的神聖魔法書》、《所羅門王之鑰》和《蠟壇術》。馬瑟斯在應用魔法這一領域無人能敵。此外，在這三位創始人之間，馬瑟斯才是將黃金黎明變成真正魔法晉級組織的人，而他自己也是內階層的主要領袖。

到了一八八八年末，倫敦的伊西斯－烏拉尼亞神廟已有三十二名會員，女性九名、男性二十三名。同年，又建了兩座神廟。創立一年後，黃金黎明的會員數量已成長到六十位，其中約有三分之一是女性。在之後數年，又興建了更多神廟。

　　協會的成員不乏醫生與作家，也有很多隸屬於其他密契社團，如共濟會和神智學協會。大體來說，他們是一群聰明又有創意的人，努力追求靈性知識。在最初創立的協會中，其中較有名氣的成員包括了二十世紀最偉大的詩人之一威廉‧巴特勒‧葉慈（William Butler Yeats）、新藝術運動著名平面藝術家威廉‧霍爾頓（William Horton）、神職人員兼煉金術士威廉‧亞歷山大‧艾頓牧師（Reverend William Alexander Ayton）、愛丁堡的天文學家威廉‧佩克（William Peck）、作家亞瑟‧馬欽（Arthur Machen）和阿爾傑農‧布萊克伍德（Algernon Blackwood）、基督教神祕主義與玄祕主義者愛德華‧韋特，他也寫了好幾本關於共濟會、卡巴拉和其他密契題材的書籍，同時還創造了世界上最受歡迎、以黃金黎明為基礎的塔羅牌系統韋特牌（Rider-Waite Tarot）；劇作家奧斯卡‧王爾德之妻康斯坦絲‧王爾德（Constance Wilde）、知名神祕主義者阿萊斯特‧克勞利。[5]

## 黃金黎明女子英雄榜

　　黃金黎明協會重視性別平等，會讓女性成為最高等級會員，甚至擔任職務。她們有些人是婦女參政運動者或「新女人」（New Women），參與了第一波現代女性主義的浪潮，有幾位特別卓越的女性甚至成為協會的知名導師。

　　**莫伊娜‧馬瑟斯**（Moina Mathers，1865-1928年，生於瑞士，原名米娜‧柏格森〔Mina Bergson〕）曾就讀倫敦的斯萊德美術學院（Slade School of Art），哥哥是曾經榮獲諾貝爾獎的法國哲學家亨利‧柏格森（Henri Bergson）。她在一八九〇年嫁給麥克達格‧馬瑟斯，並把名字改成聽起來較接近凱爾特語的莫伊娜。她是拼貼畫藝術形式的先驅，是一名天賦異稟的超感視覺能力者，更是第一位進入黃金黎明協會的會員。她在協會裡所使用的魔法座右銘體現她永遠往前看的哲理：「Vestigia Nulla Retrorsum」，意思是「我從不走回頭路。」莫伊娜的埃及神祇畫作、牆面裝飾等作品被用來裝點伊西斯－烏拉尼亞神廟或作為協

---

5. 編註：請參見第九冊〈泰勒瑪＆阿萊斯特‧克勞利〉。

會課程的插圖。終其一生，她都忠於自己的丈夫和異教世界的各個神祇。在她丈夫死於一九一八年後，莫伊娜擔任黃金黎明協會巴黎分會的領導者數年。

**安妮・奧爾尼曼**（Annie Horniman, 1860–1937）是一名富有的財產繼承人，建造了兩座世界知名的劇院，包括愛爾蘭的艾比劇院（Abbey Theatre）。奧爾尼曼被認為是愛爾蘭文學復興的推手，也是堅定的女性主義者，個性非常獨立、直言不諱。一些熟人雖然說她過於熱忱、計較、為人不夠圓滑，但她確實是一名優秀的行政人員和商人。在玄祕世界裡，安妮是技巧高超的占星學家和儀式魔法師，也很會解讀塔羅牌。她在劇場方面的經驗無疑對黃金黎明魔法儀式的舞台布置帶來很大的益處。安妮的黃金黎明座右銘是「Fortiter et Recte（勇敢且公正）」，非常貼切地形容她面對周遭世界的態度。

**佛羅倫絲・法爾**（Florence Farr, 1860–1917）是英國舞台上的知名演員，曾為蕭伯納和葉慈的戲劇作品演出女主角。佛羅倫絲實施自我教育，是個聰明又獨立的女子，在一八九〇年加入伊西斯－烏拉尼亞神廟，使用的座右銘是「Sapientia Sapienti Dona Data」（智慧是贈予給有智慧者的禮物）。她每星期都會教授塔羅牌和以諾魔法的課程，也撰寫了多本密契書籍。她的專長是靈視，在劇場的資歷使她自然成為一名很有天賦的儀式施行者。一八九四年，佛羅倫絲成為黃金黎明協會倫敦分會的領袖，後於一九〇〇年辭職，追尋更偏重東方元素的目標。

**茉德・岡昂**（Maud Gonne, 1866–1953）是愛爾蘭舞台上一名很有天分的演員，也是一個行動主義者，能發表激昂演說，煽動暴亂，同時也是新芬黨的創始人之一。她的座右銘是「Per Ignem ad Lucem」（穿過火焰到達光明），非常貼切。茉德厭惡共濟會的晉級儀式架構，因此加入協會一小段時間就離開。然而，她後來還是繼續跟葉慈、奧爾尼曼、法爾以及莫伊娜・馬瑟斯來往，一起構思探索凱爾特奧祕的儀式。

最初的黃金黎明協會只維持了十五年的黃金歲月，因為所有涉及人類和人類自我意志的組織最後總會出現問題。爭執和權力鬥爭開始出現，到了一九〇三年，原本的黃金黎明協會已不復在，分裂成不同派系。不過黃金黎明協會的任務仍持續進行，但協會本身已經變成由

前任會員建立的各個分支。主要的兩大分支分別為阿爾法與歐米茄協會（Order of the Alpha et Omega，A.O.）和晨星協會（Order of the Stella Matutina，S.M.），前者在第二次世界大戰爆發時瓦解，後者在一九七八年被正式關閉。

### 黃金黎明的理念

　　黃金黎明協會並不是一個宗教，也不是要取代一個人的宗教，但宗教意象和靈性原則確實在這個組織的活動中扮演了很重要的角色。然而，無論魔法師的個人信仰為何，這套體系絕對能夠補充、提升其宗教經驗。協會成員必須要能寬容所有對人生帶有正面力量的靈性選擇。初學者被告誡：「尊重所有宗教，因為它們其實都是你所追尋的那無法言喻的光的其中一道光束。」[6]黃金黎明協會是男女皆可參加的赫密士組織，也是志同道合者的團體。加入協會的魔法師、玄祕主義者和祭司都致力於保存西方古老神聖的智慧，為人類在哲學、靈性和超自然方面的進化獻身。黃金黎明協會誓言守護這份西方靈性智慧，使其知識保存完善，同時訓練在奧祕的道路上不斷向前的有志者。

　　黃金黎明協會的標誌是一個在白色三角形上方的紅色十字架（圖1）。瑞格德把這個標誌的意涵解釋得很好：「就連神廟祭壇上都有象徵光芒升起的標誌。一個象徵和諧與均衡的六格紅色耶穌受難十字架放在一個白色的三角形上方，這就是黃金黎明的標誌。這兩個形狀組成了最上方三個輝耀的記號，而這三個輝耀就是一切事物的動態生命與根源；體現在人類身上，這兩個形狀便組成純潔心靈本質的三重靈性屬性。因此，使用三角形象徵光芒非常貼切。至於三角形上方的十字架，象徵的並不是支配神聖之靈，而是存在於人心的均衡與和諧。」[7]

圖1：十字架與三角形

6. Regardie, *The Golden Dawn*, 159。

7. Regardie, *The Golden Dawn*, 19–20。

## 協會架構

黃金黎明協會架構完全以一個等級制度為基礎，在這個等級制度中，學生的密契訓練必須到達某個等級或程度，才能獲得某些知識。這跟學校體系一致，而黃金黎明確實就是一所神祕主義的學校，讓不同的級別對應到特定的密契概念和宇宙法則。這種等級制度背後的主要思想來自卡巴拉，也就是希伯來的一種神祕主義體系，包含神聖宇宙的一切知識：其根本的靈性本質、構成與演化。卡巴拉哲學相信，宇宙是從上帝開始以十個階段體現的，這十個發散的階段稱作「輝耀」，是上帝、上帝的力量以及上帝意識表現的不同面向。表1列出了形成卡巴拉生命之樹的這十個輝耀。

| 順序 | 名稱（原文／譯文） | 代表含義 | 屬性 |
|---|---|---|---|
| 1 | Kether ／科帖爾 | 王冠 | 一體、統一 |
| 2 | Chokhmah ／侯克瑪 | 智慧 | 力量、擴張 |
| 3 | Binah ／庇納 | 領會 | 形態、收縮 |
| 4 | Chesed ／黑系德 | 仁慈 | 建造 |
| 5 | Geburah ／葛夫拉 | 力量 | 意志、嚴厲 |
| 6 | Tiphareth ／悌菲瑞特 | 美 | 平衡、意識 |
| 7 | Netzach ／聶札賀 | 勝利 | 情感、欲望 |
| 8 | Hod ／候德 | 宏偉 | 智識、理性 |
| 9 | Yesod ／易首德 | 根基 | 星界藍圖、基底 |
| 10 | Malkuth ／瑪互特 | 王國 | 物質顯現 |

表1：十個輝耀及其代表含義和屬性

黃金黎明的等級除了對應到十個輝耀，也呼應四大元素和七大行星。這些等級的名稱和基本框架是取自英國玫瑰十字協會的等級制度，而英國玫瑰十字協會的等級制度則是取自一個十八世紀的德國玫瑰十字團體「黃金與玫瑰十字會」（Orden des Gold- und Rosenkreuz）。

這十個等級又可再分成個別但互有關聯的階層。第一個階層（或稱外階層）是「黃金黎明赫密士階層」，第二個階層（或稱內階層）是「紅寶石玫瑰與黃金十字架階層」，兩者分別是奧祕的內外兩庭。第三個階層（或稱隱形階層）的等級活著的學生無法到達，不過部分黃金黎明團體會給予某些會員這些象徵性的榮譽頭銜。表二由低到高列出了所有的等級。

| 第一階層：黃金黎明赫密士階層（整個體系的第一級） | | | | |
|---|---|---|---|---|
| 等級 | 符號 | 對應輝耀 | 對應元素 | 對應行星 |
| 初學者 | ⓪＝0 | | | |
| 狂熱級 | ①＝10 | 王國 | 地 | 地球 |
| 理論級 | ②＝9 | 根基 | 風 | 月亮 |
| 演練級 | ③＝8 | 宏偉 | 水 | 水星 |
| 愛智級 | ④＝7 | 勝利 | 火 | 金星 |
| 門戶等級（整個體系的第二級） | | | | |
| 門戶級 | —— | | 靈 | |
| 第二階層：紅寶石玫瑰與黃金十字架階層（整個體系的第三級） | | | | |
| 小達人級 | ⑤＝6 | 美 | | 太陽 |
| 高階大師級 | ⑥＝5 | 力量 | | 火星 |
| 免除大師級 | ⑦＝4 | 仁慈 | | 木星 |
| 第三階層 | | | | |
| 神廟大師級 | ⑧＝3 | 領會 | | 土星 |
| 魔法師級 | ⑨＝2 | 智慧 | | |
| 超自我級 | ⑩＝1 | 王冠 | | |

表2：黃金黎明會的等級架構

在所有等級的晉級儀式當中，初學者的儀式有別於其他等級。雖然這個等級被視為預備或見習的階段，但是其框架蘊含了協會所有的基礎魔法公式和技巧。初學者儀式的重點在於主持儀式的職官要將神聖之光引入神廟，進而植入有志者的感知氣場。

主持初學者儀式的第一階層職官有：晉級祭司（Hierophant）、祭司（Hiereus）、嚮導（Hegemon）、信使（Keryx）、預備官（Stolistes）、持炬官（Dadouchos）及衛兵（Phylax）。這些希臘文的頭銜源自厄琉息斯祕儀（Eleusinian mysteries）等古希臘祕密宗教中主持儀式的神職人員頭銜名稱。這七位職官的上級是實施三頭政治的「大敬長」（Greatly Honoured Chiefs），他們的頭銜分別是先知（Praemonstrator）、指揮（Imperator）與總理（Cancellarius）。

埃及《亡者之書》第一百二十五章所描述的審判堂（Hall of Judgment）傳說，是初學者儀式的背景和基礎。在審判堂裡，已逝者（有志進入初學者的人）必須「秤靈魂的重量」，來到真理的殿堂接受審判，看看是否有資格獲得無窮之光。把靈魂秤重的橋段表現在儀式中，代表的是有志者在獲准進入協會前，要先經過淨化這個煉金步驟。

晉級儀式象徵靈性層次的煉金過程，初學者候選人等於煉金的材料（鉛），要透過轉變的工作才能變成黃金。晉級祭司對候選人說的這段話，便暗示了這個比喻：

> 我不死的祕密靈魂這樣對我說：「讓我進入黑暗的道路，或許我便能找到光。我是黑暗的無底坑裡唯一的存在，從黑暗的無底坑、原始睡眠的沉默之中，我在我誕生之前就來到。」
>
> 光陰的聲音回答我的靈魂：「我是在黑暗中構想的那人，我是在黑暗中發亮的光，但是黑暗無法將我吞噬。」[8]

晉級基礎等級所要進行的儀式，也都象徵了煉金術的分離與淨化步驟。

第一階層包含初學者到愛智級的所有等級。狂熱級到愛智級這幾個等級，被稱作「基礎」等級，分別對應到火、水、風、地這四個元素。此外，每一個基礎等級也都使用了西方密契傳統中不同的神話故事來描繪。學生從一個等級晉級到下一個等級，慢慢接觸存在於更廣大的神聖宇宙以及魔法師個人心理結構之中的自然基礎法則。這四個法則構成了潛意識心理和氣場的各個區塊，而黃金黎明傳統上把這些集體看作埃及神祇歐西里斯的象徵，因為祂經歷了被殺害、肢解、重組與復活這四個階段，最後變成純粹的靈性形體。

---

8. Regardie, *The Golden Dawn*, 151–152。

在第一階層的這幾個等級中，學生會學到：魔法的語言、象徵和原則；卡巴拉的生命之樹；希伯來字母；四大元素、七大行星、黃道十二宮的屬性；風水；希伯來字母代碼（一種數字學）；希伯來神名、天使階級、強大的字；煉金術原理；卡巴拉靈魂片段；塔羅牌卡等等。學生必須先把玄祕主義的基本知識牢記在腦海中，接著才能晉級到應用儀式魔法的實際操作，也就是第二階層的學習範疇。

在第一和第二階層之間，還有一個門戶級，是奧祕內外兩庭之間的一個見習階段。這個等級對應到第五個元素「靈」，位於其他四個元素之上，使元素完整圓滿。在這個階段，學生的功課是要統一、同化第一階層個別檢驗淨化過的四大心靈元素。

第二階層只能透過邀請進入，不能主動申請。內階層包含從小達人到免除大師級的三個等級，魔法師會開始演練儀式魔法，要跟同儕一起進行團體練習，也要進行個人練習。黃金黎明體系中有被公諸於世的魔法功課，絕大多數是發生在小達人級。這幾個較高階的等級又被分成各種子等級，沿用外階層的等級名稱，如新進小達人、狂熱小達人、理論小達人等。

第一階層強調的是歐西里斯的象徵意涵，而第二階層強調的則是玫瑰十字。別的玫瑰十字團體只專注在研究或神祕主義，黃金黎明的內階層卻專門運用魔法來體現玫瑰十字的理念。一八九二年，馬瑟斯完成了小達人級繁複的晉級儀式設計。小達人的晉級儀式是以《兄弟會宣言》記載的克里斯提恩‧洛森庫魯斯傳說為基礎，包含發現克里斯提恩‧洛森庫魯斯墳塚（大師之墓，圖2）的情景。馬瑟斯的妻子莫伊娜肯定發揮了自己的藝術才能，幫他設計出極為繁複的玫瑰十字墓穴，作為第二階層的主要神廟與儀式場所。紅寶石玫瑰與黃金十字架階層的所有等級，都是在這個七邊形的房間裡進行晉級儀式。每年，天主教都會舉行慶祝聖餐禮的基督聖體聖血節（Corpus Christi），在節慶當天或前後的某一天，第二階層的神聖場所都會重

新聖化一次。這項傳統是早期的玫瑰十字會追隨者開始的，他們把這個節日取了「Ｃ日」這個神祕的稱呼。後來，黃金黎明協會的第二階層採納了這項傳統。

圖2：現代的大師之墓

小達人的晉級儀式非常令人印象深刻，說服力十足。整個儀式其實就是在重演克里斯提恩・洛森庫魯斯之死，以及神聖的玫瑰十字知識的復甦。主持儀式的大師會開啟神廟。有志者進入神廟後，說出自己希望獲准進入墓穴的心願，但是卻被拒絕。接著，有志者會被送回後面的房間，將身上所有的佩章解下，然後再回到神廟，開始奮力地通過重重的考驗與磨難，其中還包括一個象徵性的橋段，一邊被釘上十字架，一邊唸出具有約束力的強大義務宣言。之後，職官會向有志者從頭講述一遍克里斯提恩・洛森庫魯斯的傳說。接下來，墓穴的門會打開，有志者得以進入神祕的七邊形墓穴，發現克里斯提恩・洛森庫魯斯的遺體（由大師級長扮演）。最後，墓穴的祕密（包括其複雜的象徵意涵）終於解釋清楚。儀式中使用到的部分禱文和演說詞清楚說出了有志者追尋的靈性目標，令人難以忘懷：

神祕死亡後，隨著光埋葬，又神祕復活，重回人世間，透過我們的主淨化，啊，是十字架與玫瑰的弟兄。古往今來的大師們哪，你們全像他那樣艱辛過。你們全像他那樣，也遭逢磨難。你們全經歷貧窮、折磨與死亡。那些就只是獲得黃金前必須經過的淨化。在淨化你心的容器中、在充滿苦難的熔爐裡，追尋智者的真寶石。[9]

親身經歷過小達人儀式的人，通常都會受到很強大的影響。愛德華・韋特說，這個儀式十分具啟發性：「毫無疑問，當時這套體系發展出的最高等級是全世界最偉大的構想，任何共濟會的大集會所或分會、會議場所或分部底下的等級制定者，都從來沒想過。」[10]

這說明黃金黎明協會在最初的機構及直接分出的分支都不復存在這麼久以後，為什麼仍能持續加強、擴張自己的影響力。

## 荻恩・佛瓊

荻恩・佛瓊（Dion Fortune，原名維奧莉特・瑪麗・菲斯〔Violet Mary Firth〕，1890-1946）是阿爾法與歐米茄協會最有名的成員之一，受過心理治療師的專業訓練，同時也是聯合共濟會會員。她在一九一九年加入倫敦的阿爾法與歐米茄神廟，座右銘是「Deo Non Fortuna」（是因上帝，而非機運）。她從一九二一年開始進行催眠靈媒實驗，後來在格拉斯頓柏立（Glastonburry）城鎮跟考古學家兼靈異研究者弗雷德里克・布萊・邦德（Frederick Bligh Bond）一起完成實驗高潮。在格拉斯頓柏立時，她遇見基督教的玄祕主義者查爾斯・樂弗蝶（Charles Loveday）。佛瓊、樂弗蝶和他們的共識夥伴完成了一系列的內在層次魔法之後，蒐集到足夠的材料，在一九二四年創立了自己的魔法組織「內在光

9. Regardie, *The Golden Dawn*, 309。
10. Waite, *Shadows of Life and Thought*, 161。

芒兄弟會」（Fraternity of the Inner Light）。這個團體是佛瓊後半輩子的密契焦點所在。在一九二五年，她跟樂弗蝶也加入了神智學協會的基督教神祕集會所，但是在一九二七年離開。同年，她嫁給湯瑪斯・佩里・伊凡斯（Thomas Penry Evans），並因出版一系列涉及阿爾法與歐米茄領導者的文章，被莫伊娜・馬瑟斯逐出該協會。她創立的兄弟會後來更名為內明會（Society of the Inner Light），至今依然活躍。

她使用荻恩・佛瓊這個筆名（從她的阿爾法與歐米茄座右銘改編而來）寫了好幾本玄祕主義虛構小說，如《愛上惡魔》（The Demon Lover）、《月亮魔法》（Moon Magic）和《海之祭司》（The Sea Priestess）。她也寫過多本重要的魔法著作，包括《宇宙教條》（The Cosmic Doctrine）、《密契組織和他們的事蹟》（Esoteric Orders and Their Work）、《理性玄祕主義》（Sane Occultism）、《應用魔法》（Applied Magic）和《祕法卡巴拉》（The Mystical Qabalah）。

## 核心概念

各個等級所需要學習的範疇相當廣泛。然而，黃金黎明協會傳授的知識可以歸納為以下數個主題與原則：

● 宏觀與微觀：高等的神界（宏觀世界／大宇宙）與人類的俗世（微觀世界／小宇宙）之間互有關聯。如其上、同其下。

● 至高之神：黃金黎明協會的根本思想仍是一神論，只是其至高之神會透過各種形態、面向、特質與表現方式發散。這個體系外表看起來雖然是多神論，但世界上的眾多神祇卻僅被當成終極至高之神的多元樣貌和豐富表情。

● 內在與超越：至高之神既是內在（位於萬物之中），也是超越（超出萬物之外）。宇宙是全然神聖、活生生、充滿生氣的。

● 普世秩序：宇宙的本質最終是良善且具有建設性的，偏向平衡。邪惡是從失衡狀態中誕生的。

● 返回之路：人性最初因為「退化」而跟神性分開；所謂的退化，就是靈具現成物的過

程。人類尋求返回的道路，希望透過「進化」重新與神性合一；所謂的進化，就是靈與神性重新結合的過程。退化和進化都是很自然的，也是創造過程必存在的兩個極端對立面。靈性導師雖然可以提供指引，但是每一個有志者最終都必須獨自走完返回神性的道路。

● 階級與中介：神聖的存在、神祇、大天使、天使和靈體全是鎖鏈當中的一環、階梯的各段梯級，可協助魔法師攀登、爬上不同的層次，進入更高層級的存在領域。黃金黎明魔法師所受的教育是，永遠要先召喚最高階級的。

● 天界模式：由於宏觀與微觀世界互有連結，每一個人類靈魂和氣場都含有天界力量的反射。操縱氣場和星界之光，就可以帶來魔法變化。

● 工作：作為重返神性所需的一部分紀律，人類必須學著認識躲在實體宇宙後方的無形域界。為了達到此目的，就應該同時接受被動的神祕主義練習以及主動的魔法實踐過程。透過密契練習具備相關知識後，魔法師的基本目標就是與神性達成合一，也就是常說的「偉大的工作」。

## 保羅・福斯特・凱斯

保羅・福斯特・凱斯（Paul Foster Case, 1885-1954）是阿爾法與歐米茄協會最知名的美籍會員。凱斯早年是一位音樂家，為劇場演出擔任音樂指導，因此漸漸對舞台魔法發展出興趣。對塔羅牌興趣濃厚的他，最後於一九一六年在《字》（The Word）這份玄祕雜誌上發表了一系列有關「塔羅牌祕密信條」的優秀文章。一九一八年，凱斯結識《阿佐特雜誌》（Azoth Magazine）的編輯，同時也是芝加哥托特－赫密士神廟總理的麥可・詹姆斯・惠蒂（Michael James Whitty）。凱斯加入芝加哥的神廟，很快一路晉升到各個等級，成為神廟的次要先知。他的魔法座右銘是「Perseverantia」（堅忍）。

不久後，凱斯與惠蒂合力撰寫一份文稿，形成凱斯一本超棒的塔羅牌卡冥想小書《象徵之書》（The Book of Tokens）的核心。惠蒂在一九二〇年過世，凱斯繼任成為《阿佐特雜誌》的編輯。同年，凱斯進入第二階層。然而，因為他在神廟內部的個人問題，再加上跟莫伊娜・馬瑟斯意見不合等因素，使凱斯在一九二一年離開協會。一九二三年，他在波士頓為自己的「不朽智慧學院」創

建函授課程。幾年後，他搬到洛杉磯，創立了一所新的應用玄祕主義學校「至聖所建造者」（Builders of the Adytum，B.O.T.A.），至今依然活躍。凱斯寫了許多關於塔羅牌、卡巴拉、共濟會、玫瑰十字會、煉金術和魔法的重要著作。

## 外階層的應用魔法

傳統上，外階層的學生只會學到一個可以自己操作的魔法儀式——小五芒星儀式。五芒星無疑是現代儀式魔法中最重要的符號。雖然，這個圖形早在希臘哲學家畢達哥拉斯的時代就已出現在西方玄祕傳統中，但今天的魔法師常常將各大元素對應到五芒星的五個角，卻是黃金黎明的傑作。五個角當中的四個元素是根據古人的「四風」風向來分配的：風－東、火－南、水－西、地－北（圖3）。

儀式以卡巴拉十字架為開端，首先振動四個希伯來神名，在施行者的氣場內建立神聖之光的十字。手勢跟畫基督教十字類似，而文字則是取自主禱文的最後幾句話（主禱文本身也是源自卡巴拉希伯來禱文）。這個十字架屬於卡巴拉十字架，是因為它跟科帖爾、瑪互特、葛夫拉、黑系德和悌菲瑞特這幾個輝耀有關。這些輝耀的能量中心經由比手勢、具象化、振動名諱和強大的字等方式，在魔法師的氣場之內啟動。這些場域也代表魔法師氣場內四大元素的平衡：科帖爾－風、瑪互特－地、葛夫拉－火、黑系德－水。美這個輝耀的名稱雖然沒有振動出來，但是魔法師會將雙手擺在心上，象徵靈這個元素的平衡。

圖3：五芒星的元素對應

　　卡巴拉十字在氣場內建立好了以後，請在四個羅盤方位點描繪五芒星，並把它具象化，同時吟誦或振動特定的希伯來神名。接著，魔法師要召喚跟這些元素有關的四位大天使，同時想像他們在星界中的宏偉姿態。儀式尾聲，魔法師要再重複一次卡巴拉十字架。

　　黃金黎明的小五芒星儀式，是所有儀式中最受當代各類應用魔法的魔法師和玄祕團體所採納運用。在黃金黎明所有的技巧當中，這個簡單的小儀式最廣為人知，但它其實相當強大，包含了更複雜的魔法儀式所需用到的大部分技巧。簡言之，這是黃金黎明魔法的常備儀式之一。「把這個儀式看作單純召喚或驅逐靈體的工具的人，不值得施展它。正確地理解這個儀式，就會發現它是金屬之丹、智慧之石。」[11]

　　此儀式有兩種類型，一是用來召喚魔法能量到神聖的地點，二是用來驅逐，分別稱作五芒星召喚小儀式和五芒星驅逐小儀式。驅逐儀式通常是作為一種預先淨化的儀式或較複雜儀式的前置作業，事先清理「髒亂」的區域；召喚儀式恰恰相反，是為了要召喚能量到神廟的空間。傳統上，老師會教導學生早上進行召喚儀式、晚上進行驅逐儀式。然而，許多學生會在開始施展魔法時進行召喚儀式，結束時進行驅逐儀式。

　　召喚儀式要使用小五芒星的召喚形式；驅逐儀式要使用小五芒星的驅逐形式（圖4）。

召喚　　驅逐

圖4：小五芒星的召喚與驅逐形式

## 五芒星驅逐小儀式

　　用食指、黑色手柄的匕首或雙重能量外魔杖（Outer Wand of Double Power）畫出五芒星圖形。

1. 卡巴拉十字架：到神廟的東面（或正中央）建立卡巴拉十字架。

- 面向東方站立。想像一道耀眼的白光碰觸你的頭頂。使用食指或雙重能量外魔杖白色的那一端與這道光連接，帶到額前。
- 碰觸額頭，振動「**ATAH**」（Ah-tah，意為「汝是」）。

11. Crowley, *Collected Works of Aleister Crowley*, 204。

- 碰觸胸部，將魔杖白色的那一端或食指往下帶到心臟或腹部附近，稍稍往地面指。想像這道光從額頭降到雙腳。振動「**MALKUTH**」（Mal-kooth，意為「王國」）。

- 碰觸右肩，想像那裡有一個光點。振動「**VE–GEBURAH**」（veh-Ge-boor-ah，意為「力量」）。

- 碰觸左肩，想像那裡有一個光點，看著一道水平光束從另一邊的肩膀延伸過來，連接這個光點。振動「**VE–GEDULAH**」（veh-Ge-doo-lah，意為「榮耀」）。

- 想像從頭到腳以及兩邊肩膀形成一個完整的發光十字架。雙手往側邊伸直，遠離身體，接著再帶回來，在胸前交握，宛如在禱告。想像這耀眼的十字架中心有一個光點在閃爍。振動「**LE–OLAHM**」（此時低下頭）、「**AMEN**」（Lay-oh-lahm, Ah-men，意為「永遠無窮無盡」）。

2. 五芒星：畫出一個大大的驅逐小五芒星。把你使用的工具刺入五芒星中心，振動「**YHVH**」（Yod-hey-vav-hey）。振動期間手臂保持伸直的姿勢，不要掉下來。想像五芒星位於白光之中。

3. 轉過身，順時針走到南面，再畫一次五芒星。跟先前一樣大力刺穿五芒星，唸出「**ADONAI**」（Ah-doh-nye）。

4. 走到西面，再畫一次五芒星。一邊刺穿五芒星，一邊唸出「**EHEIEH**」（Eh-hey-yay）。

5. 走到北面，再畫一次五芒星，這次唸「**AGLA**」（Ah-gah-lah）。

6. 召喚大天使：手臂繼續伸直。轉身面向東方。雙臂往兩側伸直，形成 T 形十字架，接著說：「**拉斐爾，在我面前現身。**」想像風元素的大天使在你面前的雲霧中升起，一身飄揚的黃紫長袍，手持商神杖。

7. 想像另一位大天使在你身後，接著說：「**加百列，在我身後現身。**」看著長有翅膀的水元素大天使如金星女神般從海中走出，一身藍橘長袍，手持一只杯。

8. 想像長有翅膀的火元素大天使在右手邊現身，一身火紅與綠色相間的長袍，手持一把雄偉的長劍，接著說：「**米迦勒，在我右手邊現身。**」

9. 想像長有翅膀的地元素大天使在左手邊現身，從地面上的植被之間升起，一身檸檬黃、橄欖綠、赤褐色與黑色相間的土色系長袍，手持成熟的麥穗稈，接著說：「**烏列爾，在我左手邊現身。**」

10.接著說：「**五芒星在我周圍熊熊燃燒，光柱中六芒星閃耀。**」

11.重複一開始的卡巴拉十字架儀式，結束整個儀式。

### ◆　內階層的應用魔法　◆

到了第二階層「紅寶石玫瑰與黃金十字架階層」時，真正的儀式魔法才開始進入個人、實驗的階段。第一階層是一所教導學生基本密契知識的學校，幫他們做好施展魔法的準備，而內階層則是學生實際應用所學的等級。大師等級的學生會：製作、聖化自己的魔法道具（圖5）；根據傳統的黃金黎明公式撰寫、施行自己的儀式；製作、聖化護符；練習水晶占卜及靈體顯象的技巧；建立、化身為神形的意象以及施展各式各樣的進階神通技巧。

其中，為協會的魔法帶來強大力量，是一些實用、積極的儀式方法，可以改變星界之光，也就是在我們實體世界的世俗外表背後存在的神聖基底。老師會教導學生冥想、具象化、振動神名與強大的字、戲劇召喚、專注意念與意志、氣場控制以及能量投射等做法。這些全都可以磨練魔法師的技巧和靈異能力，是非常強大的技能，大部分的人只要持之以恆練習，就能藉此解開自己潛在的靈性力量。

圖5：大師的基本道具

　　在黃金黎明較高階的等級中顏色極重要，因為唯有正確運用顏色（還有聲音與符號，或說「名稱與圖像」），魔法師才能鍛造出跟神聖智慧之間的魔法連結。

　　除了一套繁複的色彩階級，黃金黎明也會使用所謂的「閃影色」（flashing colors），其實就是藝術領域常提到的互補色。

　　互補色指的是標準藝術色環中呈對角的兩個顏色。閃影色放在一起時，會對視覺產生一種「脈動」的效果，有助於魔法師的練習。

　　「中柱儀式」是在魔法師的氣場（或稱「感知場域」）內，建立卡巴拉生命之樹中央輝耀較有名的方法之一。在氣場內召喚神聖輝耀的能量，魔法師就能運用這些能量增加平衡、活力和意識，同時也能強化氣場，抵禦外界影響。這個儀式有各種變化版本，可以用來達成不同的目的，包括治療、聖化護符、為神形化身做準備，與更高階的自我溝通交流。跟五芒星儀式一樣，中柱儀式也常被現代的各方靈性傳統吸收採納，卻沒有提到是源自黃金黎明協會。

　　在這個基本練習中，魔法師要想像中柱疊印在自己的身體上。明確來說，中柱指的就是科帖爾、悌菲瑞特、易首德和瑪互特這四個輝耀，再加上連接侯克瑪和庇納兩個輝耀的「隱形輝耀」知識（Daath）（圖6）。這五個能量中心的神名會振動數次，同時搭配具象化。

　　伊斯瑞・瑞格德認為，這個簡單的練習可以加強一個人的專注力、協助達成平衡與均衡，並賦予學生源源不絕的能量和靈性感知。中柱儀式同時可以達到刺激與放鬆的效果，釋放身心的壓力，讓施行者感到喜悅、充分休息、活力滿滿，跟卡巴拉生命之樹固有的神聖力量產生連結。

## 中柱儀式

　　這個練習可以站著、坐著或躺著進行。開始之前，先閉上雙眼，調整呼吸節奏。

1. 想像頭頂上方出現一球白光。振動「**EHEIEH**」（Eh-hey-yay）這個名字三次或三次以上，直到它成為你意識的唯一念頭為止。

2. 想像一道光從王冠中心（頭頂）落到知識中心（頸部）。在知識中心形成一團光球。振動「**YHVH ELOHIM**」（Yode-heh-vav-heh El-oh-heem），次數要跟前一個名字的振動次數一模一樣。

3. 將這道光從知識中心帶到心臟周圍的美中心，形成一團光球。振動「**YHVH ELOAH VE–DAATH**」（Yode-heh-vav-heh El-oh-ah v'-Dah-ath），次數跟先前一樣。

4. 看著這道光從美中心（心臟）落到根基中心（鼠蹊），想像一團光球形成。振動「**SHADDAI EL CHAI**」（Shah-dye El-Ch-eye），次數跟先前一樣。

5. 看著這道光從根基中心（鼠蹊）落到王國中心（雙腳和腳踝）。振動「**ADONAI HA-ARETZ**」（Ah-doe-nye ha-Ahretz），次數跟先前一樣。

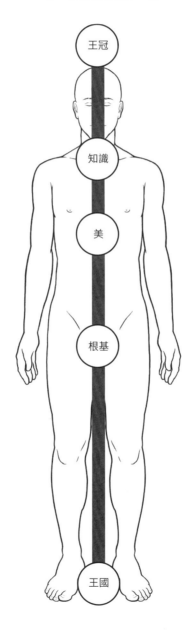

圖6：中柱儀式

6. 想像中柱完全形成。接著，將中柱慢慢帶下來的那道光繞著身體外圍循環，強化氣場（循環數次）。

7. 跟著呼吸循環的節奏，把光從身體一側帶下，再從身體另一側上去，從王冠帶到王國，再回到王冠。吐氣時，想像那道光從身體左側落下；吸氣時，想像那道光從身體右側上升回到王冠。

8. 這樣循環一小段時間後，想像那道光從身體前側降到王國中心，再從後側升起回到王冠。吸氣時上升，吐氣時下降。

9. 繼續有節奏地呼吸，想像王國的光球，看著那道光再次升起，以螺旋狀繞著位於身體中央的中柱而上，從王國升到王冠。到達王冠時，想像光芒如瀑布般傾瀉而下，從身體外側回到王國。以這種方式循環光束一段時間。

10. 最後，把部分能量專注在位於心臟的美中心，結束練習。

　　練習魔法時，會召喚各種構成物質宇宙基石的力量和能量。在西方密契傳統中，這些力量被歸類為元素、卡巴拉輝耀、行星和黃道各宮。黃金黎明發展了一套獨特的系統，藉由五芒星和六芒星的線條來召喚和釋放這些能量。第一階層的五芒星儀式可擴大成多種不同的五芒星，用以召喚或驅逐火、水、風、地、靈等五大元素以及黃道十二宮；各種形式的六芒星則可吸引或退散古代七大行星和生命之樹的十個輝耀。運用這些線條圖案可以帶來有系統、有邏輯、準確且可順應魔法師特定目標的卡巴拉與行星魔法。

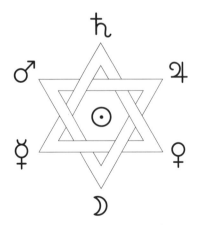

圖7：六芒星的行星對應

　　六芒星是「上帝之靈」（Ruach Elohim）的標誌。此靈具備兩個核心原則——陽與陰，由火和水的三角形組成完美平衡作為象徵。六芒星常見的形式就是有名的「大衛之星」，展現了七大行星的輝耀順序。六芒星的六個點分別對應到生命之樹的輝耀以及相呼應的七大行星（圖7）。六芒星的兩個三角形以順時針畫出是用來召喚，以逆時針畫出是用來驅逐。

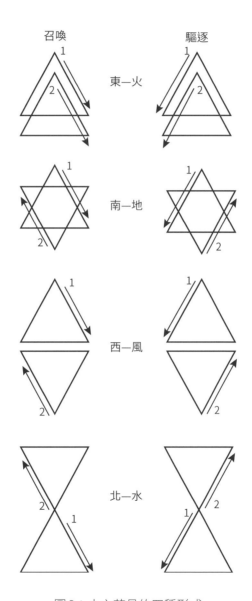

圖8：小六芒星的四種形式

　　六芒星小儀式是另一種標準儀式，可在神廟裡建立一個行星或輝耀能量的保護魔法陣。這個儀式很特別，因為它運用了六芒星基本形式的四個變化（圖8）。這四種變化形式是以四大元素的象徵意象為基礎：火的六芒星圖案如火焰、地的六芒星圖案如護符、風的六芒星圖案如鑽石或箭頭、水的六芒星圖案如杯子。這些圖案雖然稱作火／水／風／地的六芒星，但是它們不是用來召喚這些元素的，而是反映了存在於星界層（astral planes）的元素場域裡的行星力量。五芒星儀式跟地球和元素有關，六芒星儀式跟天界和輝耀有關。

　　六芒星小儀式可分為三個部分，一開始要建立卡巴拉十字架，接著要畫出四種六芒星，最後則要進行「金鑰字分析」。所謂的金鑰字指的是「I.N.R.I.」這幾個字母，代表了生、死、復活或重生這個跟許多宗教和魔法概念相關的循環過程。這個儀式最強調的強大字詞是「ARARITA」，來自以下這句希伯來文每個字的第一個字母：「Achad Rosh Achdotho Rosh Ichudo Temurahzo Achad」，意思是：「一是他的開始，一是他的特性，他的排列是一。」

## 六芒星召喚小儀式

　　現在要描述的是用途廣泛的六芒星召喚小儀式，沒有限定單一的行星或力量，適合用來創造使所有行星或輝耀能量達到平衡的魔法陣。

1. 開頭．面東，建立卡巴拉十字架。

2. 六芒星：走到東面，向東畫出火的召喚小六芒星。大力刺入六芒星中心點，振動「**ARARITA**」。

3. 走到南面，向南畫出地的召喚小六芒星。跟先前一樣刺穿六芒星中心，振動「**ARARITA**」。

4. 走到西面，向西畫出風的召喚小六芒星。刺穿六芒星中心，啟動圖形能量，接著跟先前一樣振動「**ARARITA**」。

5. 走到北面，向北畫出水的召喚小六芒星。跟先前一樣，刺穿六芒星，唸出「**ARARITA**」。

6. 金鑰字分析：回到東面，進行金鑰字分析。

- 雙臂往兩側伸直，形成 T 形十字架，掌心朝前。帶有感情地說出「**I.N.R.I.**」（每一個字母都唸出來）「**Yod Nun Resh Yod**」（Yode-noon-raysh-yode）。唸出後半句這四個希伯來字母的的名稱時，從右至左在半空中畫出字母。

- 回到 T 形十字架的姿勢，接著說：「**處女座、伊西斯，偉大的母親！ 天蠍座、阿波菲斯，毀滅者！ 太陽、歐西里斯，死後重生！ 伊西斯、阿波菲斯、歐西里斯！**」

- 在唸出上面這句話的同時，緩緩把手舉高、頭抬高。緩慢而有力地振動「**IAO**」。

- 回到 T 型十字架的姿勢，接著說：「**歐里西斯被殺的記號。**」

- 把右手高高舉到空中，左手直直向外側伸出，兩隻手呈 L 形。手掌張開，掌心朝前。把頭轉向伸出的左手，接著說：「**L 是哀悼伊西斯的記號。**」

- 雙手舉高過頭，呈六十度角，形成字母 V。手臂打直，掌心朝前。頭往後甩，說：「**V 是堤豐和阿波菲斯的記號。**」

- 雙手在胸前交叉，呈 X 形。低下頭，說：「**X 是歐西里斯復活的記號。**」

- 緩慢而有力地說：「**L.V.X.**」（逐一唸出每個字母，同時一邊比出各個記號）再說：「**LUX**」（lukes）。

- 維持在歐西里斯被殺的記號，說：「**十字架**（雙手伸出形成 T 形十字架，接著再次於胸前交叉）……**的光。**」


　　黃金黎明大師會在身上佩戴玫瑰十字墜盤的標準圖騰，那是協會施展魔法時使用到的眾多玄祕能量之象徵（圖9）。在魔法師個人練習當中，玫瑰十字儀式象徵了黃金黎明內階層的玫瑰十字本質。此儀式會運用到五字神名，也就是文藝復興時期基督教卡巴拉主義者所創造的耶穌之希伯來名稱「Yeheshuah」（YHShVH）。五字神名其實就是在不能說出的四字神名（YHVH）中間放入 Shin 這個希伯來字母，代表第五個元素「靈」降至四大元素的領域。五字神名跟 Eth（精髓）、Ruach（氣息）和 Eheieh（我是）這幾個希伯來名字一樣，都和靈元素有密切關聯。

圖9：大師的玫瑰十字墜盤

　　在這個儀式中，玫瑰十字的符號會在六個點畫出來，除了四個交疊象限，還有天頂和天底，也就是上方和下方（圖10）。儀式尾聲，魔法師會站在十字架中央，形成位於中央的第七個點。玫瑰十字儀式直截了當，可安定擾亂的外在與內在能量。交疊象限——東南、西南、東北、西北——是不同的元素能量相遇、融合，有時甚至發生碰撞的區域。在這幾個點畫出十字、振動五字神名，有助安定這些能量，無論何時何地需要，都可召喚平衡與均衡。

　　玫瑰的符號和十字的符號兩相結合，象徵各種概念：陰陽兩種神性的合一、重生與救贖、基督驅力和意識的祝福，以及犧牲奉獻帶來的力量。除此之外，這個符號也描繪了空間中的四個點以及正中央的第五個點。玫瑰十字跟五芒星一樣，象徵著靈統治物質，但是五芒星描述靈為物質的首長，而玫瑰十字則描寫靈滲透到物質的核心之中。五芒星和玫瑰十字都是保護的象徵，但五芒星比較適合召喚或解散特定能量，而玫瑰十字則特別適合用來冥想、保護、平衡、祝福與治療。

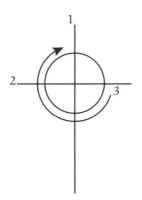

圖10：畫出玫瑰十字

## 玫瑰十字儀式

　　所有障礙物應從房間清空，祭壇也要移到旁邊。唯一必需的工具是一炷香，但是也可以準備以下幾件物品：雙重能量外魔杖、蓮花魔杖、彩虹魔杖、玫瑰十字魔杖。

1. 開頭：面東，建立卡巴拉十字架。

2. 玫瑰十字：走到房間的東南方位，身體向外。使用香或魔杖畫出一個大大的十字和圓圈（圖11）。畫十字時，想像十字被黃金光芒圍繞，圓圈則想像成一圈火紅。畫出這個符號時，振動「**YEHESHUAH**」，並在發出最後一個音節的音時，大力刺入被圈起的十字架中心，啟動能量。

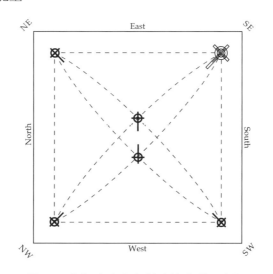

圖11：進行玫瑰十字儀式的移動示意圖

3. 將工具的尖端保持與十字架的中心點齊平，就這樣走到房間的西南方位。跟先前一樣畫出十字和圓圈（即玫瑰），把工具刺穿圖形中心，唸出「**YEHESHUAH**」。

4. 走到西北方位，畫出圖形，唸出「**YEHESHUAH**」。

5. 走到東北方位，畫出圖形，唸出「**YEHESHUAH**」。

6. 回到東南方位，完成一圈。使用工具的尖端碰觸原本就畫在那裡的十字架，但是請勿再畫一次圖形或再唸一次名字。

7. 現在，工具舉高，走向房間正對面的西北方位，但在神廟中央止步，在頭頂正上方畫一個玫瑰十字。跟先前一樣振動「**YEHESHUAH**」。

8. 工具繼續舉在頭上，就這樣走到房間的西北方位。使用工具的尖端碰觸原本就畫在那裡的十字架中心點。請勿再畫一次圖形或再唸一次名字。

9. 再次走向房間正對面的東南方位，但是垂下工具，在神廟中央止步。在身下畫一個玫瑰十字，振動「**YEHESHUAH**」。

10. 再次舉高工具尖端，繼續走到東南方位。使用工具的尖端碰觸原本就畫在那裡的玫瑰十字架中心點。請勿再畫一次圖形或再唸一次名字。

11. 順時針走到西南方位，使用工具的尖端碰觸原本就畫在那裡的十字。

12. 走向正對面的東北方位，但在房間中央止步，碰觸頭頂上方的十字架中心點。唸出「**YEHESHUAH**」。

13. 繼續走到東北方位，使用工具碰觸原本就畫在那裡的十字架中心點。

14. 走向房間正對面的西南方位，在神廟中央止步，碰觸下方的十字。振動「**YEHESHUAH**」。

15. 繼續走到西南方位，碰觸原本就畫在那裡的十字架中心點。

16. 順時針走動，使用魔杖碰觸各十字（西北、東北和東南）的中心點，連結所有的十字架。不需要唸出名字。

17. 回到畫出第一個十字架的東南方位時，碰觸中心點，然後停一下。接著，在原本的十字架上畫一個更大的金色十字架。畫出一個大圓圈，在畫紅色圓圈的下半部時振動「**YEHESHUAH**」（圖12）；在畫紅色圓圈的上半部時振動「**YEHOVASHAH**」。

18. 順時針走到房間中央。看著周圍的六個玫瑰十字被一道道光芒連結。

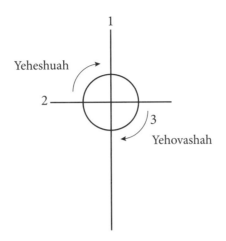

圖12：最後一個玫瑰十字的畫法

◆　靈視　◆

　　水晶占卜是第二階層的重要魔法功課之一。這是一種超感視覺，又稱靈視。在黃金黎明的傳統中，水晶占卜和星界投射都可以被說成自我催眠的一種形式，使用符號作為通往星界領域的傳送門，造成意識改變。從較高層次的意識狀態，魔法師通常會嘗試看清事物的根本原因，也就是從較高的角度或視野解決問題，進入宇宙內部的機械裝置，看看它是如何運作。

　　第二階層會學到三種超感視覺的方法，但是這三種方法不容易區別。這些方法是：靈視水晶占卜（或純粹說成水晶占卜）、靈體顯象旅行（星界旅行或星界投射）以及層次上方升起，可以分別描述成看見、移動和升起這三種技巧，雖然這些全都屬於廣義的靈視工作。這些都是受到魔法師控制的星界顯象，充滿意義、程度劇烈，但完全可以理解。在這些顯象中，觀看者對自己的選擇、意志與判斷能力保持全然的掌握。藉由這些經歷，魔法師可以達到卡爾・榮格（Carl Jung）所說的集體潛意識或赫密士哲學家所謂的「世界靈魂」（Anima Mundi）的最深層境界。

　　在卡巴拉思想中，宇宙萬物都是先在星界的形塑界創造或預製出來，後來才在實體的物質界顯現。星界層次比實體世界高，但是低於神界，是介於中間的地帶，也是反射、意象、夢境與顯象的領域。有時，這個地方被稱作「意象寶庫」，阿卡西紀錄（Akashic Records）據說就放在這裡。這個領域包含從古至今人類所有的記憶和經驗，而這些記憶和經驗全都嵌在以太物質之中。

藉由靈視，魔法師會觀看或進入星界，跟天使、靈體等各種實體互動；換句話說，他會接觸屬於自己心靈構造一部分的那些原型。不過，他也會跟存在於更廣大的宇宙之間的基礎元素和靈體產生交流，因為跟前者互動，就是跟後者互動，反之亦然。只要有技巧且勤加練習，觀看者就能經歷某種白日夢般的強烈體驗，從中看見一些事情、得到一些資訊。

黃金黎明的靈視工作通常使用水晶占卜符號完成。這個符號可以是任何東西：元素或煉金三角形、塔羅牌、占星符號、風水四方形、印記、以諾金字塔等等。這些符號全都可以用來作為星界傳送門，進行靈視工作，或是用來訓練超感視覺和其他靈異特質。傳統上，黃金黎明用的是取自東方神智學和印度教的「真性牌卡」來完成這項工作。真性（tattva）是一系列的圖形，可對應到五大基本元素及相呼應的顏色和形狀（表3）。

| 真性名稱 | 形狀 | 顏色 | 元素 |
|---|---|---|---|
| 阿卡夏（Akasa） | 卵形 | 黑 | 靈 |
| 特哈斯（Tejas） | 三角形 | 紅 | 火 |
| 阿帕斯（Apas） | 新月形 | 銀 | 水 |
| 瓦優（Vayu） | 圓形 | 藍 | 風 |
| 頗哩提毗（Prithvi） | 方形 | 黃 | 地 |

表3：真性與其之對應

這五個基本的真性圖形可以衍生出二十種複合圖形，做法很簡單，只要混合兩種元素，一大一小地結合在一起即可。圖13顯示的三種複合真性牌是取自伊斯瑞‧瑞格德創造的牌組，分別代表風之地、火之靈和地之火的圖案。

黃金黎明協會設計了一套方法，結合水晶占卜的符號和「負殘影」（negative after–images）這個常見的光學效應。負殘影跟協會傳授的閃影色概念完美吻合，指的是眼睛長時間暴露在高飽和色彩之後，在視網膜形成的互補色塊。即使眼睛已經沒有繼續暴露在該色彩下，殘影還是會繼續留在視覺成像中。在進行黃金黎明的靈視工作時，符號及殘影之間的過渡便用來作為開啟星界傳送門的引子。

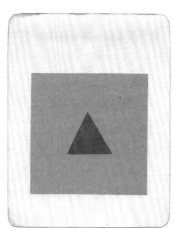

圖13：伊斯瑞・瑞格德的真性牌

　　佛羅倫絲・法爾和伊蓮・辛普森（Elaine Simpson）曾在一次講課中，短暫描述了她們的方法和自己的水晶占卜靈視經歷。這個演講的標記是「飛行卷軸第四」（Flying Roll No. IV），名稱為「兩位大師獲得靈體顯象的方法示例，以及談論她們看見什麼」（An Example of Mode of Attaining to Spirit Vision and What was seen by Two Adepti）：

　　　　起身，完成卡巴拉十字架和禱告。接著思考某樣物品，例如一張塔羅王牌……若以這個為例，你先前就應研究這張牌，包括其象徵、顏色、類比等……深深陷入此牌的抽象概念……思考這張塔羅牌所有的象徵意涵，所有跟它的字母、數字和境況有關的一切，以及連接的路徑。專注到遐思的狀態或者明顯地感覺到改變之後，可能就會開始出現顯象……假使你的視覺開得很大，不要懼怕，不要抗拒，就讓它來；那麼，靈視或許就會出現。[12]

　　法爾和辛普森接著敘述了她們利用女皇這張牌進行占卜所看見的東西。

---

12.King, *Astral Projection, Ritual Magic, and Alchemy*, 71。

# 伊斯瑞‧瑞格德

「弗朗西斯」‧伊斯瑞‧瑞格德（1907–1985）寫過數本關於儀式魔法的重要著作（圖14）。瑞格德在英國出生，後來全家人搬到華盛頓特區，因此他大部分的人生都在美國度過。他對密契主義的一切都很有熱忱。一九二六年，年輕的瑞格德加入了美國玫瑰十字協會的華盛頓學院，跟韋恩‧維斯特考特有一些通信往來；美國玫瑰十字協會是非共濟會的玫瑰十字組織，使用的是黃金黎明的晉級儀式。一九二八年，瑞格德搬到歐洲，成為克勞利的祕書。

到了一九三二年，瑞格德已經出版了自己的著作，該年更是出版了他最重要的其中兩本書：關於卡巴拉的《石榴花園》（A Garden of Pomegranates），以及從魔法師的角度探討每一個魔法層面的全面性教科書《生命之樹》（The Tree of Life）。荻恩‧佛瓊為《生命之樹》寫了書評，大力讚揚此書，使瑞格德獲邀加入黃金黎明位於布里斯托主要分支之一的晨星協會的神廟。他在一九三三年一月進入協會，迅速晉級各個等級。一九三四年年底，他離開晨星協會，因為他認為協會的知識很快就會遺失。三年後，他以四冊著作《黃金黎明會》出版了協會龐大的知識量。

在一九三七年，瑞格德回到美國，受訓成為整骨師和治療師。他的餘生仍持續出版各種魔法主題的書，包括《中柱》（The Middle Pillar）、《魔法師之石》（The Philosopher' s Stone）、《應用魔法基礎》（The Foundations of Practical Magic）和《儀式魔法》（Ceremonial Magic）。一九八二年，他在喬治亞州的一間神廟替一小群黃金黎明的學生進行小達人等級的晉級儀式。

伊斯瑞‧瑞格德被認為是將西方玄祕主義的神祕面紗掀開的大功臣。法蘭西斯‧金（Francis King）和伊莎貝爾‧蘇德蘭（Isabel Sutherland）說：「玄祕魔法能夠像這樣重生，大部分都要歸功於弗朗西斯‧伊斯瑞‧瑞格德博士的著作。」*

---

＊ King and Sutherland, *The Rebirth of Magic*, 185。

圖14：伊斯瑞・瑞格德

### ◆　以諾魔法　◆

　　以諾魔法系統源自十六世紀末英國人約翰・迪伊博士與愛德華・凱利的水晶占卜紀錄。自從密碼手稿記載了最初的晉級儀式基本概述後，以諾魔法就一直是黃金黎明課程的一部分。從狂熱級到門戶級的學生，都要學習以諾魔法的守望台表格以及這些表格衍生出來的神名。然而，學生必須晉級到第二階層之後，才能深入研究這套系統。

　　紅寶石玫瑰與黃金十字架階層的學生，要運用以諾魔法召喚強大的元素、行星和靈體能量，也要使用天簡的魔法方陣在不同的天使領域中進行靈視、使用以諾之鑰進行召喚，並且學會以諾魔法的其他面向，包括七行星的奧祕、神聖表格、上帝真理印記等。

| b | O | a | Z | a | R | o | p | h | a | R | a |
|---|---|---|---|---|---|---|---|---|---|---|---|
| v | N | n | a | x | o | P | S | o | n | d | n |
| a | i | g | r | a | n | o | o | m | a | g | g |
| o | r | p | m | n | i | n | g | b | e | a | l |
| r | s | O | n | i | z | i | r | l | e | m | v |
| i | z | i | n | r | C | z | i | a | M | h | l |
| M | O | r | d | i | a | l | h | C | t | G | a |
| O | C | a | n | c | h | i | a | s | o | m | t |
| A | r | b | i | z | m | i | i | l | P | i | z |
| O | P | a | n | a | L | a | m | S | m | a | P |
| d | O | l | o | p | i | n | i | a | n | b | a |
| r | x | P | a | o | c | s | i | z | i | x | p |
| a | x | t | i | r | V | a | s | t | r | i | m |

圖 15：以諾北方（地元素）表格

黃金黎明協會實際應用以諾魔法的一個好例子，就是四元素武器（Four Elemental Weapons）的聖化儀式。以下節錄的段落取自地元素護符的聖化儀式，運用了以諾地元素表格（圖15）的能量，包括北方的王和長者。魔法師要拿起魔法之劍、唸出地元素之王的咒語，並畫出地元素的召喚五芒星。接著，魔法師要畫出土星的六芒星，對跟地元素有關的六位以諾長者唸出咒語：

「憑著北方旗幟上的三個神祕又神聖的偉大神名，EMOR DIAL HECTEGA，我召喚汝，偉大的北方之王、IC ZOD HEH CHAL 來到這場典禮，因汝的存在增強我現在用來聖化此魔法護符的儀式。賜予此符最大的玄祕力量與德行，讓此符完成地元素本質的一切工作，使我從中找到有力的防護和強大的武器，用以統治、指揮元素之靈⋯⋯北方象限的偉大親王，我以長者這尊崇的頭銜和身分地位召喚你們。聽我的訴求，偉大的親王，地元素北方象限的六位長者：LAIDROM、ALHCTGA、ACZINOR、AHMLICV、LZINOPO、LIIANSA。」[13]

黃金黎明協會將迪伊和凱利的以諾占卜帶往新的發展方向，塑造成完美融合的西方魔法和靈性知識系統。「黃金黎明傳授的以諾魔法最與眾不同的地方在於，它結合了玄祕哲學的理論與應用，創造出極有效又強大的系統⋯⋯在麥克達格・馬瑟斯和他的夥伴手中，以諾魔法真正匯聚了輝耀、元素、行星和星界微觀世界的一切能量。它將卡巴拉、塔羅牌、占星學和風水學融合為統一的心理領域。」[14]

黃金黎明協會將以諾魔法納入自己的課程，無疑成功讓人注意到迪伊和凱利的天使魔法，進而導致今天人們又重新對他們的工作產生興趣。協會將以諾魔法捧在高位，或許是對這套系統最大的敬意；這被認為是整套體系的頂點和至高榮耀。這正是為何，學生必須先完全內化黃金黎明課程的其他領域，然後才可以學習以諾魔法。

首先，應該先說清楚，學生得進行大量的系統化研究之後，才能真正領會這套系統的價值與微妙奧義。這是我所遇過最棒的魔法體系之一，因為它完

13. Regardie, *The Golden Dawn,* 408–409。

14. Head, "An Introduction to the Enochian Teaching and Praxis," 6。

整而全面地融合了黃金黎明的整個魔法系統……因此，由於它集整個協會於大成，學生得先讓自己完全熟悉黃金黎明傳授的其他知識領域。他必須通曉塔羅牌和風水學的一切屬性，熟稔到那些名稱、象徵和概念都能信手拈來。當然，也必須具備希伯來字母、生命之樹和廣泛的卡巴拉思想等基本知識。來自 Z 檔案那些關於初學者候選者、神廟與儀式象徵意涵的應用魔法公式不僅要牢記，還必須理解。學生得完全熟悉五芒星和六芒星儀式、聖化儀式的公式、召喚的藝術、護符圖像以及印記的繪製。[15]

第二階層的儀式有好幾個都或多或少包含以諾的材料。內階層的每一個等級和子等級都得研究以諾系統的不同層面。

## ◆ 光之魔法 ◆

第二階層有一組特別的指導，合稱為「Z 檔案」（Z Documents），收錄在伊斯瑞・瑞格德的《黃金黎明會》裡。

這些手稿說明黃金黎明初學者儀式的各個層面可以變化出無窮的應用魔法變化，而其中一個檔案就稱作「Z.2・光之魔法公式」（Z.2. The Formulae of the Magic of Light）。

光之魔法指的是黃金黎明的應用魔法公式，當中的許多形式都隱含在初學者儀式的眾多象徵層次。

光之魔法分成五個部分，代表玄祕工作的五個領域。這些可以使用五字神名 Yesheshuah 的五個字母分門歸類。

所有的儀式魔法（包括召靈和乞靈）都屬於「Yod」字母以及火元素；護符的聖化和自然現象的產生（雨、暴風、地震）屬於「Heh」字母以及水元素；所有的靈性發展和轉變都屬於「Shin」字母以及靈元素——這一類又可再分為三種魔法類型，對應到 Shin 字母的三個 Yod，即三把火焰（這三把火焰又被分配給三個主要字母 Aleph、Mem 和 Shin，個別表示隱形、轉變與靈性發展）；所有的占卜和占星形式都屬於「Vav」字母以及風元素；所有的煉金術都屬於「Heh」字母的結尾形以及地元素。

---

15. Regardie, *The Golden Dawn*, 624–625。

憑著五個應用魔法的分類，魔法師便能將黃金黎明的所有面向加以結合。學生在這之前所學的一切都能運用到：希伯來字母的研究和記憶、卡巴拉原則、占星對應、冥想、具象化、戲劇召喚、振動、閃影色、能量化意志的投射、神形化身、五芒星和六芒星的各種儀式、以諾魔法。這一切知識都成為黃金黎明魔法師儀式工具庫的一部分。

大師等級會研究 Z.2 檔案提供的魔法儀式概述，創造出同一個儀式獨一無二的完整擴展版。瑞格德在書中提供了根據 Z.2 的概述所自行創造的儀式範例，但他也告誡讀者不可盲從或單純複製貼上他的版本。技巧成熟的學生應該要能運用自己的巧思和靈感，創造自己的個人儀式。能夠這樣自行創造有效力的儀式，是進階魔法師的正字標記之一。

## ◆　給現代魔法師的建議　◆

今天的黃金黎明魔法師所能取得的選項，比起維多利亞時代的魔法師還多。今天，世界上存在著好幾個黃金黎明的神廟和組織，有些十分傳統，有些不盡然。有些團體會將其他類型的要素或靈性傳統跟黃金黎明的指導結合在一起，這樣做並沒有錯，只要這些團體清楚告訴可能入會的成員這些區別即可。

可是，加入任何團體之前，我建議你做好功課。到魔法界的圈子提問，多看看書，不要相信網路上的一切，寧可自學，也不要跟隨名聲不佳的老師或假冒的詐騙團體。

自我晉級也是一個選擇。黃金黎明的原始演講、補充的飛行卷軸、從初學者到小達人級的課程等，大部分都有出版，任何有興趣自行鑽研此學的人都可以很容易取得。不是一定要加入有經過認可的組織團體或神廟，才可以實現偉大的工作。獨自一人或在小團體修練的學生，可能比我們以為的多得多。黃金黎明今天依然非常活躍，而且相當適合現今的世界；這個世界需要多一點平衡與神聖，就像小達人義務中的美輝耀條目所說的那樣：

「我立下承諾與誓言，在神的允許之下，我從今天開始會致力實現偉大的工作，也就是淨化、提升自己的靈性本質，藉由神的協助，讓自己最終得以超越人性，漸漸跟更高層次的神聖守護神合而為一，同時不濫用賜予給我的偉大力量。」[16]

---

16. Regardie, *The Golden Dawn*, 301。

## ◆ 參考書目 ◆

Crowley, Aleister. "The Holy of Holies." *In Collected Works of Aleister Crowley*, vol. 1. Des Plaines, IL: Society for the Propagation of Religious Truth, 1905.

Greer, John Michael. *The New Encyclopedia of the Occult*. St. Paul, MN: Llewellyn Publications, 2003.

Head, Thomas. "An Introduction to the Enochian Teaching and Praxis." *In The Complete Golden Dawn System of Magic*, vol. 10, by Israel Regardie. Phoenix, AZ: Falcon Press, 1984.

Howe, Ellic. *The Magicians of the Golden Dawn: A Documentary History of a Magical Order, 1887–1923*. New York: Samuel Weiser, 1997.

King, Francis, ed. *Astral Projection, Ritual Magic, and Alchemy: Golden Dawn Material by S. L. MacGregor Mathers and Others*. Rochester, VT: Destiny Books, 1987.

King, Francis, and Stephen Skinner. *Techniques of High Magic: A Guide to Self-Empowerment*. Rochester, VT: Destiny Books, 1976.

King, Francis, and Isabel Sutherland. *The Rebirth of Magic. London*: Corgi Books, 1982.

Maitland, Edward. *Anna Kingsford: Her Life, Letters, Diary, and Work*. 2 volumes. London: George Redway, 1896.

McIntosh, Christopher. *The Rosicrucians: The History, Mythology, and Rituals of an Esoteric Order*. York Beach, ME: Samuel Weiser, 1997.

Regardie, Israel. *The Golden Dawn: An Account of the Teachings, Rites, and Ceremonies of the Order of the Golden Dawn*. 7th edition. Woodbury, MN: Llewellyn Publications, 2003.

Waite, Arthur Edward. *Shadows of Life and Thought*. Facsimile edition of original 1938 publication. Kila, MT: Kessinger Publishing Co., 1997.

## ◆ 建議參考書目 ◆

Cicero, Chic, and Sandra Tabatha Cicero. *The Essential Golden Dawn: An Introduction to High Magic*. St. Paul, MN: Llewellyn Publications, 2003. An introductory-level text that examines the history of the Golden Dawn and its principles and areas of study and practice.

———. *Golden Dawn Magic*. Woodbury, MN: Llewellyn Publications, 2019. Provides clear, step-by-step instruction in the main areas of practical Golden Dawn magic and how these procedures benefit the magician.

———. *Golden Dawn Magical Tarot*. St. Paul, MN: Llewellyn Publications, 1991. Tarot deck and accompanying book based on the teachings of the Order.

———. *Self-Initiation into the Golden Dawn Tradition*. St. Paul, MN: Llewellyn Publications, 1998. A rigorous text with knowledge lectures, meditations, pathworkings, rituals, exercises, and initiation rites for the solo practitioner and the working magical group.

Gilbert, R. A. *Revelations of the Golden Dawn.* London: Quantum, 1997. An exposé of the Order written by today's foremost Golden Dawn historian.

Golden Dawn Community. *Commentaries on the Golden Dawn Flying Rolls.* Dublin: Kerubim, 2013. Contains all the "Flying Roll" essays written by original Golden Dawn members and provides commentaries on each one by contemporary magicians.

Greer, Mary K. *Women of the Golden Dawn: Rebels and Priestesse*s. Rochester, VT: Park Street Press, 1994. Describes the lives and magic of four remarkable women of the original Order of the Golden Dawn.

Howe, Ellic. *The Magicians of the Golden Dawn: A Documentary History of a Magical Order, 1887– 1923.* New York: Samuel Weiser, 1972. Although written from a non-magical perspective, Howe's work remains an important text on the Order's history.

Küntz, Darcy, ed. *The Complete Golden Dawn Cipher Manuscript.* Edmonds, WA: Holmes Publishing Group, 1996. Provides a complete facsimile and translation of the foundational document that outlined the initiation rituals of the Order.

———. *The Golden Dawn Source Book.* Edmonds, WA: Holmes Publishing Group, 1996. A reference guide to the historical study of the origins, creation, and founding of the Order.

Regardie, Israel. *The Golden Dawn: An Account of the Teachings, Rites, and Ceremonies of the Order of the Golden Dawn.* 7th edition. St. Paul, MN: Llewellyn Publications, 2003. The twentieth- century's most influential magical text. The book that unveiled the teachings and rituals of the Golden Dawn to the world.

Wildoak, Peregrin. *By Names and Images: Bringing the Golden Dawn to Life.* Cheltenham, UK: Skylight, 2012. A valuable introduction to Golden Dawn magic and the mechanics behind the system.

Zalewski, Pat, and Chris Zalewski. *The Magical Tarot of the Golden Dawn.* London: Aeon Books, 2008. A detailed description of the tarot cards of the Golden Dawn and the methods used to work with them.

## ◆ 作者介紹 ◆

查爾斯・「切奇」・西塞羅（Charles Chic Cicero）生於紐約州水牛城。早年熱愛音樂、特別是薩克斯風，他在數個爵士、藍調和搖滾樂的演奏團擔任多年主樂手，跟音樂界的許多知名演奏家一起合作過。他對共濟會和西方密契傳統很有興趣，寫過有關玫瑰十字和聖殿騎士團的研究文章，發表在《四冠的藝術及一九九六到二〇〇〇年英國玫瑰十字協會大都會學院的會刊》（Ars Quatuor Coronatorum and the 1996-2000 Transactions of the Metropolitan College of the SRIA）等出版物中。切奇是好幾個共濟會、馬丁主義和玫瑰十字組織的成員。他曾任佛州聖殿騎士團大指揮團（Grand Commandery of Knights Templar）的大指揮（2010-2011），現任美國玫瑰十字協會佛州學院的大師級長。他是伊斯瑞・瑞格德博士的摯友親信，不僅在一九七七年創立一座黃金黎明神廟，也是幫助瑞格德在一九八〇年代初期復甦美國黃金黎明協會合法支派（其晉級傳統可追溯到一八八八年最初的協會機構）的關鍵人物之一。不久之後，他遇見了未來的妻

子、也是本卷共同作者的桑德拉・塔巴沙・西塞羅（Sandra Tabatha Cicero）。切奇從一九八五到一九九四年擔任黃金黎明協會大敬長當中的總理職位；並從一九九四年至今擔任協會大敬長當中的指揮職位。

　　桑德拉・塔巴沙・西塞羅生於威斯康辛州的鄉下。她熱愛藝術創作，這也為她在魔法世界的工作裡提供了許多靈感。一九八二年畢業於威斯康辛大學密爾瓦基分校，得到藝術學士學位之後，她曾做過娛樂員、排版員、編輯、商業藝術家和電腦插圖師等工作。二〇〇九年，她獲得法律助手學位。在一九八三年認識切奇・西塞羅，黃金黎明魔法體系自此成為她的主要靈性關注。在伊斯瑞・瑞格德的鼓勵之下，她花了五年時間完成《黃金黎明魔法塔羅牌》（The Golden Dawn Magical Tarot）的繪圖。塔巴沙加入了數個馬丁主義和玫瑰十字的組織，現任美國玫瑰十字協會的指揮（www.sria.org），並從一九九四年起擔任黃金黎明協會大敬長當中的總理職位。

　　切奇和塔巴沙都是瑞格德重新創建的黃金黎明協會的大師級長（www.hermeticgoldendawn.org），這是美國至今仍在運作的黃金黎明協會支派當中最古老的團體，也是在多個國家都設有神廟的國際組織。

## ◆ 圖片出處 ◆

　　圖1、3－4、8－10、12和15出自盧埃林藝術部門。

　　圖2和13版權為切奇・西塞羅和桑德拉・塔巴沙・西塞羅所有。

　　圖5、7和11出自詹姆士・克拉克。

　　圖6出自瑪莉・安・薩帕拉克（Mary Ann Zapalac）。

　　圖14掃描自瑞格德的真性卡，版權為切奇・西塞羅與桑德拉・塔巴沙・西塞羅所有。

# 第九冊
# 泰勒瑪與阿萊斯特・克勞利──大衛・修梅克

　　本書前面章節探討了獨特的哲學觀、儀式形式或魔法宇宙學，可以在每個案例中清楚得知，長久以來有許多思想家與實踐者形塑了傳統。接下來，我們將會發現一個龐大且獨特的魔法傳統案例；創立單一理論的專家，本身與傳統理念和實踐密不可分──阿萊斯特・克勞利──神祕學領域有史以來最重要、最具影響力的人物，他是實踐預言體系「泰勒瑪」（真知）的創立者。自他出現於二十世紀初期之際，聰明、具爭議性的克勞利就受過單一魔法（magick，克勞利通常將魔法命名為「magick」）領域的獨特影響。

### ◆　生平簡述　◆

　　愛德華・亞歷山大（阿萊斯特）・克勞利於一八七五年十月十二日，出生在英國皇家利明頓溫泉鎮（Royal Leamington spa）一戶富裕的釀造家庭。成長於普利茅斯教友會（Plymouth Brethren）嚴格的新教（Protestant）派系之下，幼年早期便沉浸於聖經，並將象徵符號與如詩般的語言深植內化。不過，很快地他就開始對基督教基本教義、聖經神話和道德產生質疑，這些在性格發展時期所發生的事，影響他往後的人生思考與個人的心靈發展。他進入劍橋大學就讀時，接觸了德國神祕學家卡爾・馮・埃卡茨豪森（Karl von Eckartshausen）的著作《聖殿烏雲》（The Cloud upon the Sanctuary），沒多久就發現自己被這個最初且神奇的組織──黃金黎明赫密士教團[1]所吸引。克勞利終於發現了一直在尋找的訓練場地，並在此正式展開其魔法旅程。

---

1. 見本書第八冊〈黃金黎明會〉。

克勞利的地位在黃金黎明會裡迅速竄升，有段時間受到協會創立者之一麥克逵格·馬瑟斯的庇護。不過，最終還是在一次教派分裂與多數英國成員產生分歧，使得他們前往了巴黎。然而他們之間的情分非常短暫，克勞利很快就對馬瑟斯和其命令感到幻滅。幾年後，他曾在《原因之書》（Liber Causae）提到：

> 雖然儀式詳盡，不過過於學術，流於冗長與矯飾的謬論，即便正確，但其知識毫無參考性可言；內容不清楚、不具價值性，如同將珍珠放在豬的面前般，徒勞無功。
>
> 考驗到最後令人鄙視，因為對任何人都不可能會失敗。不適任的候選人錄取原因，只不過是因為這是他們普遍的優先順序。
>
> 簡言之，此教會從一開始就是錯誤的。[2]

理想破滅的克勞利，將接下來幾年的人生投入在異國與國內的旅行。他與黃金黎明會前成員艾倫·班尼特（Allan Bennett）旅行至遠東一帶，學習佛教與冥想，並持續進行登山活動，盡可能地探索世界上宗教傳統的理論與實踐。他與第一任老婆羅斯·凱麗（Rose Kelly）結婚，搬到蘇格蘭尼斯湖畔旁剛購得的博斯肯屋，在此度過了短暫的家庭生活。

就在他與妻子在埃及度蜜月時，他經歷了魔法生涯中最關鍵的一刻——接觸《律法之書》[3]（The Book of the Law ／ Liber AL vel Legis）。他宣稱自己接受一個象徵新紀元（New Aeon）力量、以鷹頭呈現的埃及神「荷魯斯」（Horus，或稱拉－胡爾－庫特〔Ra-Hoor-Khuit〕），名為「艾華斯」（Aiwass）的口授。這樣的經驗在現在可能是指來自未知力量而啟發的一種寫作方式。接下來幾年與這本書的接觸，讓克勞利漸漸感覺到，其人生的目的就是要作為新紀元的先知，以「泰勒瑪法則」（Law of Thelema〔θελημα〕）為名，使用臭名昭彰的格言「行汝意志即為全法」（Do what thou wilt shall be the whole of the Law）來體現。在後面段落會討論此法則及其奉行的教義——「真實意志」（True Will）。他最終將「To Mega Therion」（The Great Beast，巨獸）作為其魔法箴言，同時參考《約翰啟示錄》（Apocalypse of John）約翰這個人物，不過將此原型曲解、延伸成一種更積極、再生的自由力量，以此將泰勒瑪法則帶入人類社會。

---

2. Crowley, *The Holy Books of Thelema*, 1989, xlii。
3. Crowley, *The Holy Books of Thelema*, 1989。

克勞利一生透過教學、寫作，以及死前所領導的魔法組織「銀星會」（A∴A∴）和東方聖殿騎士會傳播泰勒瑪法則。他在一九四七年十二月一日逝世於英國海斯廷斯的公寓。

### ◆　科學光明派、綜攝及銀星會　◆

在黃金黎明會經歷了心碎過程後，克勞利在一九〇七年與其導師喬治・塞西爾・瓊斯（George Cecil Jones）共事，創立了「銀星會」——以卡巴拉為基礎所創立的組織。組織去除大量在黃金黎明會所創立、冗長且濫用的教義，核心思想為「科學啟明」（Scientific Illuminism）或懷疑論，並以此為中心——每位野心者必須基於系統中的經驗，以對於自身信仰、實踐與結論有所定見。如同論文〈軍人和傻子〉（The Soldier and the Hunchback），和其他各地鼓勵野心者對於實踐採用明確懷疑論與研究方法一樣，避免假設任何教義的真實性，直到透過內心經驗來證實它。他在《原因之書》提到：

> 候選者應該聽從以上帝為名的任何神祇，使他不貿然地假設此為任何可知的神，讓此神變成他心中唯一所認知的神；抑或儀式應該說出其名稱（即便模糊），這可能是指埃及神、道教、佛教、印度教、波斯蘭教、希臘神話、摩尼教、基督教或是伊斯蘭教，讓他反應這是語言上的缺陷、字面上的局限，而非是 P[4] 這個人心理上的偏見。

克勞利採納「綜攝」*（syncretism）的方式以形塑新系統，並整合東西方的傳統元素。他再次於《原因之書》寫到創立此系統，是藉由選擇對所有系統都很普遍的象徵代表，嚴謹拒絕所有可能意指任何具宗教性且形上學的理論[5]。比起從零開始創立的組織，克勞利的銀星會同時融合、大量吸收了印度瑜伽、佛教、道教傳統，搭配西方傳統元素，如卡巴拉、占星學、塔羅、以諾魔法及儀式魔法；另外也包含許多克勞利於黃金黎明會任期時所熟悉的哲學傳統，像是新柏拉圖主義、赫密士主義（Hermeticism）、玫瑰十字會（Rosicrucianism）以及古埃及神祇；並發揚許多在教會學習到的魔法技巧，如星光體旅行、振動上帝之名（vibration of God-Names），以及使用編纂於其著作《777》[6]中，對應卡巴拉龐大體系的文字、詞彙、顏色、神祇、靈魂、香精等。

---

4. Crowley, *The Holy Books of Thelema*, xlii；「P」為「Perdurado」，為克勞利的魔法箴言，表「我會忍耐到最後」。

5. Crowley, *The Holy Books of Thelema*, xlii ─ xliv。

6. Crowley, *777 and Other Qabalistic Writings*。也可見本書第十一冊〈魔法師的對應表〉。

＊譯註：表調和不同宗教上的衝突

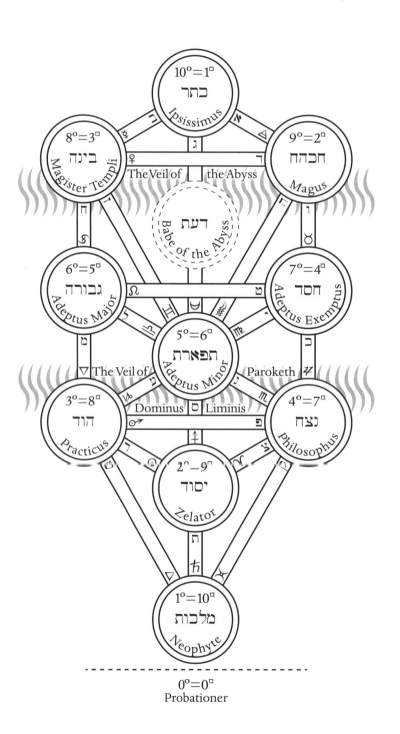

圖1：附上銀星會階級的生命之樹

　　除了融合各種傳統與實踐，克勞利對於銀星會體系的目標是改善訓練成效。他移除教會系統裡的初階知識課程，期望對於系統感興趣的人，能藉由大量自學銀星會初階階層裡的資源來自我學習。同時也濃縮了系統的階層，如祈禱與召喚的傳統陣列、法寶與魔法施術的構成、以諾魔法和占卜技巧——這些在教會的第二階層才會接觸到，不過在銀星會的初階階層（圖1）就可以看到；幾乎所有銀星會的課程在公眾下都毫無保留，除了啟蒙儀式、少數的關鍵字和儀式流程以外。總的來說，克勞利的指導守則就是「神祕是真相的敵人」。

　　在克勞利修正過的系統裡最大的改變，也許是在訓練中幾近完美地去除任何的社會背景。除了初階啟發之外，在銀星會裡沒有團體儀式，體系並沒有像黃金黎明會和大多其他人一樣，融合社會或兄弟會層面的團體；傳統上並沒有所謂的「會所」或「神殿」，教學整體是由野心者自己與一位指定的「導師」接觸完成。其目的是除去人際關係的衝突、社會地位的追尋，以及在他來看需要對黃金黎明會入會初衷妥協等類似的缺點。

### ◆ 神聖守護天使 ◆

　　神聖守護天使就克勞利而言，象徵力量、意識現象，或是一種外顯個體——如許多其他傳統所提到的「高我」（Higher Self）、「發光體」、「高智慧體」（Higher Genius）以及其他數不盡的名詞。克勞利在不同人生階段對神聖守護天使有不同的解釋，會根據他的教徒與意圖產生很大的差異。有時候解釋為等同於高我——以有意識或無意識存在的觀點思考；或將角色直接定義為外顯的個體，如在他與自己的神聖守護天使「艾華斯」的經驗裡，經由口述完成《律法之書》，使他認為有一個確實存在的聲音直接告訴他。

　　在銀星會體系裡，神聖守護天使的「認識與交流」（Knowledge & Conversation, K&C）管道對於初學者來說，具有特別的重要性。銀星會課表中要達到「小達人」（表卡巴拉第六個輝耀的「美」）階級的所有任務，這是作為通往「認識與交流」的墊腳石。其工具管道有魔法儀式、冥想、以各種實踐漸進提升昆達里尼（kundalini）、靈修實踐等，不過這些僅是單純用來獲得認知與對話的手段。經過「認識與交流」後，當「真實意志」有意識、深層內化到日常生活中，即可開始實施魔法儀式，代表此人已經與真實意志達到同一個水平。在獲得認識與交流前，少有案例能達到這樣的地步。

　　在達到小達人階級前，雖有機會與神聖守護天使對話，不過通常是藉由潛意識來進行，符號語言隱晦。即便有很長一段時間可能會讓人無法感受到有意識的對話，不過以符號語言

進行對話的能力會不斷進步。因此，銀星會以及記憶各種魔法對應的取得，如符號等在某種意義上就等同於神聖守護天使的「母語」。

最後，野心者開始能以更直接、有意識的方式取得溝通。在銀星會體系，神聖守護天使之景（Vision of the Holy Guardian Angel）歸類於「王國」——位在卡巴拉「初學者」（Neophyte）階段的輝耀。位於初學者階段的野心者，通常能進行更多有意識的對話。這是一種求愛過程——逐漸加深、強化彼此關係，在生活中漸漸增強能力以獲得與神聖守護天使的溝通。最後，在小達人層級中，「祕境知覺」（Briatic consciousness）的突破進入先前的形塑界，建立出與神聖守護天使有意識的連結。因此，定義某人是否具有銀星會真正巫師的特質，端看他／她能否與天使有意識且隨心所欲地溝通。

◆　　真實意志　　◆

有關泰勒瑪的哲學與宗教核心，可從其名一探究竟。「泰勒瑪」（thelema）原是希臘語表「意志」（will）之意，其中真實（true）意志可理解為比單純的自我意志或性格上的幻想更為深邃，表一個人的人生目的、基本欲望以及超越個人生命、甚至多種化身的自然之外。

真實意志是最深沉的內在自我，是一個人精神所在的核心；此外，重要的是，當它在個體人生中特別指出與表現出來時，也是宇宙意志的一種表現。有些人常常會誤以為真實意志是魔法職涯中單一的選擇，或人生中唯一需要完成的任務，但這樣的定義過於狹隘，因為「真實意志」是真實自我的精華所在，其中包含實踐、思考、感知、行為，以及涉及某人生的生活方式、每分每秒，還有生命的完整弧度。顯然真實意志不僅是生涯的一種選擇，抑或人中唯一需要完成的任務。然而，真實意志時常與人生中所做的事，如職涯、喜歡的興趣、熱情與偏好等產生很多重疊。此外，我們不僅建立出單純的自我人格（或指卡巴拉哲學的心靈、直覺、心智）。有時野心者發現他們的真實意志——理想上促進自我——在自我概念本身來看未必舒適、和諧，通常在探索真實意志的道路上，會使某人的生活方式、優先順序、職涯、關係和其他許多事做出痛苦的抉擇，不過這樣痛苦的過程正是因為它在考驗某人跨出舒適圈。在這些案例中，主要目的是使我們在每天的生活裡，藉由靈魂更深沉的需求與神聖守護天使的指令來調和自我選擇。

真實意志應該在任何時刻、地方，平等地解釋每個人的選擇，就如同解釋某人整體的人生道路。當思考某人的真實意志時，應該試著回顧每天狀況、生涯以及生活；它解釋了某人影響宇宙的方式、做出的決定與習慣前往的方向，無關他／她是紐約的證券經理人、馬來西

亞的漁夫或任何其他人。換句話說，主要的自我真理會以特定的方式展現，無論個體發現自己在世俗的狀況如何。

此過程極為個人，沒有第二個人會在峰谷間體驗相同的道路。野心者必須將自己視為自身天使的先知——作為自身信仰的祭司與女祭司，這樣的說法並非誇大其辭；其信仰的目的是深化、強化以及勾勒出日益增強神祕、魔法過程的清晰脈絡，以有效喚起神聖守護天使。此信仰發展對於野心者早期階段的旅程至關重要。我們的身心是天使駐留的容器，容器的目的是要活出真實意志，這是我們每個人生活中代表天使的聲音。

如前提及，真實意志的理解對於與神聖守護天使的認識與交流會有大幅的進展。由於在銀星會小達人階段——對應到生命之樹裡的「王國」——密集、專注的儀式（如傳統的亞伯拉梅林方式）通常會使目標達到巔峰。此外，也能讓我們首次理解、意識到「精魂」（指天使自身的心靈直覺與聲音）的神聖領域。

如上所述，真實意志概念的心靈與神祕導入不言而喻，不過它所帶來魔法實踐的意涵值得深入考量。更重要的是，克勞利相信，當一位魔法師完整意識真實意志時，能在追求魔法目標以及何時、如何執行時，做出更有效的選擇。獨立魔法師的真實意志，是與宇宙意志及自然法則保持一致定義，因此，魔法師的選擇會從宇宙運行中獲得幫助，就像一艘順流而非逆流的船隻。事實上，克勞利將魔法的基本定義為：「按照意志使其發生改變的一種科學與藝術」[7]，等同將儀式魔法的傳統形式運用於世俗以及每天的實踐裡。

真實意志的教義也含有重要的人際與社會暗示。在文章〈義務〉（Duty）中，克勞利提到：

> 排除其他抑制干擾……企圖支配或影響他人，就如同企圖扭曲或毀滅他／她，其必須是自身宇宙的一部分，也就是他／她自己……犯罪的要素是限制個體憤怒的自由……犯罪變成泰勒瑪法則直接的心靈暴力，這在社群裡是不被允許的。那些擁有直覺的人應該被隔離在一個定所，以建立他們自身狀態去學習推行、維持正義原則的必要……因此，終極目標是在真實的科學原則上重建良知，如同行為的指導者、人們的監控者以及統治者的監督角色。[8]

---

7. Crowley, *Magick: Book 4: Parts I — IV*, 126。
8. Crowley, " Duty, " 收錄在 *The Revival Magick and Other Essays（Oriflamme 2）*。

## ◆ 銀星會的方式與手段之概論[9] ◆

根據銀星會體系的整體方式與訓練方法，其出版資料並不匱乏，通常都經過精心設計，因為克勞利試圖將此方式與資訊廣泛地擴散，即時、大量複製。關於這個體系為何，有很多隨手可得的材料，不過對於此體系為何、如何運作的資訊，目前很難找到具說服力且實際的討論。在這個部分，我們將會探討為何銀星會的方式與工具安排的理由、為何他們橫跨銀星會的階級以特定的模式展開，以及如何引導野心者朝著與神聖守護天使達成對話與智慧的道路，以達到更高的境界。

當然有一個特定的科學方式，但通常會根據階級分析討論，像是每一階對應到四元素或卡巴拉對應的任務方式與性質。我們也會考量到這個角度，但也可能超出原有的方式，並轉換發生在這期間訓練類型的焦點。在此探討的，並非直接著重在克勞利的著作，而是試圖藉由現在作者的努力，傳達作為實踐方法學的體系之精華。

在輝耀「美」以下的銀星會體系分成五種訓練途徑──基本上，五種不同類型的工具會一同使用，使野心者獲得認識與交流。五種訓練途徑同時展開橫跨第一階級（臨時入會者〔Probationer〕到中繼〔境界之主，Dominus Liminis〕）。我們會大致說明五種途徑及其循環，並逐一說明更多細節。雖然顯然不太可能在這裡討論所有的任務[10]，不過，會強調主要的實踐，舉例五種訓練途徑，以及展示野心者在未開展的道路上如何互相補足。

途徑一：魔法技術與技巧的發展

途徑二：心智訓練──專注、放空、成就與持續反覆練習

途徑三：脈輪的同步與激發以及昆達里尼的提升

途徑四：靈修實踐

途徑五：平衡魔法心理的體質

在開始詳細探討前，應該強調所有在「美」（Tiphereth）底下的銀星會體系──所有在進入次小達人階級的層級──應該專注在與神聖守護天使認識與交流的完成。由於系統裡交織

---

9. 改編至大衛·修梅克《生活的泰勒瑪》（Living Thelema）「銀星會的方法與工具」（The Methods and Tools of A∴A∴）之章節。

10. 關於銀星會任務之各階級討論見詹姆斯·埃謝爾曼（James Eshelmen）的 *The Mystical and Magical System of A∴A∴*。

著各種任務設計的性質與傳統，因此容易失焦；再者，每位野心者都有自己的偏見和傾向，這會使其魔法變得目光短淺。任何案例中，體系的整體重點並非囫圇吞棗地累積與魔法技巧無關的能力，而是應該使自身變得更完整。野心者必須取得神聖守護天使的認識與交流，以及確切發掘真實意志，然後務必帶著力量與堅定的心前進。

## 途徑一

途徑一是魔法能力與技巧的發展，此途徑從銀星會最早期的階段就開始積極運作，像臨時入會者一樣早期。

### 臨時入會者

臨時入會者可能會試驗各種魔法技巧，但在通往初學者階段前（假設臨時入會者那年學習得很成功），會將重心放在傳統魔法工具，有點像在學習字母般，僅需單純精通基礎，讓基礎成為未來的基石。在此專注於五芒星與六芒星的儀式形式（如低階、中階、高階等），以及發展元素、行星和黃道對應的召喚與驅逐儀式的能力。

## 卡爾‧格默

雖說卡爾‧格默（Karl Germer）是克勞利最負盛名的繼任者，但其真正的遺物是他在世時所看過後出版的泰勒瑪文學文集。他被視為聖殿會大師（Master of the Temple），並由克勞利選為銀星會與東方聖殿騎士會的繼任領導者，格默在其一生事業中，藉由保留、印製克勞利的著作以推廣泰勒瑪法則。

一九二五年，格默與克勞利透過漢斯‧特蘭克（Hans Traenker）於德國相識；格默視克勞利為明星，並成為他的學生和同事。一九二九年，他與克勞利成立「泰勒瑪出版公司」（Thelema Publishing Company），並開創出版計畫，使他持續進行直到生命結束。最後他成為克勞利的左右手，並以克勞利東方聖殿大祕書長的身分為其處理相關事務，同時也作為克勞利在美國的代表。

在兩人相遇後，維護克勞利幸福是格默最優先的事，甚至格默在選擇妻子時也受到其是否忠心於克勞利而有所影響，以個人財富與能力支持克勞利，並在求婚前視克勞利的活動為主要考量。英國戰後，克勞利的健康每況愈下，格默還是確保他能持續從美國獲得奢侈品與基本的物資。這些開銷對洛杉磯阿加佩會所（Agape Lodge）的會員來說是很大的負擔，會員會費及捐款主要都作為支撐出版與克勞利生活補給的費用。

作為克勞利美國代表的副手與後繼者，格默發現自己時常與阿加佩分會當地領導者發生齟齬，當他們的優先順序與格默出現分歧時，他感到相當失望。就像當他看到南加州團體最大社交地，只做了少許重要事務來提升泰勒瑪法則時一樣。他心裡的神祕主義感受到，銀星會是比東方聖殿更好的泰勒瑪潮流管道，且若沒有紙本文本的基礎支撐，他們也很難生存。克勞利過世後，格默貢獻他的時間、經歷和東方聖殿會的基金，印製克勞利尚未出版的作品，像是著作《無淚魔法》、《托特之書》（The Book of Thoth）、《智慧或愚蠢之書》（Liber Aleph），如果少了格默，現在可能就無法看到。

阿加佩分會在一九四九年關閉，東方聖殿無法在格默的人生產生影響，於是他將注意力放在銀星會的學生上，以及為他的出版計畫尋找資金。直到一九六二年逝世後，並沒有繼任者或任何繼續他計畫的事宜。東方聖殿騎士會最後自行運作，不過銀星會系統則由剩下的學生分裂成各認領者團體所領導。即便在指派適任後繼者上的失敗對格默的遺世留下陰影，但是他在克勞利作品保留上的勤奮，使得這些組織能持續運作，以及直到今日泰勒瑪法則能讓世人知曉。——安德魯・法雷爾

----

**安德魯・法雷爾**（Andrew Ferrell）效力於銀星聖殿（the Temple of the Silver Star, TOTSS），擔任該會的主事與執行官。作為銀星聖殿的圖書館館員與檔案員，法雷爾致力於保管與分享克勞利、格默、珍妮・沃爾夫（Jane Wolfe）以及菲利絲・塞克勒（Phyllis Seckler）的文學遺產。他是東方聖殿騎士會的啟蒙者、銀星會的野心者以及神祕主義終身學生。在其他時間，他是名 IT 專業人士，樂於與他的「祕密首領」——三隻小狗對話和玩樂。

### 初學者

初學者實質上需要形塑自己的「星光體」（astral atlas），另外也會以以諾系統（雖然在到達演練級階段時並不會特別指定），以及其他各種所羅門和巫術技巧來做實驗。

基本上，在這裡特別設計的許多傳統教學，是在舊黃金黎明第二教會一開始就會傳授給初學者，並僅作為初學臨時入會者的準備。這些技巧在系統非常早期時就會訓練，但為什麼呢？為什麼正確表現五芒星、六芒星儀式或其他任何技巧的能力可能不會立刻顯現呢？這是因為需要通往認識與交流的相關道路。但請思考一下，如果某人無法設計出有效喚起基本的自然層面，像是特定的元素或行星影響，以及讓自己成為適當的管道接收特別力量的祈求和利用，那要如何設計出最重要的神聖守護天使祈禱儀式？熟練基礎有其必要性。學習任何特定的儀式形式，如六角星儀式，雖然這些儀式本身並非那麼重要，不過這是作為發展出喚起、安全控制及直接控制魔法力量的一種能力，且相當寶貴。

初學者也會訓練、試驗光之體（Body of Light）的控制，以及占卜和靈魂投射的相關技巧。過程中，會由其指導者測試，確保初學者的光之體已經發展充足的才能，有能力探索星光界（astral realms）。這個技巧很重要，因為說出符號語言，也就是星體世界的自然語言與潛意識的語言的能力，與野心者有意識地從神聖守護天使獲得各種溝通的成長能力有直接關聯。起初，在野心者的道路上，一些動機可能或多或少來自潛意識——藉由談論各種夢想和靈感靈光乍現時——一個人可以愈有意識地敘述或理解這個語言，就愈能有意識地與天使溝通。

### 演練級

演練級（Practicus）的任務將前往到占卜。為什麼需要學習占卜呢？請記住占卜是從一系列的符號中，有意識地去取得精微印象（subtle impressions）的另一種方式；如果一個人無法靜下心面對一系列像塔羅或易經的通用符號，以及從中取得一些可理解、能利用的東西，那又如何能調整來自神聖守護天使的精微印象呢？如果無法執行像是基本的塔羅解讀，又要如何藉由一定程度的敏感度取得來自神聖守護天使的訊息，以建立所謂正確的心靈「感應器」呢？

### 愛智級

愛智級（Philosophus）的任務是精通招魂與處理護符。這些實踐要如何領導野心者朝「認識與交流」的方向呢？思考召喚的基本性質：一種將魔法力量外顯的能力，特別是在魔法師對於魔法特定形式與類型能量的選擇。舉例來說，將特定靈魂召喚到三角形裡，需要用上特定能量來源的能力，以及有效利用正確的魔法「肌肉感應力」將此帶入實踐。無論某人看到如

此舉止視為單純的心理狀態，或是作為與一個真實的外在個體互動，仍然需要將「某物」具體化，藉由如此行為，野心者才能強化其技巧，在時機來臨時與神聖守護天使進行具說服力、充滿活力且有效的互動。我們並非指「認識與交流」的性質就等同於與一個靈魂對話，然而藉由完美招魂所增強的技巧，最終能直接完成認識與交流的任務。

同樣地，創造、供奉強大的護符是「認識與交流」很重要的準備。什麼是護身符的性質？它是一種充滿著由魔法師挑選的特殊魔法力量的實物。而如果野心者沒有神聖守護天使力量的護身符呢？如果某人無法讓護符充滿像水星這樣簡單的特定能量，那麼又如何使這個「完整個體」成為有意識影響神聖守護天使的護身符呢？

## 途徑二

途徑二是心智訓練，使某人專注、淨空、成就和保持開放態度。在此，我們有另一套任務，這套任務很有可能更接近臨時入會者的階段。當某人選擇像是臨時入會者的實踐時，擁有體位法（asana，姿勢）和凝念（dharana，專注練習）的體驗就相對重要。透過勝王瑜伽（Raja Yoga）的練習，野心者開始發展靜心與專注的技巧，以及訓練內心對精微層面保持開放的態度。此外，使用反思冥想與閱讀聖書能增強野心者的能力，獲得各種重要體位法的深層意涵。為什麼會如此重要呢？這也許有點不言而喻——假設某人的內心無法平靜，無法使每天忙亂的想法安定，讓內心在文本前或紅色三角形裡冥想這樣簡單的微妙感受保持開放態度，那麼又如何能獲得足夠的平靜，以達到「認識與交流」的終極冥想呢？

在第一階層會持續勝王瑜伽的練習，並在「中繼」達到巔峰。舉例來說，《Liber Turris》[11]在演練級和愛智級階段設計用來增強能量以破壞源自腦中的想法；《Liber Yod》[12]則是中繼者作為將內心整體帶往強烈專注於單一重點的訓練。在這裡讓野心者達到最終手段「美」的所有練習，這是為了與到達「中繼」目標達成一致，以調和目前為止在協會所做的練習，以及達成神聖守護天使「認識與交流」一境性的目的。

最後，我們會練習《Liber Jugorum》[13]，以發展野心者對於想法、文字與行為的控制。為什麼演練級試著控制語言、愛智級控制行為、中繼者控制思想——如果某人無法控指每天生活的語言，又要如何組成、傳遞神聖守護天使最完美的祈禱；如果無法控制行為，要如何創造

---

11.Crowley, *Magick: Book 4: Parts I — IV*。

12. Crowley, *Magick: Book 4: Parts I — IV*。

13. Crowley, *Magick: Book 4: Parts I — IV*。

完美儀式召喚神聖守護天使；如果無法控制思考，要如何在最高專注的瞬間，將集中力放在神聖守護天使。這些控制練習會強化許多需要成功達成「偉大工程」的魔法肌肉感應力。

## 途徑三

途徑三包括脈輪（cakras）的同步與激發，以及提升昆達里尼——源自每個人體內神聖、不可或缺且能再生的能量。透過各種練習，生命力會特別強化、適應，將目標鎖定在身體與心智，以及魔法師在精微的能量中心所執行的任務。

許多臨時入會者開始做體位法，此練習是進入進階昆達里尼的開端。先前尚未需要體位法的測試，直到達到狂熱級（Zelator）——在此需要屏氣凝神地坐在導師面前一小時，直到通過測驗為止。當某人的體位法有足夠能力時，就適合開始做調息（pranayam，呼吸控制），這也可能在臨時入會者階段就開始，但要到狂熱級階級才有正式測驗。有一件重要的事需注意，就是調息測驗的成效（通常是指「良好出汗」和「自主性僵化」），事實上是昆達里尼活動早期的象徵。這些只是初階階段，不過到了狂熱級階級已經開始啟動昆達里尼的流動，並顯現具體結果。練習中，早期的成果會有助於覺察身心機制中狂喜能量的成長，以及有意識地將此能量直導欲望目標。

這些過程會透過《HHH》[14]的「Section SSS」（設計給銀星會演練級的練習）不斷增強。這美麗、強大的泰勒瑪式密教指導練習，包括在脊椎和大腦裡根底間能量的意識流動。野心者構想努特（Nuit）、哈迪特（Hadit，泰勒瑪萬神殿裡神聖的男神與女神原型）兩個不同的極端，以及在其間建立一些求偶儀式，通常會經過多天或更長時間大量的延伸練習，讓兩個端點最後在狂喜中結合，讓任務達到高峰。就訓練而言，此練習的實用性為何？除了有大量的神祕效益外，任何練習都能使野心者成為魔法力量有意識的管道，以及學習直接控制一個特定方式，作為發展重要魔法技巧的手段。

隨著其他訓練途徑，提升昆達里尼的過程在銀星會體系中非常重要。事實上，昆達里尼如同燃料，讓此燃料成為我們著手進行系統轉化過程的能量。所有有意志的轉化過程，憑藉能量在特定方式的提升和適應獲得更多的力量。此外非常重要的是，在發生靈魂狂喜狀態時，與昆達里尼相關的練習會帶來其自身的轉化、療癒與進化，這樣的性質會強化從人到「超人」（more-than-human）的轉變。像這樣神聖化喜悅的經驗，對於朝向「認識與交流」的道路至關重要，且此說法怎樣誇大也不為過。當野心者完成銀星會體系幾個初階階段，這個狂喜

---

14. Crowley, *Magick: Book 4: Parts I – IV*。

的神聖性質意識應該會變得敏銳、生動；神的這個想法，也就是神聖守護天使的想法可以想像成是「最性感」的事。同樣地，性本身被認為與神聖密不可分——事實上，當我們謹慎練習時，這就是真誠的努特信仰。

## 途徑四

途徑四由祈禱練習——銀星會體系的「奉愛瑜伽」（Bhakti Yoga）所組成，此任務是特別為愛智者階級所設計，對應到「勝利」輝耀、抱負、忠誠、火與熱情，前往與天使結合的道路對野心者來說並不陌生。在過程中，野心者不太可能在沒有憑藉著密集的奉獻與抱負進階到愛智級階段。所有的真相與美使野心者狂喜，持續揭開奧祕；那女妖之聲召喚他們往前，這些聲音是來自神聖守護天使活躍在他們生活與意識中單一或多個面向。

如前所述，奉獻與抱負的肌肉感應力大部分會在愛智級階級培養出來，以對應到「勝利」。在這個階段的道路，當某人幾乎準備好開始正式的「認識與交流」任務時，必定完全點燃抱負之火。正式設計給愛智級的關鍵虔誠教學是《Liber Astarte vel Berylli》[15]，在這個出色的建構體系裡，某人能選擇神靈以創造出自己的信仰系統，從這本教學中能清楚知道，在此的重點是在信仰的藝術中獲得實踐，也就是練習與強化祈禱的力量，那麼在不遠的將來，當某人採取認識與交流的任務時，可引領這個新的強大能力接近自己的神聖守護天使。這樣的方式意義重大，因為愛智級階級不太可能擁有完整的意識與神聖守護天使接觸，因此需要其他神祇、符號以及想像一個「替代者」來完成。在野心者接近中繼者與小達人階級的高潮經驗時，這些需求往往會快速消失；神聖守護天使會不斷指引出他們真實信仰的精華所在，並作為他們神聖守護天使的「先知」占據一個正確的位置。

## 途徑五

途徑五是魔法心理組成的平衡。為了天使之光的停駐，野心者必須準備好將自己當作是一個聖杯或管道。如果其發展失衡，聖杯就會傾倒；如果無法使自己成為一個連續、堅固的管道，聖杯就會流瀉。他們必須將自己塑造成一個完美的形體，藉由這樣的設計以喚起渴望的力量——神聖守護天使之光。

其中構想出獲得這完美形體過程的方法，是透過銀星會第一團的基礎階級，將訊息內化。在每一階級，野心者會建立一個象徵性武器，將發生在階級中的內在改變象徵化與具體

---

15. Crowley, *Magick: Book 4: Parts I－IV*。

化。當然，這些基礎的武器會對應到四元素：風、火、水、土，不過也可以將此理解為卡爾・榮格的四大心理功能：思考（thinking）、直覺（intuition）、感覺（feeling）、情感（sensation）——錢幣（圓盤）表土、王國和情感之武器；寶劍表風、根基和直覺（通常心靈直覺最初會透過歸屬於「根基」的潛意識具體化）之武器；聖杯是水、宏偉與思考之武器；魔杖是火、勝利、感覺、抱負和欲望之武器。此外，在中繼者階級，神燈是作為象徵超越四種元素之靈魂符號。所有四元素、四大心理功能、四種武器皆代表魔法心理組成的平衡發展。藉由逐步、均衡的方式通過這些階級，某人確實能塑造成神聖守護天使之光的聖杯，換句話說，神並不會駐留在準備不完全的空間。

# 珍妮・沃爾夫

珍妮・沃爾夫（1875-1958）是名美國無聲電影的女演員、魔術師與泰勒瑪主義者。大多時候，她被視為一位熟練、優雅且堅持不懈的管理員。她幫助建立了加州帕薩迪納東方聖殿騎士會的阿加佩分會，有段時間她還是分會大師；說她是克勞利過世後，協助東方聖殿度過難關的人也不為過。她同時也是名技巧熟練的魔法師。

沃爾夫早年專注在實踐，學習速記，在紐約從事此領域工作近十年。不過在一次神經炎的攻擊下，她結束了這個追求，並第一次往電影圈發展，以新人之姿在這個產業嶄露頭角。她和卡勒姆電影公司（Kalem Studios）轉移到洛杉磯，成為主要的演員。她最知名的電影作品為一九一七年作為配角的《大陽溪農場的麗貝卡》（Rebecca of Sunnybrook Farm）——瑪麗・畢克馥（Mary Pickford）的電影。

在加州的第一年她發現了降神術。一九一三年的秋天，她得到弗朗茲・哈特曼（Franz Hartmann）的《黑白魔法》（Magic, White and Black）一書，本書的副標「短暫與永恆生活的科學——給神祕主義學生的實用訣竅」（The Science of Finite and Infinite Life, Containing Practical Hints for Students of Occultism）可說是大大

影響她往後的人生，在某種程度上與個人紀律密不可分，特別是在內心的控制至靈修成就。

這本書引起她對西方奧祕主義的興趣，她的傳記作家菲利絲·塞克勒在一九一七年八月記載了沃爾夫使用靈應牌（Ouija board）與一些靈魂接觸。一九一八年，在短篇小說作家 L. V. 傑佛遜（L.V. Jefferson）的協助下，她開始嘗試「自動書寫」（automatic writing，表一種心靈能力，指人在無意識狀態下可以自動寫出某些書面內容）。根據她的自傳敘述，她聯想到了靈魂名字「Fee Wah」——它定期出現在她的人生裡。

一九一八年，她開始與克勞利通信往來，兩年後，宣布好萊塢的事業將加入克勞利於切法盧的泰勒瑪修道院。此修道院是間魔法的靜修院與學校，其以泰勒瑪原則為原型，用來執行銀星會的訓練。她從一九二〇年開始居住直到一九二三年閉院。

沃爾夫的日記紀錄被大量保存，以至於能讓我們知道她在切法盧是如何進步。學生實行銀星會初階的每日魔法發展學習，日常任務包括五芒星與六芒星儀式以及泰勒瑪式太陽崇拜（Thelemic solar adorations）。她對調息、體位法及凝念也相當熟稔。這些魔法實踐由克勞利直接教導，並仔細記錄在她的日記裡。精進的練習讓沃爾夫在一九二一年通過考驗成為臨時入會者。

沃爾夫早期受到神祕主義傾向影響最深，在自我控制下，透過學習及管理身心靈為她帶來成就。她對星體運行似乎很輕鬆，同時她能有技巧地運用身體提升、賦予靈魂狀態。從其過往歷史清楚可見，她所發展的紀律，以及使用在切法盧習得的實踐，大幅提升她達到、控制魔法狀態的能力。

——哈波·費斯特

**哈波·費斯特**（Harper Feist）為東方聖殿騎士會，以及位於明尼亞波利斯（Minneapolis）的「跨越微笑綠洲」（Leaping Laughter Oasis）「當地機構禮拜堂」（Local Body Master）的會員，同時也是銀星會的成員。

除了與心靈追求有關之外，費斯特擁有物理化學的博士學位，也是位武術師，現在在練習日本傳統劍術「居合道」。她的歷史興趣主要圍繞在中世紀文藝復興魔法與科學的交集，但是她同時也著迷於十九世紀、二十世紀魔法奶奶的個人歷史。

## 儀式建構的技巧

從西方魔法傳統冗長（通常是腐敗、殘缺或誤譯）的資料來源裡汲取教義與實踐，是克勞利相當擅長的事。他在現代魔法實踐裡其中一個偉大天賦，就是對有效儀式元素的分析。在《魔法理論與實修》[16]不同章節裡有言簡意賅的概要，包含驅逐、淨化、祝聖、一般召喚儀式、誓言／宣誓、特定祈禱、魔法力量的分化、任務完成以及離開之許（the License to Depart）。在先前方式裡這些基本元素並沒有太大轉變，不過克勞利在其人生任務中展現優秀的獨創力，比起過往傳統枯燥、麻煩的工具，他採用狂喜、性交、精神物質、戲劇動作，以及精密、熟練的詩歌祈禱。

「驅逐」是一種傳統術語，使用在身心靈與魔法師正在執行的心靈空間的淨化。基本上，克勞利會採用像五芒星或六芒星驅逐儀式，以分別淨化大宇宙／宏觀與小宇宙／微觀。

「淨化」指魔法師與其空間進一步的淨化，基本會用象徵清洗的水元素。目的是移除任何會玷汙魔法師身心純潔之不需要或多餘的能量；「聖化」通常會視為火元素的一種儀式，透過焚香執行，並藉由連結與奉獻的儀式神聖目標提升淨化後的魔法師和其空間。

一般召喚如文字所示，是一種神聖力量的提升。任何召喚會使魔法師達到作為候選人的使用，不過通常例子是來自西方赫密士和泰勒瑪傳統，包含魔法初步召喚（Preliminary Invocation of the Goetia）、以諾系統第一次召喚（First Call of the Enochian system），以及克勞利《書卷十五：諾斯底彌撒》（Liber XV: The Gnostic Mass）祭師聖歌其中一部分：

汝是誰，皆於我之上，

汝無本性與名字，

當汝幾乎離開時，

汝是太陽的中心與祕密；

16. Part III of Crowly, *Magick: Book4: Parts I - IV*.

汝是隱藏在所有已知的春天。

未知，汝獨自在一旁，

是蘆葦裡真實的火焰，

孵育與生產，

提供生命、愛、自由與光明的資源與種子。

汝超越言語、超越洞見，

而吾，微弱且新鮮的火召喚汝，

吾意圖渴望點燃。

吾召喚汝駐留，

汝，太陽的中心與祕密，

最崇高神聖的神祕，

在我這個管道裡。

顯現最強大且最溫和，

如同在小孩身上也是合法的一樣。[17]

「誓言或宣誓」是魔法師在儀式和／或實際宣誓目的時，進行宣言的流程以便後續執行的儀式。透過此流程，能讓儀式目的（思想）的心智概念轉化為具體的口頭摘要（文字），接著藉由儀式本身的完成（行為）來達到目的。

「特定召喚」控制來自一般召喚所帶來的力量，強調儀式完成時所需的特殊能量。在五芒星（四元素）或六芒星（行星和黃道力量）各種召喚儀式案例中，特定祈禱也許會被儀式化。本質上也有可能被詩化，如用一組詩節引發特別的神靈、靈魂或其他形體，像是摘錄於克勞利「巴薩貝爾（Bartzabel）的召喚」——火之靈：

呼喚！呼喚！呼喚！呼喚！呼喚！

傳送汝無限的光輝和力量，我們懇求汝，汝恐將以至高崇敬的神（God Elohim Gibor）顯現在火之天堂。

噢！帶有金色光輝的羽翼！噢！正義的羽毛與雄偉堅毅的眉間！噢！

> 手持戰矛和盾牌的武士！噢，直到春天的處女的力量與輝煌！在大海之上的
> 風雨騎乘在鐵之戰車！射向月亮之箭！揮動四個魔法武器！是五芒星大師與
> 太陽的熾烈憤怒！[18]

　　一旦特殊、渴望的魔法力量出現，就必須透過不斷密集的星界層，從最高、無法言喻的靈魂領域裡，最終降落到現實世界中，因此，那股力量會用來作為使護身符、魔法武器、聖餐或其他魔法連結的神聖化以完成儀式。另外，也會透過自身詩化來完成，如前述摘錄般，我們可以看到透過至高崇敬的神的具體化，使神聖力量被分化到大天使領域，如闇天使哈瑪耶爾，以及天使般合唱的熾天使撒拉弗（Seraphim）。有關召喚會在隨後段落進一步詳細描述智慧的火星守護神「格菲爾」，接著是巴薩貝爾之靈。

　　一旦護身符或武器神聖化，或是完成聖餐，此儀式會被視為「離開之許」——被喚起的靈魂離開，回到適當的住所。

## 東方聖殿騎士會與性魔法的融合

　　在一九一二年左右，克勞利接觸到東方聖殿騎士會領導者希歐多爾・羅伊斯（Theodor Reuss）。當時東方聖殿會宣稱是「學術共濟會」（Academia Masonia）或是深奧儀式的知識庫與互助會傳統的實踐，也宣稱擁有「至高的祕密」，這應該是源自賢能者旅行到東方所習得的怛特羅密教性行為。根據克勞利的說法，羅伊斯接觸他是因為克勞利在不知情下出版這個至高祕密——《謊言之書》（The Book of Lies）[19]，他想要克勞利對所有細節保密，其向東方聖殿會承諾，最後他受到英國會所領導者的託付。

　　性魔法和神祕學的概要進入克勞利的魔法工具裡，簡直成了一場變革。性魔法儀式逐漸取代許多傳統西方魔法複雜的儀式技巧，而這些是克勞利在東方聖殿騎士會所習得的。克勞利對於性魔法技巧的成果，使得他在數十年來主導了他個人的魔法實踐，並記載於克勞利的日記《巴風特的魔法日記》（The Magical Diary of Baphomet 或 Rex de Arte Regia）及其他各處。在發展的同時，克勞利同步接受自己作為泰勒瑪先知（the Prophet of Thelema）和新紀元（the New Aeon）的角色。很顯然，廣義上新紀元的中心宇宙學和萬神殿承襲了怛特羅，完美地適應於性魔法實踐的框架——天空女神「努特」，以及代表無限可能的傳統化身——夏克提（Shakti）；

---

18. Crowley, *The Vision & the Voice: With Commentary and Other Papers*, 275。
19. Crowley, *The Book of Lies*。

她的配偶——哈迪特代表渴望的力量，與濕婆（Shiva）相差不遠。祂們「超拔結合」（ecstatic union）的結晶——拉－胡爾－庫特或荷魯斯，則可理解為新紀元靈魂覺醒意識角色的象徵，代表自由、有力量的、無忌憚的，以及宇宙意志的和諧。

# 傑克・帕森斯

約翰・懷特賽德・「傑克」・帕森斯（John Whiteside Jack Parsons, 1914–1952）為火箭科學領域的先驅，同時也是作家和神祕學家。他對早期的火箭引擎實驗，發展了固體火箭燃料，為噴射推進實驗室（Jet Propulsion Laboratory）的創立者之一。他對科學的貢獻，讓 NASA 將月球上某個火山口以他命名，以表彰其成就。由於他在東方聖殿騎士會與銀星會的參與，以及其魔法成果和他留下的太陽系小天體著作，使他在二十世紀初期泰勒瑪的歷史中，樹立了舉足輕重的地位。

一九四一年，帕森斯受到東方聖殿騎士會南加州阿加佩分會的啟蒙，之後進入銀星會體系，成為威爾弗雷德・塔爾博特・史密斯（Wilfred Talbot Smith）的學生。帕森斯進步很快，而且展現無比的個人魅力與領導能力。後來，在他想取代史密斯時，克勞利命他為阿加佩分會的大師。在他管理分會的任期間並非完全沒有爭議，那時他的儀式魔法指令甚至讓克勞利感到畏懼。

帕森斯其中一個記載的儀式，稱作「巴巴倫儀式」（Babalon Workings），由年輕、後成為山達基教（Scientology）創辦人的 L. 羅恩・賀伯特（Lafayette Ronald Hubbard）協助實行。這次實行之後，誕生了一本文本《四十九之書》（Liber 49）——此部分據稱是《律法之書》第四章的內容。巴巴倫儀式是試圖喚起女神巴巴倫進入物質界面（physical plane）的一種表現；帕森斯相信此儀式將第二任妻子瑪喬麗・卡麥隆（Marjorie Cameron）帶入他的生活，並將她視為巴巴倫的化身。其儀式對帕森斯來說是一個很關鍵的瞬間，這段期間他所接收到的觀點，大幅影響之後的成果與寫作。

他在一九四八年宣誓神殿法師的誓言後，帕森斯稱自己為「貝拉里翁・敵

基督」（Belarion Antichrist），並將自己放在視為敵對暴政基督教的位置；他撰寫了一份文本，名為《反基督》（The Book of the Antichrist），內容涵蓋名為反抗宗教與社會壓迫自由的宣言。

其中最為知名的著作是一份論文，標題為〈自由為雙刃刀〉（Freedom Is a Two-Edged Sword）。帕森斯對自由、性、性解放、政府控制、女性力量、巴巴倫以及其他由泰勒瑪理念「行汝意志」所衍生的觀點，進行具說服力的闡述。帕森斯象徵性地敘述自由為雙面刃的刀具———一面為自由運動，另一面則是確保他人自由的獨立自由之責任。

帕森斯的神祕活動引發 FBI 的關注，有一次他還暫時被撤銷參與機密活動的資格，避免其參與政府合同的事務。他在一九四五年離開東方聖殿會，持續參與神祕學的活動與危險的化學實驗，直到一九五二年車庫內的一場意外爆炸奪走他的生命，享年三十七歲。

姑且不論帕森斯人生中引發爭論的部分，我們可將他視為泰勒瑪哲學自由的擁護者。他對科學的貢獻，使人們能脫離對重力的限制，其神祕的人生則致力於從物質世界的面紗理解放人們的靈魂———可從其幾本作品中拼湊出形塑他的樣貌。他源源不絕的創作來自熱情，以及持續不斷、明確地闡述個人自由獲得的主題。帕森斯早年為傳承泰勒瑪而生，此後世人得以由他的視角，看到從壓抑束縛中解放的進步社會樣貌會是如何。———雷克斯‧帕森斯

----

雷克斯‧帕森斯（Rex Parsons）自二〇一〇年，以在努特身體裡的一顆星星追求其真實意志。他是東方聖殿會的啟蒙成員、東方聖殿會四一八分會的前幹事，並以分會主席的身分於銀色勛章分會服務。二〇一六年，他被授予為諾斯底教會的祭司，定期主持《書卷十五：諾斯底彌撒》的慶祝儀式，以及擔任其他功能的神職人員。他是《巴巴倫的女兒》（Daughters of Babalon）第一版兩卷的撰寫者，可以在「魯魯」（Lulu.com，美國在線印刷，可自行出版和發行的平台）看到。目前定居在加州薩克拉門托（Sacramento）的山谷。

在克勞利的出版品如《書卷：努》（Liber Nu）[20]、《書卷：哈德》（Liber Had）[21]和《書卷：H.H.H.》（Liber H.H.H.）中，他寫道：這些力量在密契應用裡是有力、美麗的指導。在其著作中使用的性魔法，大部分保存在東方聖殿騎士會最高層級的私人文本裡。然而，一些關於性能量魔法應用的提示則可在著作如《甘露》（Amrita）[22]、《魔法的理論與實修》及各處發現。基本概念為「生殖力」——一種作為自然存在於所有人類裡的生殖功能，此可被服務於魔法師意志的特定魔法目標控制與領導。然而，在安全、有效地完成前，魔法師必須歷經嚴格的訓練——性力量的淨化，驅除任何以社會為基礎所累積的羞恥感與消極感，隨著傳給神聖目標力量的祝聖，所有力量會被激發，以支持魔法師在瑜伽士專注技巧的訓練。

克勞利除了對東方聖殿會性魔法祕密有極大興趣外，他也將會所作為在全世界廣泛傳播泰勒瑪法則的主要管道，將此作為他自身文學遺蹟的管理人。他重建會所，將此當作理想社會的典範，讓追隨者在不受限制實踐真實意志的同時，使會所的自我體系、創意和統治功能更為完善。在《書卷194：帶有參考告示的會所構成》（Liber 194: An Intimation with Reference to the Constitution of the Order），克勞利（他以東方聖殿會領導者的銘言之名弗雷特・巴風特〔Frater Baphomet〕撰寫）提到：

> 藉由（會所）平衡之學，你自身對於如何掌握人生會有所理解。至於，在真實事物裡，所有的一切皆是一個接著一個的想像；人類是宇宙的地圖，社會則是一個更大的衡量器……（會所）將民主結合君主制，其中包含貴族政治，並掩蓋了革命的種子，因此，個人的進步會因而受到影響。[23]

雖然東方聖殿會在克勞利人生的地位微乎其微，但會所至今在世界各地擁有上千名會員。依據克勞利的願望，東方聖殿會發揮作為其文學財產看管人的作用，維持克勞利印象深刻的個人作品、魔法實踐和其他物品。

---

20. Crowley, *Gems from the Equinox*。
21. Crowley, *Gems from the Equinox*。
22. Crowley, *Amrita: Essays in Magical Rejuvenation*。
23. In Crowley et al., *The Equinox*, vol III, no. 10, 173 － 178。

## 重要儀式和實踐

　　作為一位多產的作家，克勞利的作品包含眾多的書籍、論文、詩集、戲劇，甚至還有書評——他的創意和一些革命性的儀式對於魔法從業者而言，是作品中的核心。雖然檢視這些書籍的所有細節已遠遠超過這本書的範圍，但也許能在接下來的摘要中發現一些重要的儀式著作。

## 五芒星和六芒星儀式

　　克勞利採用基礎儀式的傳統形式，這些是他在東方聖殿會任期間所學習到的。雖然他將許多東方聖殿會啟蒙儀式於期刊《分點》（The Equinox）[24]公開受到一些爭議，不過後來他以星光紅寶石（Star Ruby，五芒星）和星光藍寶石（Star Sapphire，六角星）的形式重新修正這些儀式，並於《謊言之書》中公開。這些修改過的版本並非像傳統儀式精準提供相同的目的，不過它們將克勞利早期的新泰勒瑪宇宙觀和哲學觀成果整合到基本的儀式實踐。同時，即便有一些評論者的論點與克勞利不同，但他直到生命結束前還是持續教導這些儀式的傳統形式。

## 太陽之書[25]

　　受到迅速傳播的伊斯蘭教習俗多種禱告會的啟發，克勞利發展了太陽崇拜，內容含括在《太陽之書》（Liber Resh vel Helios）中，他將此設計作為學生的一般基本練習。目標是透過泰勒瑪式古埃及神祇拉（Ra）、阿哈托（Ahathoor）、亞圖姆（Tum）和凱佩拉（Khephra）的符號認同，使魔法師的意識分別與太陽的位置——黎明、日中、黃昏和深夜維持一致。

## 鳳凰彌撒[26]

　　第一次出版在《謊言之書》，而《鳳凰彌撒》（the Mass of the Phoenix）是另一種推薦每天執行的儀式練習，就像《太陽之書》中提到魔法師在黃昏、太陽日落證明自己。這是一種聖餐禮儀式，會在食用「光輝蛋糕」（Cake of Light，基本上是指一種帶有亞伯拉梅林肉桂油味道的小餅乾）達到高潮，另會沾一些魔法師自己的血。

---

24. Crowley, *The Equinox*，原連載於 1909–1919。
25. Crowley, *Magick: Book 4: Parts I － IV*。
26. Crowley, *Magick: Book 4: Parts I － IV*。

# Liber V vel Reguli[27]

本書被克勞利形容為「獸的印記儀式」（Ritual of the Mark of the Beast）：可適當喚起「荷魯斯新紀元能量」（the Energies of the Aeon of Horus）[28]的咒語，適用於任何階級的魔法師每天使用」基本上，《Liber Reguli》是五星形儀式的特別應用，包含同步喚起四元素以及靈魂。如前所述，這是個明確召喚巨獸（Therion）、巴巴倫、努特和哈迪特，以及採用倒五芒星（例如：為了出現顛倒而旋轉）的泰勒瑪儀式。

## 書卷：Samekh[29]

一九二〇年代初期，克勞利住在西西里切法盧（Cefalù）的泰勒瑪修道院（Abbey of Thelema），他為了學生弗蘭克·班尼特（Frank Bennett）寫了《書卷：Samekh（希伯來文第十五字母）》（Liber: Samekh）。這本書的設計是用來作為長達數個月的儀式工作，以喚起班尼特的神聖守護天使，是本儀式建構和（特別是）儀式評論的傑作。在本書儀式文字的旁註，可以發現一些克勞利對於視覺化的精細描述，以及魔法師進行其他儀式實作時所使用的內在工程。

## 書卷：金字塔[30]

原是為自我啟蒙儀式所撰寫，《書卷：金字塔》（Liber Pyramidos）採用一種特別的金字塔型設計，作為黃金黎明會初學者啟蒙的精華（且無庸置疑，在克勞利心中會更進步）。此儀式配方有別以往且力量強大，可作為修道院開幕與閉幕的有效儀式。

## 書卷十五：諾斯底彌撒[31]

作為東方聖殿會和諾斯底教會主要的公開和私人儀式。諾斯底彌撒的加冕案例是克勞利儀式寫作中的靈感來源。此教受到祭司、女祭司及執事——可視為煉金術裡的硫磺（Sulphur）、鹽（Salt）和汞（Mercury），及印度哲學三德（three gunas）的代表——的相互影響。它合併了儀式主題，由俄羅斯正教（Russian Orthodox）、羅馬天主教（Roman Catholic Masses）以

27. Crowley, *Magick: Book 4: Parts I － IV*。
28. Crowley, *Magick: Book 4: Parts I － IV*, 561。
29. Crowley, *Magick: Book 4: Parts I － IV*。
30. Crowley et al., *Commentaries on the Holy Books and Other Papers*。
31. Crowley, *Magick: Book 4: Parts I － IV*。

及擷取埃及、希臘傳統的魔法配方所構成。從許多方面來看，此教在東方聖殿騎士會的教學主體中，作為一種技術祕密且隱晦的儀式制定，因此可以被有效學習。

女祭司坐在祭壇上，且是裸體的（從她的觀點來看）。無論是否著衣，可將女祭司視為努特的代表及其神聖的化身；祭司則是作為渴望到達神聖之處功能的象徵——我們每個人內心渴望與努特結合的哈迪特能量。結合後的結晶拉－胡爾－庫特作為聖餐禮的酒和光輝蛋糕，由祭司食用。聚集在一起的成員也會參與聖餐禮，作為他們曾頒布的彌撒密契的參與見證。

在彌撒期間，執事與群眾念誦信經——這其實相當值得研究，因為這是關於核心泰勒瑪假設宇宙律法簡明扼要的陳述，這對彌撒魔法來說至關重要。


## 信經

我相信唯一、不可言喻的「神」，以及那一顆在其他星星陪同下的星星，它的火是由我們所創造，我們會回到那個地方；在生命中的唯一的父親，神祕中的神祕，在他的名字「混亂」裡，在唯一的第二領導者地球之上的太陽，以及所有的唯一的風之滋養者的屏息。

我相信一個地球，是我們所有的母親，在一個子宮內，裡面所有人類孕育出來，在那裡得以休息，神祕中的神祕，在她的名字「巴巴倫」裡。

我相信蛇和獅子，神祕中的神祕，在他的名字「巴風特」裡。

我相信唯一的光、生命、愛與自由之諾斯底和基督教教堂，其法之名就是「泰勒瑪」。

我相信諸聖相通。

由於每日的食物與飲料會轉化成精神支撐，我相信彌撒的奇蹟。

我向智慧洗禮告解，**藉由此完成轉化的奇蹟。**

我向唯一的生命、個體以及整體告解，那是過去、現在以及未來。

AUMGN、AUMGN、AUMGN。[32]

---

32.Crowley, *Magick: Book 4: Parts I — IV*, 585。

作為東方聖殿騎士會和諾斯底教會重要的公開儀式，諾斯底彌撒定期在全世界各地出現，這是見識泰勒瑪儀式在泰勒瑪社群生活文化中最好的選擇。對於任何讀者，甚至是對克勞利魔法有點興趣的人，都強烈鼓勵參與諾斯底彌撒。

## 二十世紀與二十一世紀後克勞利魔法：混沌魔法與其他

作為愛德華時代（Edwardian）與近代早期的橋梁，克勞利是「我們」這個時代的魔法師。這使得他在一九六〇年代反文化中，被定位成一個很特別的角色，在後來數十年直到他逝世前，他成為密教復興的領導者。克勞利對於像是披頭四樂團（the Beatles）、齊柏林飛船（Led Zeppelin）的吉米·佩奇（Jimmy Page）、撒旦教會（the Church of Satan）的安東·拉維（Anton LaVey）以及實驗電影師肯尼思·安格爾（Kenneth Anger）等人帶來很大的影響。在二十世紀早期，克勞利與傑拉爾德·加德納的合作，為現代巫術（威卡教）傳統與更寬廣的新異教運動的出現奠定基礎。同樣地，克勞利的一些學生包括伊斯瑞·瑞格德、奧斯丁·奧斯曼·斯佩爾（Austin Osman Spare）和肯尼斯·格蘭特（Kenneth Grant），憑著自身努力都成為重要的思想家與作家。這些啟蒙者後來將克勞利魔法完整帶入二十世紀後期，他們的繼任者也持續了其工作至今。

### 菲利絲·塞克勒

菲利絲·塞克勒（Phyllis Seckler，也稱「Soror Meral」）是負責建立泰勒瑪與加州現代東方聖殿騎士會的領導成員。她是東方聖殿的第九階會員、銀星會的成熟魔法師，並創立泰勒瑪學院（College of Thelema）。她對泰勒瑪的貢獻是曾於許多組織與她的學生一同生活。

一九一七年，她以菲利絲·艾維利那·布萊德（Phyllis Evelina Pratt）之名出生於加拿大。後來搬到加州，以美術老師的身分維生，撫養她第一段婚姻的小孩成長。她有時候會上戲劇老師蕾吉那·卡爾（Regina Kahl）的表演課，之後被介紹給阿加佩分會的成員，有段期間甚至還住在分會（後來克勞利很高興表示，塞克勒的畫作對於阿加佩分會各種個體間產生互相影響的作用）。

一九四○年，塞克勒透過珍妮‧沃爾夫進入銀星會體系，一九五八年沃爾夫過世後，她接受東方聖殿騎士會與銀星會長卡爾‧格默的親自指導，那時格默認證她已經有資格取得神聖守護天使的認知與對話以及達到小達人的階級。這段期間，她將泰勒瑪的主要文字著作，如《靈視與靈聽》、《智慧或愚蠢之書》及其他重要文本打成複本，讓此不至於遺失。大部分的文本之後都有出版並廣泛流傳。此外，她與格雷迪‧麥克默特里（Grady McMurtry）——近代東方聖殿會早期歷史裡另一位關鍵角色——度過一段婚姻生活。他們一起在美國受到許多近代東方聖殿騎士會初代會員的啟蒙。一九七九年，塞克勒成為四一八分會的創立大師，這個地位使她得以站穩腳跟長達二十五年直到逝世。

綜觀她的人生，她孜孜不倦地建立與茁壯加州大部分重要的泰勒瑪相關組織，包括東方聖殿騎士會、泰勒瑪學院、泰勒瑪神殿（Temple of Thelema）、銀星聖殿會以及銀星會；她的著作包含日記《不斷持續中》（In the Continuum）裡的許多文章，含括克勞利一些不易取得的文本的關鍵內容，以及她自身對於泰勒瑪、魔法、塔羅、卡巴拉與其他主題的撰寫。（參考「延伸閱讀」）

塞克勒於二○○四年，在愛戴她的人的周圍安詳離世。至今，她的許多學生都成為當代泰勒瑪裡傑出、知名的作家與演說家。——蘿倫‧嘉德勒

........................................................................................

**蘿倫‧嘉德勒**（Lauren Gardner）博士在紐約教堂山（Chapel Hill）的一間私人診所擔任顧問、教育家與心理治療師。她的特殊背景包含在黃金黎明會出色的訓練，以及銀星會、勝王瑜伽與相關的體系和傳統。其博士論文為探討異教裡的心理治療經驗。

克勞利具實驗性且時常逾越的魔法方式，幫助了「混沌魔法」（chaos magick）運動的成形。其中像是彼得‧卡羅爾（Peter Carroll）和菲爾‧海因（Phil Hine）魔法師的成就，可以簡單追溯至克勞利語料庫裡打破規矩的美學理論。此外，像是簡尼西斯‧P- 普奧瑞傑（Genesis P-Orridge）、羅伯特‧安東‧威爾森（Robert Anton Wilson）和蒂莫西‧利里（Timothy Leary）等人物，汲取克勞利內心與文化改變的工具，將此轉化成他們自己的符號集與工作模式。P- 普奧瑞傑將其成果帶入音樂團體「跳動軟骨樂團」（Throbbing Gristle）和「心靈電視」（Psychic TV）

裡，甚至建立一個勉強稱得上是魔法組織的「青年靈魂聖殿」（Thee Temple ov Psychick Youth, TOPY）。威爾森在其著作，如小說和非虛構作品，詳細討論克勞利的哲學，成為了作為許多追尋克勞利系統的野心者一個啟蒙的資料來源；心理學家、LSD（指迷幻藥）代言人和反文化代表蒂莫西·利里就無須多介紹，其跨足的領域相當廣泛，不過私底下，他可是專注於克勞利著作裡拓展思維與自由意志的重度愛好者。最為所知的，就是他曾在電視節目中引用克勞利的名言：「行汝意志即為全法」。

處在佛洛伊德、榮格時代以及其他深層心理學領域提倡者的時代，克勞利是第一位傑出的現代魔法師。他在這波運動裡詳細地探索，比起其他稍縱即逝的理論更廣為流傳，無疑地他確實同步著手完成了其成就。他分享對於佛洛伊德性學重要性的欣賞，並借鏡榮格的比較宗教以及從心理學觀點探討的哲學，克勞利試圖將此轉化為類似的魔法實踐研究。一九一六年刊登於《浮華世界》（Vanity Fair）的論文〈精神分析學的進步〉（An Improvement on Psychoanalysis），是對克勞利而言深層心理學最完整的分析。需要注意的是，克勞利早在榮格對於煉金術和其他罕見傳統的重要著作出現前，就完成這篇論文。令人好奇的是，克勞利的這些想法究竟是因為他曾看過榮格成熟的作品，抑或榮格在克勞利逝世多年後才出版了傑出著作《紅書》（Red Book）[33]呢？

克勞利將東方冥想技巧整合至西方魔法系統裡的成就，預示了瑜伽、密宗以及東方所有事物全文化魅力的提升。他對於人類性解放的熱情支持，在一九六〇年代晚期的自由戀愛運動裡完整展現，還有對於性別多元和性別流動的意識與慶祝，在現代文化裡也屢見不鮮。雖然目前確實仍有一些工作尚待完成，如保障人類無止境的自由，其他對於迷信、偏狹、偏執及壓抑力量還有很大的進步空間，但是克勞利的魔法，正確來說是他整個人生的成就，是一位追尋者在其人生中探索內在解放的真實意志道路上一個強而有力的例子。

## 組織聯繫

在此章節不像許多傳統描述的，泰勒瑪在現實世界中作為生活、成長的社群，並在許多大大小小的組織，甚至一大群獨立練習者的工作裡具體體現。其中兩個是先前由克勞利所領導的組織——東方聖殿騎士會和銀星會，還有更多近期發展的訓練選擇，如銀星聖殿會（totss.org）。關於這些組織更多資訊可以在網路上搜尋，不過有少數關於銀星會額外的資訊受到著作權保護（圖2）。

---

33. 榮格《紅書》。

## 銀星會

自一九六二年格默（克勞利協會領導者的繼任者）的逝世，銀星會一直沒有受到世界認可的管理者。格默離世後，有許多議論崛起，每個議論都有自己的領導者和其歷史說法（有時很混亂）。現在作者和編輯者唯一體現銀星會的方法是，根據其歷史合法性、領導者的完整性做自行擔保認證；其行政單位三合會到會所精神根基的連結，其中或許可透過 onestarinsight.org 聯繫。這樣的做法並不是要詆毀其他銀星會認領者的成就──我們肯定知道，更重要的任務是完成這些組織創立者所遺留下來的成就。

圖2：銀星會的印記

如果你被賦予銀星會任務的使命，將可自己進行研究，並針對其中一條特定路徑對自身最好的部分做出結論。最後，你自身心靈的獲得將會是你所選擇的智慧中最好的導師。

## 格雷迪・麥克默特里

格雷迪・路易斯・麥克默特里（1918–1985）最知名的，就是他在格默之

薩圖恩努斯修士 X°（Frater Saturnus X°）之名逝世後，以許米乃・阿爾發 X°（Hymenaeus Alpha X°）頭銜復甦東方聖殿騎士會。

麥克默特里於一九四一年六月加入教會，並在同一天同時取得彌涅耳瓦（Minerval）與 I°階級。後受到二戰干預以及在一九四二年二月加入二戰議題，使得他遠離阿加佩分會，不過這反而讓他在十月時遇見克勞利。那年的十一月，克勞利將他以許米乃・阿爾發（777）之名提升至 IX°階級。在許多信件裡（1942-1947），克勞利宣稱麥克默特里為他的「哈里發」（Caliph）──精神領袖，並賦予他權力，負責加州教會的所有事務……這個授權僅在緊急狀況時能使用。

就像一九六二年格默在沒有指派繼任者的情況下離世，造成一個緊急狀況。當時，塞克勒開始聯絡教會成員，告知他們格默逝世的消息。當她聯絡上麥克默特里時，他們便以克勞利授與麥克默特里的權力為基礎，展開教會重建計畫。她幫助他搬回加州，開始與教會僅存的會員會面。不過僅有少數人對於教會復興或組織、活動運作感興趣，其他大部分多年來與格默失去連結的人都拒絕他們的邀請。

在麥克默特里的帶領下，教會合法維護克勞利的文學遺產版權，並重新出版與發揚，在一九七一年與教會合作給予這些作品法律上的資格。一九七七年十月，他在加州柏克萊創立泰勒碼會所（Thelema Lodge），將此作為總會所與其他分會的中心。他相當具領導魅力的能力鼓舞七〇年代的年輕人，會員數很快擴散，從原本不到十二名會員的情況下，逐漸茁壯至在美國各地擁有超過百所的分會。這些分會也開始形塑、實行許多委員制度，規定分會需為教會體現克勞利的規範。現在，教會會員數已達數千名，分會遍布世界各地二十五個國家與五間總會所。──瑪琳・柯尼流

瑪琳・柯尼流（Marlene Cornelius）為一名泰勒瑪主義者。令她感到開心的是，她從《律法之書》發現克勞利，成為三十四年東方聖殿騎士會的成員以及近三十年的銀星會野心者。她也透過九〇年代紅出版社（Red Flame）與現在的聯合創作（Conjoined Creation），出版克勞利和泰勒瑪難以取得的歷史書籍。

## ◆ 參考書目 ◆

Crowley, Aleister. *Amrita: Essays in Magical Rejuvenation*. Edited by Martin P. Starr. Kings Beach, CA: Thelema Publications, 1990.

———. *The Book of Lies*. York Beach, ME: Weiser, 1993.

———. "Duty." In *The Revival of Magick and Other Essays (Oriflamme 2)*. Tempe, AZ: New Falcon/ Ordo Templi Orientis, 1998.

———. *The Equinox*. Facs. ed. Originally serialized 1909–1919. York Beach, ME: Weiser, 1992.

——— et al. *The Equinox*. Vol. III, no. 10. Edited by Hymenaeus Beta. New York: Thelema Publications, 1986.

———. *Gems from the Equinox*. Edited by Israel Regardie. York Beach, ME: Weiser, 2007.

———. *The Holy Books of Thelema*. York Beach, ME: Weiser, 1989.

———. *The Holy Books of Thelema*. Berkeley, CA: Conjoined Creation, 2015.

———. *Magick: Book 4: Parts I–IV*. Revised edition. Edited by Hymenaeus Beta. York Beach, ME: Weiser, 1994.

———. *777 and Other Qabalistic Writings of Aleister Crowley*. Edited by Israel Regardie. York Beach, ME: Weiser, 1993.

———. *The Vision & the Voice: With Commentary and Other Papers*. York Beach, ME: Weiser, 1998.

Crowley, Aleister, with H. P. Blavatsky, J. F. C. Fuller, and Charles Stansfeld Jones. *Commentaries on the Holy Books and Other Papers*. York Beach, ME: Samuel Weiser, 1996.

Eshelman, James. *The Mystical and Magical System of the A.:A.:*. Los Angeles, CA: College of Thelema, 2008.

Jung, Carl. *The Red Book*. Edited and translated by Sonu Shamdasani. New York: W. W. Norton & Co., 2009.

Shoemaker, David. *Living Thelema: A Practical Guide to Attainment in Aleister Crowley's System of Magick*. Sacramento, CA: Anima Solis Books, 2013.

Von Eckartshausen, Karl. *The Cloud upon the Sanctuary*. Originally published in 1793. Whitefish, MT: Kessinger, 2010.

## ◆ 延伸閱讀 ◆

阿萊斯特・克勞利著作

*The Book of Thoth: A Short Essay on the Tarot of the Egyptians*. The Master Therion [pseud.]. The Equinox III (5). York Beach, ME: Weiser, 1993.

*The Confessions of Aleister Crowley*. Abridged one-volume edition. Edited by John Symonds and Kenneth Grant. New York: Arkana, 1989.

*Eight Lectures on Yoga*. Mahatma Guru Sri Paramahansa Sivaji [pseud.]. The Equinox III (4). New York: 93 Publishing, 1992.

*The Law Is for All*. Revised edition. Edited by Louis Wilkinson and Hymenaeus Beta. Scottsdale, AZ: New Falcon, 1996.

*Liber Aleph vel CXI: The Book of Wisdom or Folly*. Revised 2nd edition. Edited by Hymenaeus Beta. York Beach, ME: Weiser, 1991.

*Little Essays Toward Truth*. Revised 2nd edition. Edited by Hymenaeus Beta. Scottsdale, AZ: New Falcon, 1996.

*Magick Without Tears*. Abridged edition. Edited by Israel Regardie. Scottsdale, AZ: New Falcon, 1991.

"One Star in Sight." *In Magick: Liber ABA, Book 4*. Revised edition. Edited by Hymenaeus Beta. York Beach, ME: Weiser, 1994.


其他

Campbell, Colin. *Thelema: An Introduction to the Life, Work & Philosophy of Aleister Crowley*. Woodbury, MN: Llewellyn Publications, 2018.

DuQuette, Lon Milo. *The Magick of Aleister Crowley: A Handbook of the Rituals of Thelema*. York Beach, ME: Weiser, 2003.

Grant, Kenneth. *The Magical Revival*. London: Starfire, 2015.

Hine, Phil. *Condensed Chaos: An Introduction to Chaos Magic*. Tempe, AZ: Original Falcon Press, 2010.

Hyatt, Christopher, ed. *Rebels & Devils: The Psychology of Liberation*. 3rd revised edition. Tempe, AZ: Original Falcon Press, 2013.

Kaczynski, Richard. *Perdurabo*. Berkeley, CA: North Atlantic, 2010.

Pendle, George. *Strange Angel: The Otherworldly Life of Rocket Scientist John Whiteside Parsons*. Orlando, FL: Harcourt, 2005.

Regardie, Israel. *The Eye in the Triangle*. Tempe, AZ: Original Falcon Press, 2017.

———. *Gems from the Equinox*. York Beach: Weiser, 2007.

Seckler, Phyllis (Soror Meral). *Kabbalah, Magick & Thelema: Selected Writings, Volume II*. Edited by David Shoemaker, Gregory Peters, and Rorac Johnson. York Beach, ME: The Teitan Press, 2012.

———. *The Thoth Tarot, Astrology & Other Selected Writings*. Edited by David Shoemaker, Gregory Peters, and Rorac Johnson. Sacramento, CA: Temple of the Silver Star, 2017.

Shoemaker, David. *Living Thelema: A Practical Guide to Attainment in Aleister Crowley's System of Magick*. 2013. Reprint, Sacramento, CA: Anima Solis Books, 2017.

Tau Apiryon and Soror Helena. *Mystery of Mystery: A Primer of Thelemic Ecclesiastical Gnosticism*. 2nd edition. Berkeley, CA: Conjoined Creation, 2014.

## ◆ 作者介紹 ◆

大衛‧修梅克（David Shoemaker）是一間私人診所的臨床心理學家，專攻榮格心理治療與認知行為心理治療。修梅克是銀星聖殿的首席祕書與發言人，提供泰勒瑪魔法與神祕學完整系統的訓練。他也是東方聖殿騎士會與銀星會（onestarinsight.org）的資深成員，為這些傳統的入門者提供訓練已有多年經驗。

修梅克是薩克拉門托東方聖殿會四一八分會的前會長，繼承朋友兼老師的菲利斯‧塞克勒，他也是協會的最高總檢察長；曾是東方聖殿騎士會心理公會（the O.T.O. Psychology Guild）的創始主席，時常在國際間與區域間活動擔任講者。教學性廣播節目《活出真知》（Living Thelema）從二〇一〇年開始播送，並於二〇一三年以同名出版書籍；同時也是多數其他專注於泰勒瑪、心理學與魔法學的作者或編輯。

除了魔法學與心理學作品外，他也是名作曲家和音樂家，可以透過官網 livingthelema.com 與他聯絡。

## ◆ 圖片出處 ◆

第九冊所有插畫皆出自詹姆士‧克拉克。

# 第十冊
# 多神信仰的儀式魔法──約翰・麥可・格里爾

儀式魔法以多神論傳統展開。埃及的神廟根植於西方魔法傳統，用來敬拜眾多的男神與女神。新柏拉圖思想家將魔法融合希臘哲學，創造第一個完整發展的西方密教傳統──祭祀希臘傳統男神與女神。直到古典時代，少數的基督教掌握傳統世界的政治權力，使得異教信仰成為一種藉由死亡處罰的罪行；因此魔法需要適應於新政權，通常受到質疑的適應都得開誠布公──因此，男神與女神作為占星魔法裡的行星、卡巴拉魔法裡的輝耀、基督民間魔法的聖人和天使，全部都重新被定義。

在十九世紀接受儀式魔法的異教徒，使用各種重新定義後的說法，但很少會提到異教與生俱來的潛在含義。受到基督教一千五百年的壓制，使得西方魔法傳統重塑並從巔峰跌落谷底。此外，這些年來就某個程度來說，許多試圖重啟西方異教的基督徒，大多數不願意面對社會的反彈──任何背棄基督教的人可能會受到苦難。不過在多年後，獲恩・佛瓊公開的伊西斯與潘儀式[1]（rites of Isis and Pan）計畫，使得成熟的多神論教在西方世界重生。

即便如此，長久以來多神論儀式魔法方的式僅有少數保留下來。當一些傑出的新異教運動，如加德納巫教和亞歷山大威卡教（Alexandrian Wicca）從儀式魔法裡擷取特定的元素──用來充實宗教儀式與民間魔法的傳統，即便這對儀式魔法師有更寬廣的可能，但很少人從這層角度探索。很顯然地，儀式元素帶入這些新異教宗教裡，仍保有大量的猶太基督教象徵。二十世紀後期，這樣的狀況相當普遍。舉例來說，當時威卡教徒宣稱拒絕猶太基督教神、其所有在小五芒星儀式以希伯之名的神祇召喚的工作，以及虔誠召喚四個猶太基督教大天使。

---

1. 加雷恩・奈特（Gareth Knight）*Dion Fortune's Rites of Isis and of Pan* 提供這些儀式的文本。

# 傑拉爾德‧加德納

　　傑拉爾德‧加德納是知名的現代巫術運動之父，不過他的成就是由許多在他之前就出現的魔法潮流的集合體，其中最為知名的有共濟會、十九世紀羅馬異教和二十世紀早期的儀式魔法。

　　加德納是名皇家拱門大師（Royal Arch Mason，一種共濟會的級別），他似乎是從那些威嚴的組織裡擷取一些基本概念，其中最知名的就是三個作為其基準的階級啟蒙系統。「美生」（Mason）在其系統中，傳統上是指「技工」（Craft）──這個字現在也廣泛用於現代巫師。

　　加德納的共濟會隸屬關係被克勞利記載在其日記裡，當加德納在一九三七年五朔節（May day）來到克勞利居所用茶時，在這次茶會裡加德納接受由克勞利帶領的東方聖殿騎士團[2]的魔法啟蒙，克勞利也賣了幾本書給他，包含《藍色春分》（The Blue Equinox）──這本對加德納的成就造成很大的影響。

　　根據加德納早期書籍《陰影之書》（Book of Shadow 或 Ye Bok of Ye Art Magical，此為原本稱呼）的文章顯示大多來自克勞利，還有黃金黎明會的儀式以及如《所羅門之鑰》（由黃金黎明會領導者麥克達格‧馬瑟斯翻譯）的魔法書。[3]

　　舉例來說，加德納的巫術魔法通常從「魔法圈」開始，女巫會在裡面召喚四元素──此概念源自伊莉莎白一世的皇室魔法師約翰‧迪伊──之後黃金黎明會使用此概念，加德納有可能習自黃金黎明會伊斯瑞‧瑞格德的出版著作；加德納的《陰影之書》包含黃金黎明會小五芒星驅逐儀式版本，似乎是來自瑞格德的魔法成就。

　　克勞利知名的公開儀式文本《諾斯底彌撒》，給加德納帶來很大的靈感。他使用文本的一些內容作為他撰寫巫術儀式的基礎，如「畫下月亮儀式」（Drawing Down the Moon rite）、「二月夜晚安息日」（February Eve Sabbat）以及「女

---

2. 編註：見本書第九冊〈泰勒瑪＆阿萊斯特‧克勞利〉，探索更多關於克勞利與東方聖殿騎士會的內容。
3. 編註：見本書第五冊〈惡魔學與精靈召喚〉，有更多關於《所羅門之鑰》的細節。

神的誡命」（Charge of the Goddess）。加德納在制定巫術啟蒙儀式時，同樣也使用一些來自東方聖殿會神祕啟蒙儀式的概念。

　　雖然加德納的成就無疑有很高的影響力，但離從前基督教時代口耳相傳「真正的」傳統還有段距離；不過，加德納的巫術整併了儀式魔法實踐許多不同的思路，巧妙地將其編織成一片掛毯般，並激發了實踐者靈魂裡的古老思維。——羅德尼・奧弗斯

........................................................................

　　**羅德尼・奧弗斯**（Rodney Orpheus）是一名愛爾蘭音樂家、作家和技術設計師。他出版過兩本書籍——《阿布拉哈達布拉：理解阿萊斯特・克勞利的泰勒瑪魔法》（Abrahadabra: Understanding Aleister Crowley's Thelemic Magick）和《阿萊斯特・克勞利的魔法書》（Grimoire of Aleister Crowley），並發行了數十張的專輯。近期與妻子蘇琳娜（Sulinna）和貓咪定居在英國。

　　對於像這樣怪異模仿的反應感到抗拒，是無可避免的。這使得在二十世紀近幾十年來，西方世界的許多異教團體因無益的概念變得四分五裂，異教信仰和儀式魔法始終水火不容。從某個程度來說也無法否認，幾乎當時所有活躍的儀式魔法的生活傳統，僅作為透過混種猶太基督卡巴拉召喚基督神祇的一種手段，並將異教的男神與女神單純視為象徵性符號。因此，要做的事是需要打破異教徒和儀式魔法師間那道想像的藩籬，使之成為魔法儀式系統的發展；就像古老世界喚起多神論信仰的眾神和象徵，而非基督教神、猶太教以基督教象徵的等同系統。

　　出於此想法，我在二〇〇八年初發展了一套儀式魔法系統，其中使用黃金黎明會的技術性方法——最豐富、詳細的現代魔法系統——不過其象徵是擷取自新德魯伊信仰（Druidry）的傳統。關於此系統的基本教導與實踐，可以參考我於二〇〇三年出版的《凱爾特黃金黎明》，並從書中發現我有多熱衷。因為新德魯伊信仰是由以自然為主的現代靈性運動組成，因此，其中主要的研究專注於構思出多神論儀式魔法更寬廣的基礎方法。有關此系統所表現的內容，可參考以下的敘述。

　　就像我在《凱爾特黃金黎明》所呈現的，此系統源自黃金黎明會的儀式與實踐。然而，這是唯一一種能適用於多神論教徒需求的魔法嗎？當然不是。黃金黎明會的傳統是儀式魔法的系統，這是我多年來練習最頻繁的系統；不過，假設你是一名儀式魔法不同系統的啟蒙者，想要將其適用於多神論，接下來在此研究裡的儀式或許能提供你一些靈感。

## 多神儀式魔法的規定

　　接下來的儀式與實踐需要一些零件和道具，不過有兩個很重要的規定：第一是你必須和傳統的男神與女神神系有所關聯，如何選擇相關的神系，完全取決於自己的決定。這樣的關聯也許是支持且欣賞的象徵符號，以及平日所堅信的神祇，不過為了運用到這些神祇，你需要與其產生關聯。此外，無論你的信仰或靈魂選擇有多多元，在魔法運作下，愈是將男神和女神視為一個實體，愈能得到更好的結果。

　　在此有兩個值得提起的注意事項。第一，在魔法運作時不要混雜各種神祇。如果你寬廣的靈性生活包含兩種或是更多傳統神祇，基本上沒有問題；但在儀式魔法進行時，請選擇一種神系並堅持下去。一種神系含有各種含義，如同一個力量的基礎，如果在魔法儀式進行時混雜兩種或以上的神系，這樣就像在寫一封信件時混入了兩種或以上的字母般──你可能在產生等同於「希伯來文」[4]（＝nonsense，胡言亂語）的東西。

　　第二要注意的是別使用來自奇幻小說、電影、電玩，以及其他類似的東西所創造的神系。現今的小說、電影和遊戲確實充滿一些與古老時代神話相同的角色，但這其實有很重大的差異。古老神話的敘述者並不會為了娛樂編造故事，他們不斷重述傳統的男神與女神是曾經存在的，其中在一些聽眾的宗教經驗中曾碰過，而且在其社會中的許多人都曾接受過靈性指導和各種形式的祝福。試問自己：如果你發現自己的人生正處於一個危險狀態中，你會考慮祈求在眾神中你所想到的神祇的幫忙嗎？如果不會，那麼用魔法召喚諸神對你來說可能不會帶來好處。如果你召喚虛構的神祇來強化魔法力量，比起魔法在世界上為你所做的習以為常的事來說，你很有可能只是在進行虛構的魔法儀式。

　　所有考量都與多神論魔法儀式第一個需求有關聯，關聯性更高的第二個需求是，你需要擁有一個守護神──與個人有特別親近連結的男神或女神。現今大部分的多神論傳統都鼓勵參與者尋找守護神，閱讀大量關於現代多神論實踐的書籍，這些書籍能提供各種與神祇建立關係的方式。你要如何著手進行完全取決於自己，但是你需要完成這些事，才能展開接下來的儀式。

---

4. 此單字「nonsense」寫自西里爾字母（Cyrillic）、希臘語、希伯來語和阿拉伯語字母。不曉得是否有抓到重點？

假設你有超過一個以上的守護神呢？在這種情況下，向你的守護神祈禱指引方向，從中找出那一個你在魔法儀式中需要喚起的對象。專注是邁向魔法成功的關鍵；比起在魔法儀式中不斷混雜不同的神系，與單一一個守護神共事能產生更快、更具力量的成果。這樣你可以在不同的情況下，持續召喚其他的守護神。一段時間內與一種神系共事，在魔法實踐中相當重要。

## 多神論魔法與多神論宗教

大部分情況下，要了解儀式魔法不等同於宗教相當重要。如果你隸屬於一種或其他既定的多神論傳統，可能曾學習或適應關於靈性實踐的各種規則。接下來所提及的儀式可能並不會遵守這些規則，亦不會遵守你可能曾從其他資源學習的儀式和實踐，即便與這裡所提及的儀式使用相同的規則。理應當如此。廚房的瓦斯爐與提供熱水的熱水器同樣都是處理熱能，但是我並不建議使用其中一個的使用手冊去理解另一個的作用。

魔法並非宗教。宗教以傳統、教導及實踐為主，藉由自身經驗範圍所塑造的神聖力量來建立對等的利益關係；多神論的儀式魔法是以此為基礎所建立，提供執業魔法師——指練習魔法的人——利用工具、透過力量轉變自身及其生活，使個體與一種或多種神祇產生連結。也就是說，你可以在不練習魔法的情況下參與宗教，抑或不加入任何一個宗教體系，但參與各種不同的魔法。

現在多神論社群關心的一些議題，在歷史真實性上占有很重要的價值；有些人看重那些僅實踐個人族群或文化連結的傳統的人——他們確實有權為自己選擇，但是魔法在這方面有其長久以來的習俗。在西方密教傳統裡留存下來最古老的儀式文本——希臘－埃及的神祕莎草紙，是魔法象徵與技術相當寶貴的綜合體，其象徵與技術源自超過千年不同時代的文化與族群傳統，在西元三世紀這些傳統有效地修正以符合執業魔法師的需求。相同的靈魂領導整個魔法歷史，且有很好的理由這麼做。

魔法的存在是為了完成、解決事情。假如你現在去買一把鐵鎚，這樣說好了，你不會挑選不管標籤上是否寫說這是一根幾世紀以前使用過的鐵鎚，也不會限制自己選擇曾被你族群或文化祖先所使用的鐵鎚；相反地，你會選擇最適合自己的那一種——即便挑選一根由英國人設計、德製鋼鐵所打造的鐵鎚，幫助你建造一個給埃及神祇的神殿——這就是我想表達的。

相同的原則也適用於魔法。執業魔法師著手進行讓事情發生，並整理出最適合執行的工具與技術。真實性對古老的東西很重要，不過對於轉化自身、人生與世界的魔法系統運作來說也一樣，兩者密不可分。

將這些道理銘記於心，我們可以前往多神論儀式魔法的練習階段。

# 多神論與新異教

多神論為世界宗教的一種分類，其中包含各種古老的、當地的、現代的以及重建或復興的宗教，並藉由其許多神祇的宗教屬性來定義。在現在世界的一些地區，這樣的宗教分類分享了新異教傳統與趨勢的人口統計交叉比對，儘管全世界的狀況都不太一樣。

綜觀歷史，現今的多神論代表了宗教傳統、萬神殿以及奉獻、崇敬和實踐道路上的一種活躍、國際化與跨文化的配置組合，比起單一事件，更多是包含許多傳統和文化特定的表現。當新異教與多神論相交會時，很有可能容易搞錯任何一方，或是假定它們在表達相同的事；但就如同身分的各種表達一樣，為了彼此間的尊重與洞見，保持清楚的界線以使其帶往智慧與成長的道路，差異化就顯得至關重要。一個可能是多神論者和異教徒的個體，不會因此被對方抹滅或是取代。

現今的多神論派正面臨前所未有的難關與嚴重的壓制，這些壓制來自於世界快速世俗化，以適應來自西方世界的擴張與經濟永續性。二十一世紀初期，許多政府與多數的宗教團體運動訴求去平台化、消滅權力與奪走他們發表與發聲的機會。很顯然地，新異教派是二十世紀西方靈魂實踐會合所誕生的產物，而多神論派包含了非西方文化與身分認證，使得其處在壓迫性不斷擴張、由世俗所支配的危險之中，也同樣被鄰近（但顯然不一樣）的西方運動像是新異教隨意抹去或漠視。

許多多神論教擁有一個互相交流或進行魔法、神祕主義、密契實踐的場所，不過他們的核心在於代表一種對眾神奉獻的多元宗教傳統，並作為人類意

識與生活裡確實存在的獨立個體。他們有許多源自古老多神論人們和文化的哲學性與密教根源，必須將這些理解為反映整個系統的多神社會，而非多神教本身，就像魔法和宗教是明顯不同的概念一樣。

當我們在多神宗教認同的框架下去適應現代魔法深奧的實踐時，重要的是去擁抱世界觀，也就是在面對魔法或巫術之前，更重要的是對眾神抱持著謙卑信仰，因為這些關係和奉獻傳統比任何事都還至關重要。

——西諾斯・希拉克斯

**西諾斯・希拉克斯**（Theanos Thrax）是名教會牧師、多神教顧問、教育者及作家，他撰寫了關於宗教、身分認同、多神論傾向與人類的權益主題。目前和四隻小狗、兩隻貓咪和一隻非洲渡鴉定居於美國新英格蘭的森林邊，並作為神聖蛇的養蛇所看管人。

## 臨在的圓圈

在標準的黃金黎明會傳統，魔法練習都會開始與結束在一個簡單的儀式——卡巴拉十字儀式（Cabalistic Cross），改編至基督徒畫十字記號的簡單方式，如果執行儀式的人是基督徒，這個方法就非常合適。十字為基督教的象徵，在身體畫十字的動作為基督教的儀式，即便以神聖之名裝扮成其他傳統也不會改變。

多神論儀式魔法的系統在此輪廓是不一樣的儀式，它取代卡巴拉十字術式，名為「臨在的圓圈」儀式（Circle of Presence）。此為基本的開始與結束手勢，會使用在無論何時展開或結束一個魔法活動。為了適應於自己靈魂的需求，有一件事你需要知道，就是你的守護神的名字；如前所述，你和守護神間有一段私密的關係。如果守護神不只有一個名字，請選擇一個你比較喜歡的。在接下來的儀式裡，會以「粗體」表示需要說守護神的名字。

在這裡和其他地方都會使用一段特別的演說形式，稱作「振動」（vibration）。為了學習，請先以簡單的母音聲調，像是「啊」（ah），反覆發出此聲，然後改變發音的方式，持續發出聲音直到身體某處產生嗡嗡聲或刺痛的感覺——這就是「振動」。隨著練習的狀況，你會發現身體充滿這種感覺，甚至會從外在直接指引身體。在接下來的儀式，將會以「粗體」表示感到振動的時候。

一旦選定守護神的名字，並練習足夠的振動以獲得效果時，就可以進行以下儀式。

**步驟一**：朝向東方。以弧形的方式從身邊舉起你的手，直到手掌在頭部正上方合掌，指尖朝上。移動合掌的雙手到額頭位置，觀想來自無限空間的光線降臨在頭部上方，接著說「以……為名」。

**步驟二**：將手移動到心臟的位置。觀想一道光線從頭部降臨至地球的中心，以守護神之名振動（**守護神**）。

**步驟三**：將手分開，以左手手指碰觸右肩、右手指指碰觸左肩，雙手在胸前交叉。接著說：「……我的守護神……」。

**步驟四**：伸直手肘，將手張開，以畫圓圈的姿勢一起放下。接著手合掌，放到較低的腹部或腹股溝的位置（根據身體的比例）。觀想手指畫出帶有光線的圈圈。做了這個動作後，說：「……我將自己放在他／她臨在的圓圈裡……」。

**步驟五**：再次將手合掌放在心臟前方，指尖朝上。觀想一道光線從無限空間射入地球中心到雙手畫出的圓裡，你的心像太陽一樣閃閃發光，接著說：「……保護」。完成儀式。

「臨在的圓圈」是一種能依靠自己能力且實用的儀式，當你想要召喚守護神現身和保護時，可以隨時執行。如先前所述，這個儀式同樣需要執行代表開始與結束的五芒星、小五芒星儀式。一旦你練習多次，可以靠記憶執行，那麼就能在魔法訓練中，將小五芒星驅逐儀式當作下一個學習與練習的儀式。

## 小五芒星驅逐儀式

這是黃金黎明會魔法的主要儀式。若想進階到魔法實踐的頂峰，這個儀式將會比其他儀式還要更常實行。在其原本的形式裡，這也是整個系統中最完整的猶太基督儀式。儀式中一些重要的改變是為了作為多神派教徒使用。

第一，如我們所知，卡巴拉十字儀式由臨在的圓圈儀式取代，因此，儀式中面對的是自己的守護神而非猶太或基督教的神祇。

再者，五芒星會以不同的方式產生。在黃金黎明魔法裡使用的標準五芒星儀式版本，其基本通用的驅逐儀式所使用的五芒星可從地球之點追溯至靈魂之點，相同的手勢使用於驅逐土元素儀式。為什麼呢？因為其中一個歷久彌新的基督教教導主題，就是拒絕所有邪惡般的

惡土。在黃金黎明會理論級（Theoricus）階級裡的指導者（Hegemon）指令——拒絕物質，追求心靈[5]——總結了兩千多年來的基督道德觀與神祕學的教導，同時也表現由赫密士黃金黎明所教授的小五芒星儀式版本。

不過在多神論靈性裡，這樣的說法尚無法證實。從多神論的觀點來看，心靈世界並非反對物質世界，相反地，是心靈在物質裡找到其自然的解釋，而物質在心靈中找到其自然的滿足。在回溯五芒星使用於多神論儀式魔法的方法裡，需要考慮其根本的差異。因此我們將回溯從最高點順時鐘的五芒星召喚[6]（summoning）——藉由四元素火、風、水、土，代表靈魂降臨顯化為實體；五芒星驅逐則是由頂端逆時鐘轉，藉由反過來的元素：土、水、風、火，表抽離實體轉化回靈魂。

第三，在赫密士黃金黎明版本儀式裡使用的希伯來神聖名字和大天使，僅與基督教、猶太教和那些對於猶太基督教象徵覺得適應的有所關聯。多神論儀式魔法師需要能夠將這些名字取代成適合自己的宗教需求。

接著，在進行五芒星、小五芒星儀式時，你需要從你的神系裡選四個神聖名字——如果可以，取兩位男神和兩位女神——這四個名字需要有四個分別代表的詞彙（想想看像是宙斯〔ZEUS〕、伊西斯〔ISIS〕等）。為什麼要這樣做呢？因為完整的儀式建構在一組四個號碼的關係上；一個中心與四個部分、一個靈體與四個元素、一個執行者與四個相關的通道等。在下面的儀式裡，神靈名字由「神靈1」、「神靈2」、「神靈3」、「神靈4」指稱。

在測試以不同字數的字母名字呼喚這些神靈時，通常不會有好的成效。如果你的傳統有自己的名稱，像是盧恩字母（Runes）、歐甘樹文（Ogham fews）或是希臘文，則可以使用其名字有四個字母的神祇，無論翻成英文是否有四個字母。因此，像是希臘女神堤喀（Tyche），其希臘文「原文」就適合在儀式中做召喚。

現代異教徒通常會很理所當然地假定，神祇僅能歸屬於元素象徵的基礎通道。不過在這個儀式並不需要——你不需要東方的風神、南方的火神等——事實上，通常也不合適。（舉例來說，在黃金黎明會實踐中使用的標準小五芒星儀式，會指派四個字母組成的名字到四方位，且不會有任何關於元素的象徵符號）相反地，最好的規則是由兩個男神面對面，兩個女神也是，男神分別在東西方，女神在南北方，反之亦然。能量最強的神應在東方，剩下的可以依照傳統的象徵，以及自己是否覺得合適的感覺來引領你該如何做。

---

5. Regardie, *The Golden Dawn*, 190。

6. 在密教圈裡，時不時對單字「invoking」和「evoking」的意思有很多誤解。我個人偏好使用「summoning」來取代兩者，降低可能產生的誤解。

一旦選擇神祇後，就可以開始進行下方的儀式。

**步驟一**：施行完整的臨在圓圈儀式，呼喚你的守護神。

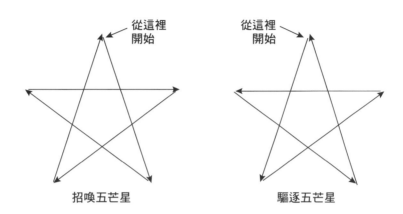

圖 1：靈之五芒星

　　**步驟二**：走向空間裡東邊，用右手前兩根手指從頂端畫出五芒星，如圖1所示。順時鐘用來召喚，逆時鐘則是驅逐。觀想畫出五芒星時帶有純白色的光束。手指五芒星的中心並振動名字（**神靈1**）。

　　**步驟三**：沿著空中的線往南邊，想像畫出光束。同上方法畫出五芒星，指向中心並振動名字（**神靈2**）。

　　**步驟四**：在西邊重複相同動作，畫出五芒星並振動名字（**神靈3**）。

　　**步驟五**：在北邊重複相同動作，畫出五芒星並振動名字（**神靈4**）。跟著光束回到東邊完成圓形，回到中心。

　　**步驟六**：站在中心點、面向東方說：「在我前方的風之力量、後方的水之力量、右手邊的火之力量、左手邊的土之力量。我站在五芒星以及身旁（**守護神**）的祝福光線閃閃發光。」當你說出這些文字時，觀想位在四方位的元素。

　　**步驟七**：重複臨在的圓圈儀式，儀式完成。

　　此時有一個案例可能會有所幫助。這裡有一個方法能幫助古老埃及神祇的參拜者執行五芒星小儀式。

　　**步驟一**：施行臨在的圓圈儀式並唸出這些文字：「以**托特神**（THOTH）之名，我的守護神，我將自己放在臨在與保護的圈圈裡。」唸到神的名字振動。

　　**步驟二**：沿著由四個區域的五芒星與圓圈結合的位置，在每一個五芒星振動一個神聖名字；東邊的名字為「**阿蒙**」（AMUN）、南邊為「**伊西斯**」（ISIS）、西邊為「**普塔**」（PTAH）、北邊為「**巴斯特**」（BAST）。

　　**步驟三**：回到中心，觀想元素並說：「在我前方的風之力量、後方的水之力量、右手邊的火之力量、左手邊的土之力量。而我站在五芒星以及身旁**托特神**的祝福光線閃閃發光。」

　　**步驟四**：再次執行臨在的圓圈儀式，唸出跟第一步驟一樣的文字，儀式完成。


　　在儀式中，能夠從自己的傳統加入額外的象徵。如果你有象徵四種元素或四個方位的傳統象徵、符號或實體，可以在儀式的第三階段取代元素力量來召喚。舉例來說，一位德魯伊教徒使用德魯伊復興象徵可以說：「在我前方的五月之鷹（Hawk of May）、後方的智慧之鮭（Salmon of Wisdom）、右手方的白鹿（White Stag）和左手方的巨熊（Great Bear）。」


## 中柱儀式

　　一旦記住且習慣小五芒星儀式，接下來要學習的是「中柱儀式」。這是黃金黎明魔法基本的體內能量練習，代表需喚醒與激發精微身（subtle body）裡的五種能量中心，藉由精微身使能量流通整體。

　　中柱的能量中心位在頭頂正上方、喉嚨、心臟、生殖器以及腳底——延伸至地上的短距離；這與許多在亞洲學校神祕學裡使用的脈輪不一樣，此為西方密教許多系統裡的共振中心，稱作「靈氣」（aura）以及在黃金黎明傳統稱作「感知的能量」（Sphere of Sensation）——大致呈蛋形外觀的微能量，此能量圍繞、貫穿身體。中柱中心位在沿著身體的中線，並不是指器官。

　　此訓練可以幫助你適應任何偏好的神系。你需要五個神靈，其名字字母的字數不限——四個字母的限制只適用於小五芒星儀式。標準的方式是使用神靈對應五種元素：靈、風、火、水和土，此方式沿襲至伊斯瑞・瑞格德的一本精緻手冊《真實治療的藝術》（The Art of

True Healing）的邏輯思維。其中比較複雜的是，無論選擇哪一個，第四個能量中的神靈——位於生殖器位置的神靈應該和你是相同性別。[7]

除了五種神靈外，還需要五種顏色和五種象徵符號。如果你選擇一般公認的基礎模型：白色、黃色、紅色、藍色和咖啡色，以此順序所對應的象徵符號分別為太陽、雲、火焰、水滴和石頭。不過不一定要使用公認的模型——如果你的傳統對應五種元素有其他的象徵及其相對應的顏色，則可以直接使用。

無論怎麼做，先編制一個合適的對應安排，如表1所示。

| 頭部中心 | 神靈1 | 顏色1 | 象徵1 |
|---|---|---|---|
| 喉嚨中心 | 神靈2 | 顏色2 | 象徵2 |
| 心臟中心 | 神靈3 | 顏色3 | 象徵3 |
| 生殖器中心 | 神靈4 | 顏色4 | 象徵4 |
| 腳部中心 | 神靈5 | 顏色5 | 象徵5 |
| **若是男性新日耳曼異教徒，信仰盎格魯—撒克遜（Anglo-Saxon）的神靈，可選擇以下：** | | | |
| 頭部中心 | 提爾（Tiw） | 白色 | 太陽 |
| 喉嚨中心 | 沃登（Wōden） | 藍色 | 渡鴉 |
| 心臟中心 | 海瑞莎（Hretha） | 紅色 | 火焰 |
| 生殖器中心 | 英格（Ing） | 綠色 | 一把胚芽 |
| 腳部中心 | 愛奧斯特（Ēostre） | 咖啡色 | 花朵 |
| **若是女性新日耳曼異教徒，可選擇以下：** | | | |
| 頭部中心 | 提爾（Tiw） | 白色 | 太陽 |
| 喉嚨中心 | 沃登（Wōden） | 藍色 | 渡鴉 |
| 心臟中心 | 索爾（Thunor） | 紅色 | 錘子 |
| 生殖器中心 | 弗麗嘉（Frig） | 金色 | 紡錘 |
| 腳部中心 | 愛奧斯特（Ēostre） | 咖啡色 | 花朵 |

表1：中柱儀式的對應

選擇其他對應的項目也相對輕鬆，不過這僅是個參考。請自行決定與嘗試，一旦選擇好象徵，就能進行下方的練習。

---

7. 如果你是雙性者或跨性別者，也許需要實驗看看，決定生殖器中心應該為哪一種性別。錯誤的選擇會造成能量的堵塞或不順。不過很幸運地是，當你用正確性別的神靈，重複練習，這些問題會立即消失。

**步驟一**：執行完整的小五芒星驅逐儀式，如前所示。此儀式的驅逐版本常用於這裡的練習，主要是去除「感知的能量」中不必要的能量與影響。定期的驅逐儀式練習主要作用於你的能量體，如同每天替身體洗澡般，應該成為每位儀式魔法師每日練習的一部分。

**步驟二**：想像一束光線從無限空間降臨，在離頭部約八英寸的正上方形成一球光體。這個光體為**顏色1**並包含**象徵1**。當你的想像已經清楚成形，振動**名字1**三次。

**步驟三**：將光束帶到喉嚨，形成另一個光體，此為**顏色2**與**象徵2**，在**名字2**振動三次。

**步驟四**：將光束帶到心臟，形成第三個光體，此為**顏色3**與**象徵3**，在**名字3**振動三次。

**步驟五**：將光束帶到生殖器中心，形成第四個光體，此為**顏色4**與**象徵4**，在**名字4**振動三次。

**步驟六**：將光束帶到腳，形成第五個光體，此為**顏色5**與**象徵5**，在**名字5**振動三次。

**步驟七**：注意力回到頭頂上的中心，將流動的白色光線帶到離頭部與脖子、肩膀與手臂左邊幾英寸的位置，向下延伸腳的中心，接著到右腳與右臀以及右邊的手臂和肩膀，還有脖子和頭部的右側，回到頭部中心。重複這些動作三次。如果可以，讓你的呼吸同步，讓能量隨著吐氣向下流動、吸氣向上流動，不過更重要的是觀想整體而非僅在單一呼吸時施行。

**步驟八**：以相同的方式，將流動的白色光線從頭部上方中心沿著身體前方的中線向下至腳部，接著沿著身體後方中線到頭部中心。重複整套動作三次。

**步驟九**：吐氣，沿著身體的中線——中柱，從頭頂中心到腳部中心畫出流動的白色光線；吸氣，讓能量從頭頂帶到身體中柱後方；吐氣，讓能量如噴池般流動至全身，淨化整體靈氣；隨著下一次吸氣，讓能量集結在腳部與中柱後方。你唯一需要做的是從中柱上方到下方；做剩下的圓圈，從上方的中柱到靈氣通往全身，總共做三次。

**步驟十**：施行臨在的圓圈儀式，練習完成。

## 聖殿的開啟與結束

小五芒星儀式與中柱儀式是黃金黎明魔法的每日練習，其紀律是發展魔法力量與強化執業魔法師的能量體。大部分對魔法有興趣的人，在心中都有一些練習目標，不過他們想要的，是改善自身生活與影響他人生活的魔法力量。黃金黎明傳統也有各種方法可以實現，有些則經過修正已符合多神論派的使用，可以執行這些方式來改變世界。

在黃金黎明傳統中，實際的魔法會在一個公開的聖殿完成。這裡的「聖殿」並不是指一個專為魔法執行目的所設置的建築物——不過若你有一個場所，當然也可以利用它。其實在魔

法執行的過程中，任何空間都可以成為魔法的聖殿。在魔法開始與結束時，會施行一個特別的儀式來開啟「聖殿」。在這些黃金黎明魔法的多神論版本，可以透過以守護神之名開啟及關閉你的聖殿，提到守護神的名字時會產生振動。

在魔法聖殿裡，你會需要一些實際道具。第一個是祭壇：任何一種平面、高度大約在腰際並有足夠空間擺放一些儀式道具且能輕鬆移動的家具——只要符合這些條件的，就能作為擺放在執行魔法空間中的祭壇。傳統會在桌上覆蓋一條祭壇專用桌布，這條桌布可以是一條簡單、沒有摺邊的布料，或是一條華麗的布料，只要預算或車工技巧許可。過去赫密士黃金黎明使用黑色的祭壇專用桌布，如果你喜歡也可以用一樣的，或是選擇與你練習的靈修傳統有關聯的顏色或樣式，舉例來說，我身為一位德魯伊教徒，就會使用白色的桌布。

為了儀式的開始與結束，你也需要一個聖杯、碗或是其他裝水的容器以及一個香爐。選擇符合傳統和喜好的樣式；可以使用心中已經想好任何適用於魔法工作的香。為了一般使用用途，一個如乳香般、有不錯淨化效果的香會是不錯的選擇[8]，可依據喜愛挑選棒狀、錐體或將散香放在木炭上，這些都很合適。

在進行開啟儀式前，先設置好空間，還有你需要知道哪裡為東方。如果不確定，一般的登山指南針會告訴你方向。將祭壇放置在空間的中心，將水放在北方、香爐放在南方。其他計畫要在儀式上使用的物品，一旦空間設置完畢，一起將這些物品放置在祭壇上。空間設置完成後，如果你偏好在進行魔法工作時穿上袍子，也可以穿上，接著點香，進行以下的開啟儀式。

**步驟一**：站在祭壇的西方。舉起右手、手掌朝上，在儀式中讚頌你即將召喚的神聖力量，並說：「以（**守護神**）之名，以及所有男神與女神的現身，我準備開啟這個空間。」

**步驟二**：執行完整的小五芒星召喚儀式，呼喚空間內的魔法能量。

**步驟三**：站在祭壇的西方、面向東方，用雙手拿起裝水的容器並舉起，說：「讓這個聖殿和所有都被水淨化。」走到東方，用一隻手的手指沾幾滴水，往東方輕彈三次水滴。接著走向南方，重複前述的動作，西方與北方也重複相同的動作。回到東方、臉朝東方，雙手舉起裝水容器並說：「這個聖殿已經被淨化了。」回到祭壇西方，將水容器放回原位。

**步驟四**：站在祭壇的西方、面向東方，舉起香爐。如果你正在焚燒棒狀的香，就讓它焚燒；如果使用的是錐體香或散香，用雙手舉起香爐，接著說：「讓這個聖殿和所有都被火聖

---

8. 我所出版的書《自然魔法百科全書》（*The Encyclopedia of Natural Magic*，2000，盧埃林出版）是一個不錯的參考，可以查詢各種魔法工作要使用哪種香。

化。」走向東方，用一隻手將焚香往東方揮動三次，走向南方做相同動作，在西方與北方重複相同動作。接著回到東方、面向東方，用雙手舉起香爐並說：「這個聖殿已被聖化。」回到祭壇西方，將香爐放回原位。

**步驟五**：從祭壇的西方開始，沿著祭壇順時鐘繞圓圈，經過東邊四次。當你每次經過東邊時，帶著敬意鞠躬。這是古老且廣為流傳的繞圈儀式（circumambulation），目前在世界上仍有許多多神論派社會在實行。當你步行時，想像你的移動會形成一股能量的漩渦，來自遙遠宇宙的魔法力量來到你的魔法聖殿裡。當你經過東方四次時，繞回到祭壇的西邊，面向東邊。

**步驟六**：張開雙臂並說：「（**守護神**），我的守護神，我請求您祝福與聖化這個高等魔法的聖殿，透過您的力量幫助我現在正在執行的工作。」稍微暫停，專注感受守護神環繞於身邊的存在與力量。

**步驟七**：持續站在祭壇的西方，面向東方，再次舉起你的右手，張開手掌並說：「以（**守護神**）之名，所有的男神與女神的現身，我宣告此聖殿正式開啟。」完成儀式。


一旦開啟聖殿，你可以在建構的神聖空間裡做你希望的魔法工作。接下來，我們將會討論一些可能性。無論你何時使用儀式開啟聖殿，重要的是，一旦結束任何想做的事之後，必須關閉聖殿。請參考下方的關閉儀式。


**步驟一**：站在祭壇的西方，面向東方，雙手舉起裝水的容器並說：「讓這個聖殿與所有一切被水淨化。」同開啟儀式步驟三，重複進行用水淨化聖殿。接著回到祭壇的西方，將裝水容器放回原位。

**步驟二**：站在祭壇的西方，面向東邊，舉起香爐並說：「讓這個聖殿與所有一切被火聖化。」同開啟儀式第四個階段，重複進行聖化。接著回到祭壇的西方，將香爐放回原位。

**步驟三**：從祭壇的西方開始，依順時鐘繞著祭壇，經過東方四次。每次經過東邊時，帶著敬意鞠躬。當你在移動時，想像你的移動正在分化剛才創造的能量漩渦，並向宇宙傳送你所執行的任務以完成志願。當你經過東邊四次時，繞回到祭壇的西方，面向東方。

**步驟四**：張開雙手並說：「以（**神靈**）之名，藉此儀式讓囚禁的靈魂重獲自由，從我們身邊平靜且和平地離開其合理的居所。」稍微暫停，接著執行完整的小五芒星儀式。

**步驟五**：站在祭壇的西方，面向東方，再次舉起右手，手掌張開並說：「以（**神靈**）之名，以及所有男神與女神的存在，我在此宣布這個聖殿正式關閉。」完成儀式。

# 現代巫術

傑拉爾德・加德納（Gerald Gardner）和艾力克斯與馬斯尼・瑪克辛（Alex & Maxine Sanders）的巫術奠基於聖約（covens）與啟蒙練習。不過，現今比起個人在團體接受啟蒙或實行，更多人則是獨自實踐巫術。在巫術圈裡，大部分的原因是出自「這本書的崛起」。在五〇年代和六〇年代，獲得巫術儀式需要取得啟蒙或是有意願創造出自己的巫術。七〇年代末，要獲得進入巫術世界的方法，可以花點錢購買一本在大眾市場流通的平裝本。

加德納的《陰影之書》（其書名是收集自巫術儀式和魔法建議）第一次出版是於一九六四年發行的小冊子《女巫》（Witch）——在加德納過世後，很快地就由一位評論家出版。不過，《女巫》一書取得不易且僅有少量印製。這也使得當密教與主流出版商開始印製完整儀式巫術書籍指南時，在七〇年代產生改變——讓巫術走入大眾，使得啟蒙者的需求不再那麼緊迫。

七〇年代以來，在這些當中其中一本最具影響力的書籍，是由居住在舊金山灣區的斯塔霍克（Starhawk，一九五一年出生時其名為米利安・西蒙斯〔Miriam Simos〕）所撰寫、於一九七九年出版的《螺旋之舞》（The Spiral Dance）。本書清楚敘述加德納與桑德斯巫術間的差異，也為第二波女性主義與六〇年代的政治注入活力。另外，這也包含一些發展出費里傳統（Feri Tradition）的想法，費里傳統在六〇年代期間，由維克多・安德森（Victor Anderson, 1917-2001）與其妻子科拉・安德森（Cora Anderson, 1915-2008）所創。安德森的巫術為古老巫術帶入新的元素，且成為美國第一個最大的本土傳統。

新巫術傳統不僅保留在北美。羅伯特・柯克倫（Robert Cochrane，出生的名字是羅伊・包威斯〔Roy Bowers〕）的巫術，於六〇年第一次在英國公開。雖然很慢才獲得支持，不過因柯赫雷逝世前一系列的信件，啟發歐美兩地一些不同的傳統。現在，柯赫雷常被譽為「傳統巫術」的集大成——受到英國民間巫術與其他民間魔法形式啟發而成就的巫術類型。

隨著加德納第一本巫術的著作被譽為主要的「威卡」，巫術在八〇年和九〇年代就不斷擴張茁壯。現在，威卡教被視為西方世界裡的一種宗教，以及其象徵符號──五芒星，我們可以在美國國家退休軍人墓園裡的墓碑上看到這個符號。巫術在千禧年持續以其模式成長，並轉向社群媒體網站上發展。

──傑森・曼基

**傑森・曼基**（Jason Mankey）在近二十五年以來不斷鍛鍊巫術，同時也是《顛覆魔法：偉大神祕學》（Transformative Witchcraft: The Greater Mysteries）與《巫術輪之年：安息、圓＆隱世的儀式》（Witch's Wheel of the Year: Rituals for Sabbats, Circles & Solitaries）的作者，兩本皆由盧埃林出版。他與妻子阿利（Ari）和兩隻貓咪住在加州，領導當地兩個女巫集會。

記住黃金黎明練習所使用的標準小五芒星儀式與黃金黎明異教版本形式間的差異相當重要。在赫密士黃金黎明，小五芒星驅逐儀式曾於儀式開始與結束時使用，在多神論儀式魔法，我們會在開始時做召喚儀式（Summoning Ritual），結束時做驅逐儀式（Banishing Ritual）。在此的召喚儀式形式是用來呼喚魔法能量現身，而驅逐儀式則是使神靈現身後撤離能量；使用這兩種涵蓋開啟與關閉儀式非常合理而且會增強魔法效力。

我們已經提到其他儀式，如果你希望可以在開啟與關閉儀式加入額外的象徵。舉例來說，如果你的傳統有聖井、聖火或任何與水和火相關聯的象徵，可以加入這些用來淨化及聖化。因此，一位愛爾蘭的異教徒有可能會說：「讓這個聖殿與所有一切被塞蓋斯（Segais）聖井的水淨化。」以及「讓這個聖殿與所有一切被貝爾（Bilé，巨龍）之火的火焰聖化。」

## 元素五芒星儀式

有許多不需要準備且相對簡單的魔法工作可以用來開啟聖殿，在本章節結尾時會提及用來製作與聖化草藥護身符的儀式。若是要做出更有效力的儀式，最好是召喚一組四元素魔法能量到已開啟的聖殿裡，另外一組特別的儀式：元素五芒星儀式（elemental pentagram rituals）就能達到此目的。

　　為了使用這些儀式，你需要從掌管四個傳統的守護神挑選四個神靈。其名字字母數不限——四個字母的限制「只有」在小五芒星儀式適用，在這個系統裡的元素儀式和其他儀式皆沒有此限制。你需要代表空氣或天空的神靈、表火或太陽的神靈、表水或海洋的神靈以及表土或繁殖力的神靈。很幸運，這些在大部分的傳統守護神中並不難找。你可以召喚相同神靈的四元素如在中柱儀式裡所使用的，或是其他你喜歡的。最重要的是選定好名字並持續使用。在以下的儀式，名字會這樣提到（**土神靈**）、（**水神靈**）、（**風神靈**）、（**火神靈**）；如前所述，所有名字表粗體時會振動。

　　元素五芒星儀式與小五芒星儀式為相同的基本架構，兩者在開始與結束時都是使用臨在的圓圈儀式。你會為每一個儀式尋找不同組合的五芒星，從對應元素開始，如圖2。

圖2：元素與五芒星

　　這並不是黃金黎明會所使用的元素五芒星版本——如小五芒星儀式，這有待商榷。黃金黎明的版本，能追溯到根據來自四字母聖名（使用於猶太和基督教神祇神聖四個字母所組成的名字）的複雜理論，在執行上有一些難處。例如，使用黃金黎明版本時，你無法同時召喚風元素和驅逐水元素，反之亦然。從五芒星每一個元素指定的點順時鐘開始喚起、逆時鐘驅逐，練習時兩邊都可以做得很好，且能避免這些錯誤。

　　儀式如下圖所示。

## 土元素的五芒星儀式

**步驟一**：施行臨在的圓圈儀式，喚起你的守護神神靈。

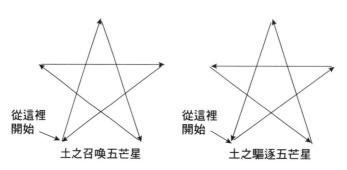

圖3：土之五芒星

　　**步驟二**：走向東方，用右手食指和中指沿著指標畫出土之五芒星，順時鐘喚起或逆時鐘驅逐（圖3）。想像畫出寶石綠的光束。指向五芒星的中心，振動名字（**土神靈**）。跟著寶石綠的光線來到南方，畫出相同的五芒星並振動相同的名字。在西方與南方做相同的動作，最後沿著線回到東方完成圓圈。

　　**步驟三**：回到祭壇的西方，面向東方並說：「在我前方肥沃的土壤、後面綿延的山丘、右手邊高聳的山脈、左手邊深邃的洞穴，我站在五芒星內，上方閃耀著（**神靈**）的祝福。」

　　**步驟四**：重複臨在的圓圈，完成儀式。

## 水元素的五芒星儀式

**步驟一**：施行臨在的圓圈儀式，喚起你的守護神神靈。

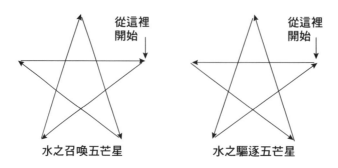

圖4：水之五芒星

步驟二：走向東方，用右手食指和中指沿著指標畫出水之五芒星，順時鐘喚起或逆時鐘驅逐（圖4）。想像畫出藍色的光束。指向五芒星的中心，振動名字（**水神靈**）。跟著藍色的光線來到南方，畫出相同的五芒星並振動相同的名字。在西方與南方做相同的動作，最後沿著線回到東方完成圓圈。

步驟三：回到祭壇的西方，面向東方並說：「在我前方跳躍的流水、後面廣大的海洋、右手邊壯碩的河川、左手邊寧靜的湖水，我站在五芒星內，上方閃耀著（**神靈**）的祝福。」

步驟四：重複臨在的圓圈，完成儀式。

## 風元素的五芒星儀式

步驟一：執行臨在的圓圈儀式，喚起你的守護神神靈。

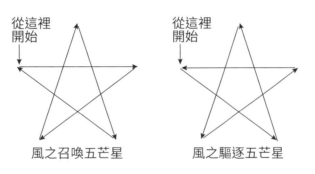

圖5：風之五芒星

步驟二：走向東方，用右手食指和中指沿著指標畫出風之五芒星，順時鐘喚起或逆時鐘驅逐（圖5）。想像畫出金色的光束。指向五芒星的中心，振動名字（**風神靈**）。跟著金色的光線來到南方，接著畫出相同的五芒星並振動相同的名字。在西方與南方做相同的動作，最後沿著線回到東方完成圓圈。

步驟三：回到祭壇的西邊，面向東方並說：「在我前方疾馳的風、後面銀色的薄霧、右手邊閃爍的天空、左手邊洶湧的雲，我站在五芒星內，上方閃耀著（**神靈**）的祝福。」

步驟四：重複臨在的圓圈，完成儀式。

## 火元素的五芒星儀式

**步驟一**：施行臨在的圓圈儀式，喚起你的守護神神靈。

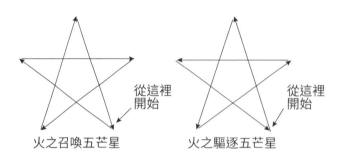

從這裡
開始

從這裡
開始

火之召喚五芒星　　　　　火之驅逐五芒星

圖6：火之五芒星

**步驟二**：走向東方，用右手食指和中指沿著指標畫出火之五芒星，順時鐘喚起或逆時鐘驅逐（圖6）。想像畫出赤紅的光束。指向五芒星的中心，振動名字（**火神靈**）。跟著赤紅的光線來到南方，接著畫出相同的五芒星並振動相同的名字。在西方與南方做相同的動作，最後沿著線回到東方完成圓圈。

**步驟三**：回到祭壇的西方，面向東方並說：「在我前方閃電般的閃光、後面熊熊的烈火、右手邊熾烈的陽光、左手邊壁爐上的火光，我站在五芒星內，上方閃耀著（**神靈**）的祝福。」

**步驟四**：重複臨在的圓圈，完成儀式。


在魔法工作中，元素五芒星儀式會在開啟聖殿與關閉前執行。在任何儀式工作裡，只能喚起一種元素，一旦喚起，就必須在關閉聖殿時再次驅逐，避免在你練習魔法的空間裡留下不平衡的能量。關閉儀式和最後的小五芒星驅逐儀式會結束清除能量的過程，之後才可以讓聖殿空間作為其他用途使用。


## 大五芒星儀式

大部分的實用魔法種類最適合召喚的，是你心裡所想、最符合你工作的任何元素能量。即便並非所有的魔法目標都有單純、實用的結果。為靈性發展的魔法工作，也是作為執業魔法師工具很重要的一環。我們藉由靈性發展的儀式——小五芒星儀式魔法與中柱儀式每日練習所構築的基礎，強化你與男神、女神、守護神靈以及來自宇宙不斷湧入的魔法力量間的連結。

　　為了靈性發展的儀式，最好同時召喚所有四個元素，因環繞在宇宙與你自身的元素能量的平衡狀態，是靈性發展透過魔法最關鍵的部分。適用於此目的的儀式為大五芒星儀式（Supreme Ritual of the Pentagram）——此儀式將四種元素的五芒星儀式合為單一的儀式形式。請參考下方大五芒星驅逐儀式。

　　**步驟一**：施行臨在的圓圈儀式，呼喚你的守護神神靈。

　　**步驟二**：走到空間內四分之一東方位置，沿著風之五芒星，從風元素的點順時鐘畫出。觀想五芒星用純黃色的光線畫出。指向五芒星的中心並振動名字（**風神靈**），使用風之五角形儀式相同的名字。

　　**步驟三**：沿著空中光線來到空間內四分之一南方，想像畫出白色光線。在南邊畫出火之五芒星，從火元素的點順時鐘轉，觀想其為紅色光線。指向中心並振動名字（**火神靈**），使用火之五芒星儀式相同的名字。

　　**步驟四**：沿著白色光線來到西方。用藍色光線從水元素的點順時鐘轉畫出水之五芒星並振動名字（**水神靈**），使用在水之五芒星儀式相同的名字。

　　**步驟五**：沿著白色光線來到北方。用綠色光線沿著土之五芒星從土元素的點順時鐘轉並振動名字（**土神靈**），使用在土之五芒星儀式相同的名字。接著沿著白色光線回到東方完成圈圈，接著回到中心。

　　**步驟六**：站在中心，面向東方並說：「在我前面風之力量、後面水之力量，右手邊火之力量，左手邊土之力量。我站在五芒星，上方閃耀著（**神靈**）的祝福。」當你說出這些話時，觀想四個管道的元素。

　　**步驟七**：重複臨在的圓圈儀式，完成儀式。


　　大五芒星儀式使用相同的方式完成，除了五芒星是從相關的元素點順時鐘畫出。兩種版本應該都要練習，直到你在魔法工作使用時可以憑著記憶執行。另一種較方便的方式是，使用兩種形式中更具能量的中柱儀式。

## 進階中柱儀式

進階中柱儀式（Greater Middle Pillar Exercise）可以一星期一次取代一般的小五芒星儀式和中柱儀式。這裡使用的版本是愛爾蘭神靈，其魔法神靈為「達格達」（Dagda）。如果你希望使用這個儀式，應該取代成適合自己神靈和守護神的名字；應該也可以將「阿莫金之歌」（Song of Amergin，形成儀式中心的咒語）取代成你自己傳統且類似的咒語。例如日耳曼新異教徒（Heathen）魔法師可能會大量選擇來自古諾斯語（Old Norse）哈瓦馬爾（Hávamál）的訊息，其中的主神奧丁（Odin）形容自己在世界之樹（World Tree Yggdrasil）所做的自我犧牲。使用的咒語應該會表達一些你的傳統的真理。愛爾蘭形式的練習如下所述。

**步驟一**：執行完整的小五芒星召喚儀式，在臨在的圓圈儀式呼喚**達格達**（AN DAGDA）。四個方位的名字分別為東方的**達奴**（DANU）、南方的**魯格**（LUGH）、西方的**芭德布**（BADB）以及北方的**貝爾**（BILÉ）。

**步驟二**：執行完整的大五芒星驅逐儀式，使用與臨在的圓圈儀式相同的名字。呼喚以**努亞達**（NUADA）之名東方風神、以**布麗姬**（BRIGHID）之名南方火神、以**瑪那南**（MANANNÁN）之名西方水神、以**艾里由**（ERIU）之名北方土神。當呼喚這些元素時，專注感覺透過五芒星流動的存在感與力量。

**步驟三**：站在空間中心，面向東方，念誦阿莫金之歌；

我是吹過海上的風；

我是海上的浪；

我是七日戰役中的公牛；

我是岩石上的老鷹；

我是來自落日的餘光；

我是地球上最美好的人。


我是英勇的野豬；

我是水中的鮭魚；

我是草原上的湖泊；

我是知識的語言；

我是左右戰役的長矛；

我是發動戰爭的神；

是誰在山嶺的聚會裡散發光芒？

是誰能夠說出月亮的年齡？

是誰能夠分辨出太陽升起的位置？[9]

　　當你念誦每一句阿莫金之歌時，想像如你所描述：海上的風、懸崖上的鷹、睿智的德魯伊以及其他象徵。將自己視為一個真實體，穿梭在你現在所駐足的身體。相信我，你會像威爾斯的巫師詩人塔利埃辛（Taliesin）般，讓你身歷其境。[10]

　　**步驟四：**用一般方式執行完整的中柱儀式，除了振動對應每一個能量中心的名字九次而不是三次，另外執行每一個能量繞圈九次而非三次。完成後則是念誦阿莫金之歌，這樣會變成一個特別且有力的經驗。

　　**步驟五：**執行完整的大五芒星驅逐儀式，隨著召喚的名字釋放了元素能量。

　　**步驟六：**執行完整的小五芒星驅逐儀式，隨著召喚的名字已經清除剩下的能量，然後結束練習。

## 護身符的聖化儀式

　　這個製作、聖化護身符以保護和祝福心靈花園的簡單基本儀式，使用了自然魔法的傳統。護身符是一個綠色防水布的小袋子，裡面放入苔蘚瑪瑙，以及隨手可得的聚合草和歐當歸兩種乾燥香料。不用事前製作護身符，相反地，而是將未加工的材料（一個袋子、苔蘚瑪瑙和兩個裝了半茶匙或一茶匙的香料）放在祭壇上，如圖7。你也需要一條絲質或麻製的布料，用來在護身符製作完成、聖化後包裹起來。

---

9. 格雷戈里夫人（Lady Gregory）Gods and Fighting Men 第一部分，第三卷，文本可參考 www.sacred-texts.com/neu/celt/gafm/gafm09.htm。

10. 如果你使用不同神靈、不同咒語，顯然你需要在儀式上專注在所使用的咒語主題。

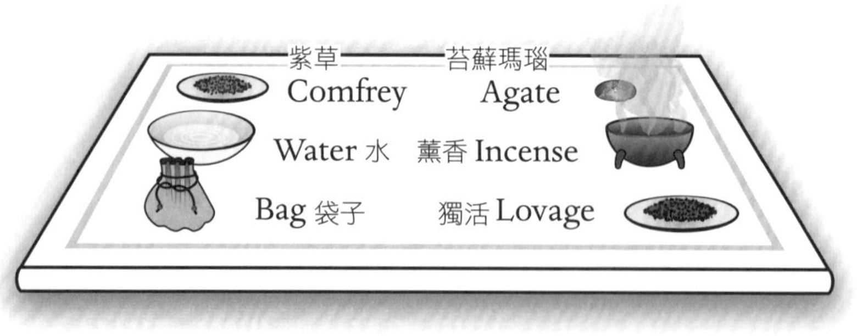

圖7：儀式祭壇物品擺放的範例

接下來的神靈儀式為羅馬禮，魔法的守護神是維斯塔（Vesta）。如果你希望使用這個儀式，當然應該要使用適用於自己的守護神和神靈。

**步驟一**：站在祭壇的西方，面向東方。舉起右手、手掌朝上，儀式期間向你所召喚的神聖力量致意並說：「以**維斯塔**（VESTA）之名，以及所有男神和女神的現身，我準備開啟這個聖殿。」

**步驟二**：執行臨在的圓圈儀式，並說：「以**維斯塔**（VESTA）之名，我的守護女神，我將自己放在她所現身與保護的圓圈裡。」

**步驟三**：在四個方位沿著五芒星與圓圈合而為一，在每一個五芒星振動一個神聖名字。東方的名字是**朱威**（JOVE）、南方是**茱諾**（JUNO）、西方是**瑪爾斯**（MARS）、北方是**邁亞**（MAIA）。

**步驟四**：回到祭壇的西方，面向東方，振動元素並說：「在我前方是火神、後方是水神、右手邊是火神、左手邊是土神。我站在五芒星裡，上方閃耀著**維斯塔**的祝福。」

**步驟五**：再次執行臨在的圓圈儀式，並使用剛才的名字。

**步驟六**：站在祭壇西方，面向東方，雙手舉起裝水容器並說：「讓這個聖殿以及所有的一切被水淨化。」用一般的方法使用水淨化聖殿，接著回到祭壇的西方，將裝水容器放回原位。

**步驟七**：站在祭壇的西方，面向東方，舉起香爐並說：「讓這個聖殿以及所有的一切被聖火聖化。」用一般的方式使用火聖化聖殿，接著回到祭壇的西方，將香爐放回原位。

**步驟八**：順時鐘繞著祭壇，經過東方四次。每一次經過東方時，帶著敬意鞠躬，並想像你的移動正在創造一股能量的漩渦，這來自遙遠宇宙的魔法力量來到你的魔法聖殿。當你經過東方四次後，繞回到祭壇的西方，面向東方。

　　**步驟九**：張開雙手並說：「**維斯塔**，我的女神，我請求您祝福並聖化這個高等魔法的聖殿，幫助現在執行的工作得到您的力量。」稍微暫停，感受圍繞在身邊維斯塔的存在和力量。

　　**步驟十**：站在祭壇的西方，面向東方，舉起你的右手，張開手掌並說：「以**維斯塔**之名，以及所有男神和女神，我正式宣布這個聖殿開啟。」接著在四方位執行完整的土之五芒星驅逐儀式，振動土之女神**刻瑞斯**（CERES）之名。

　　**步驟十一**：大聲說出「現在我為了祝福、保護我的花園而創造護身符。」接著將香料和苔蘚瑪瑙放入袋子裡綁起。當你在做這些動作時，想像你的花園是一處充滿生機、豐饒且完美的避風港。盡可能在心中想像愈清楚愈好。完成護身符的製作，將此放在祭壇的中間。

　　**步驟十二**：將雙手以祈禱的方式舉起並說：「刻瑞斯，偉大的女神，所有綠地與生長生物的尊貴女神，我在此請求您用您的力量和智慧強化這個護身符，以此祝福和保護我的花園。」接著念誦以下詩句：


　　寬宏的刻瑞斯，我歌頌您，

　　偉大的王，朱威的來源，

　　古老的女神，薩圖恩的妻子，

　　所有生物的中心，

　　永遠都源自於您，

　　所有多產的神靈。[11]


　　重複這段詩句三次。完成後，專注在聖殿裡女神刻瑞斯的存在，感覺一股神聖力量從她降臨到護身符。盡可能在當下維持這樣的想像。當你的專注力開始衰退時說：「刻瑞斯，偉大的女神，感謝您的祝福與協助。」接著用絲質或麻質的布料將護身符包起來，當你在驅逐所召喚的能量時，能幫助魔法力量不受到破壞。

　　**步驟十三**：執行完整的土之驅逐元素五芒星儀式，在每一個方位再次振動名字**刻瑞斯**，用來釋放你所召喚的能量。

---

11. 這些句子源自偉大的英國異教徒湯瑪士・泰勒（1758-1835）之著作《給刻瑞斯的聖歌》（Hymn to Ceres）。作為一位謹慎的學者，泰勒的句子是以羅馬神話為基礎，而不是以薩圖恩的妻子、朱比特（Jupiter）的母親雷亞（Rhea）為基礎。參考撒路斯提烏斯（Sallustius）的著作《撒路斯特：眾神與世界》（Sallust, On the Gods and the World）。

**步驟十四**：舉起裝水的容器，使用與開始時相同的方式用水淨化聖殿。將容器放回原位。

**步驟十五**：舉起香爐並使用與開始時相同的方式用火聖化聖殿。將香爐放回原位。

**步驟十六**：從祭壇的西方開始，順時鐘繞著祭壇，經過東邊四次。每次經過東邊時，帶著敬意鞠躬。走動時，想像你的動作正在分化剛才創造的能量漩渦。當經過東方四次後，回到祭壇的西方並面向東方。

**步驟十七**：張開你的雙臂並說：「以**維斯塔**之名，我讓任何曾被囚禁的靈魂藉由儀式重獲自由。安靜地啟程前往該有的居所，並讓我們彼此維持和平。」稍微停頓後，執行完整的小五芒星驅逐儀式，使用與開始時相同的名字。

**步驟十八**：站在祭壇的西方，面向東方，再次舉起右手，張開手掌並說：「以**維斯塔**之名，以及所有男神與女神的存在，我正式宣告聖殿關閉。」儀式完成。

◆ 結語 ◆

本書提及的儀式和練習僅是異教儀式魔法其中的一些範例。每一個由黃金黎明魔法師所使用的魔法工作，甚至更複雜的，都可以用相同的方式修正以符合異教徒執業魔法師的需求，同樣也適用於儀式魔法的其他系統。花時間練習、熟悉並學習本書提到的案例，你就會發現用相同的方式也能輕鬆適用於其他的儀式。

◆ 參考書目 ◆

Greer, John Michael. The Celtic Golden Dawn. Woodbury, MN: Llewellyn Publications, 2013.

———. *The Encyclopedia of Natural Magic*. St. Paul, MN: Llewellyn Publications, 2000.

Gregory, Lady. Gods and Fighting Men. London: J. Murray, 1904. https://www.sacred-texts.com/neu/celt/gafm/index.htm. Accessed September 23, 2019.

Knight, Gareth, ed. *Dion Fortune's Rites of Isis and of Pan*. Cheltenham, UK: Skylight, 2013.

Regardie, Israel. *The Golden Dawn*. Edited by John Michael Greer. Woodbury, MN: Llewellyn, 2015.

Sallustius. *Sallust, On the Gods and the World*. Translated by Thomas Taylor. 1795. Reprint, Los Angeles, CA: Philosophical Research Society, 1976.

## ◆　作者介紹　◆

　　約翰‧麥可‧格里爾（John Michael Greer）為五本書以上的作者，著作包含《塞爾特黃金黎明》、得獎作品《神祕學的新百科全書》（New Encyclopedia of the Occult），更多文章內容可以前往其週間部落格 www.ecosophia.net.。長時間身為西方密傳基督教傳統的學生，他舉行各種啟蒙，包含共濟會、玫瑰十字會與德魯伊派系，以美國古老德魯伊教團（Ancient Order of Druids）的「大德魯伊」（Grand Archdruid）之身分服務十二年。現與妻子莎拉（Sara）定居在羅德島州。

## ◆　圖片出處　◆

　　圖1–6出自盧埃林藝術團隊。

　　圖7出自詹姆士‧克拉克。

# 第十一冊
# 魔法師的對應表──大衛・艾倫・浩斯

　　任何魔法儀式裡，魔法師能在儀式工作中對魔法對應做出適當使用，是非常重要的部分。在任何系統背後相對應的魔法對應方法學，皆源自「形象學說」（doctrine of signatures）的復興，形象學說的哲學則是尋求自然以發現能引起共鳴的對應。因此，核桃與人腦藉由象徵學的方式產生連結，因為核桃擁有堅硬的殼、內含分割成個別部分的核果──類似人類骨骼包裹著大腦。

　　象徵對應的複雜系統是由許多不同的魔法師與魔法傳統發展至今，其傳統透過與世界宇宙萬物的延伸產生連結，如肉眼可見的行星與黃道帶。其中關鍵象徵通常包含幾個字母、一段數字以及彩虹光譜，分別對應到元素、行星與黃道。無可避免地，數字通常會與單字連結在一起，每一個魔法字母會連結到一個數值。這是魔法師在各種象徵制定的特別排列方式，此方式根據形象學說的邏輯而來。

　　十七世紀的魔法師為了練習，會參考像是魔法對應的經典文本──阿格里帕所著的《祕術哲學三書》；十九世紀給魔法技術執業者的經典文本則是法蘭西斯・貝瑞特的《魔法師》（內容源自阿格里帕）；二十世紀，其中包含魔法對應教義最具影響力的就是克勞利的《777》。

　　我自身所出版關於魔法傳統則是專注於世界魔法系統，包含東西方的分類學。適當的章節無法掌握所有我在《東方神祕學》（The Eastern Mysteries）與《西方神祕學》（The Western Mysteries）裡提及的細節。不過，在這有限的空間裡，我盡量製作出以赫密士黃金黎明會的教學為基礎的卡巴拉實踐塔羅之關鍵，這是來自所有魔法努力的真實基礎。魔法對應會從元素、行星與黃道提供；西方曼陀羅，也就是所謂的生命之樹，會透過接下來的表格提及。

　　那些對於生命之樹複雜的象徵符號想要深入掌握的人，應該參考在《東方神祕學》書中第二章關於希伯來字母，以及《西方神祕學》第十二章關於塔羅的內容。

　　十九世紀，有一個象徵性對應的現代魔法傳統的資料來源，那就是一八八七年在英國由三個共濟會所組成的「黃金黎明赫密士教團」魔法團體，其三位創立者（有時候會指三位教會

的祕密首領）分別是威廉・羅伯特・伍德曼博士、威廉・韋恩・維斯特考特博士與麥克逹格・馬瑟斯，另外兩位來自教會的成員，同時也是重要的神祕學家愛德華・韋特與阿萊斯特・克勞利，其在魔法與塔羅的成就持續影響著我們現代的魔法社群。

如果我們回顧阿格里帕或貝瑞特的魔法成就，會發現在他們自身的對應教義中並沒有提到塔羅；不過當我們觀看赫密士黃金黎明會奧祕的教導，發現其形象學說的關鍵為塔羅修改後的順序。

埃利法斯・列維以及十九世紀法國神祕學運動，結合了希伯來文字母奧祕的象徵，其字母是在傳統知名的卡巴拉與七十八張卡所組合的塔羅裡發現。將這些特別的希伯來文字作為對應系統核心的是來自《創世之書》（Book of Formation），本書針對希伯來文二十二個字母的宇宙觀做出簡短的論述。維斯特考特發行此書的英文版本——這同時指引維斯特考特和馬瑟斯，透過這個論述作為解決如何將希伯來文字母分配到塔羅裡的難題。

列維使用來自法國的馬賽塔羅牌（Marseille Tarot），作為每一個字母對應到一張特定塔羅牌的基礎（見表1）。因為這七十八張卡片由二十二張在圖像象徵裡的原型性質王牌（trump cards）為主，也就是「大阿爾克那卡」，他能夠將二十二個希伯來文字母分別分配到每一張卡片，並且使用卡片實際上的圖像來做結合。因此，他將第一個希伯來文字母「Aleph」歸類至第一號的「魔法師」，因為魔法師的手臂、身體和腳部暗示為字母「Aleph」（א）的形狀。其他象徵性圖像視為希伯來字母的，包含第十一號像獅子嘴巴的「力量」的希伯來文字母「Kaph」（כ）；第十二號雙手雙腳交叉加上身體的「吊人」的字母「Lamed」（ל），以及第十六號身體、雙手雙腳上下顛倒降落的石匠的「高塔」（ע）。這些傳統同時包含在帕帕斯（Papus）的《波希米亞塔羅》（The Tarot of the Bohemians）和奧士華・沃斯（Oswald Wirth）的《魔法師的塔羅》（The Tarot of Magician）。

| 希伯來文 | 塔羅 | 希伯來文 | 塔羅 | 希伯來文 | 塔羅 |
|---|---|---|---|---|---|
| א | 魔法師 | ה | 正義 | ס | 惡魔 |
| ב | 女祭司長 | ט | 隱者 | ע | 高塔 |
| ג | 女帝 | י | 命運之輪 | פ | 星星 |
| ד | 皇帝 | כ | 力量 | צ | 月亮 |
| ה | 教皇 | ל | 吊人 | ק | 太陽 |
| ו | 戀人 | מ | 死亡 | ר | 審判 |
| ז | 戰車 | נ | 節制 | ש | 世界 |
| | | | | ת | 錘子 |

表1：埃利法斯・列維希伯來文塔羅關鍵

　　維斯特考特和馬瑟斯兩人使用維斯特考特所翻譯的《創世之書》（1887年出版）的傳統，不過隨著黃金黎明系統魔法的到來，其他透過他們的管道承襲至其他的神祕學家與魔法組織、以及大英博物館內廣大圖書館等未出版的素材，發現了希伯來字母與塔羅間不同的對應系統。他們偽造一份草創文件，也就是「密碼手稿」（Cipher Manuscript），支持這個根本上由列維所創立、普及化的象徵對應系統，並充當、作為已存在的德國玫瑰十字會會所的神祕學教導。不過，他們所建立的系統裡的塔羅，則是來自他們自身的發明，這幾乎形塑任何一種已發行的塔羅牌系統，包含韋特、保羅・福斯特・凱斯與克勞利的塔羅牌。

　　當入會者為了啟蒙進入神祕學領域來到金色黎會時，他們第一年的學習專注在學習寫希伯來字母。許多可能成為啟蒙者的人，也許會對這個位在黃金黎明會的教學感到困惑。但確實學習的關鍵就在於，希伯來文與塔羅大阿爾克那卡間所闡述的獨特對應關係，這的確是黃金黎明會教學裡的寶物與最棒的祕密。典禮中的每一個儀式會根據塔羅這個獨特的分配，包括源自約翰・迪伊與愛德華・凱利精心製作的以諾魔法系統。

　　我發現在我大部分塔羅與魔法領域的作品中，源自黃金黎明會的魔法對應系統是任何出版神祕系統分類裡最能運行與使用的，其系統將內容分類為夢啟與清醒的靈視。這可作為所有奧祕文本與魔法藝術的關鍵，多年來也被廣為練習；也能使任何發生在某人人生的平凡小事，充滿最深邃的象徵意義；也會伴隨我們的洞見使內在成長，並與符號集之間建立潛在連結。這就像成為某人心理過程中的一塊布般，不斷延展成潛意識的階段，並成為任何執業魔法師工作上的基礎。

　　無論是初入魔法的學生或資深魔法師，在任何時候都需保持彈性，修正心態以接納對應系統，或是用另一種方式完全取代現在所學的知識。克勞利在他脫離四種黃金黎明大阿爾克那卡塔羅牌，確實做了很好的示範，以及其學生弗雷特·阿查德（Frater Achad）更進一步，為了在輝耀和相鄰路徑上擁有更好的占星排列，變換二十二張大阿爾克那卡位在生命之樹的二十二條路徑。但我想再次強調，維斯特考特和馬瑟斯所設想的這套系統的價值，比任何其他系統或其他變化過的系統都還要包羅萬象。韋特和凱斯兩人都曾在自身作品塔羅深奧的本質中，保留此系統的完整性，也包括克勞利使用四張特例：皇帝、力量、正義和星星。

　　在接下來表格所顯示的，是希伯來文對應塔羅相當晦澀的排列組合（表2）。魔法師在每一次練習中，都需要將此深深烙印在腦海裡，這會更加強化連結希伯來文字母在《創世之書》所發現的宇宙觀，以及二十二張大阿爾克那卡的對應關係。即便你已經接觸過這個對應系統，那麼你需要確認是否已經將每一個細節熟記，並在需要時可以呼喚它們。

　　你會在現代神祕文學裡發現，表2所列的對應有許多不同版本。泰勒瑪主義者（Thelemite，表試圖發現、並執行其意志的人）將「皇帝」換成「星星」，為了符合第五七版《律法之書》第一章節：「我書中所有的古老字母都是正確的，但『ע』並不是星星。」[1]

　　他們也保留第八張「正義」與第十一張「力量」位置的古老傳統，但是維持對應正義的天秤座與力量的獅子座黃道屬性，像這樣的象徵應視為次要的參考依據。

　　在表2裡的「數值」一欄顯示分配到希伯來文字母的數值，分配到的每一張塔羅牌都會有不同的數值。在列維的系統，前十張大阿爾克那卡的數列是相同數值，如同希伯來文字母的數值；不過在黃金黎明系統，「愚人」大牌排序從0開始，「Aleph」的排序則是從1開始。因此，愚人是「Aleph」和1都表「無」——這就是黃金黎明系統能夠解碼出塔羅的偉大祕密所在。

| | 塔羅 | 希伯來文 | 數值 | 象形文字 | 宇宙 | 顏色 |
|---|---|---|---|---|---|---|
| 0 | 愚者 | Aleph (א) | 1 | 牛 | △ / ⊕ | 淡黃色 |
| 1 | 魔法師 | Beth (ב) | 2 | 房子 | ☿ | 黃色 |
| 2 | 女祭司 | Gimel (ג) | 3 | 駱駝 | ☽ | 藍色 |
| 3 | 女帝 | Daleth (ד) | 4 | 門 | ♀ | 綠色 |
| 4 | 皇帝 | Heh (ה) | 5 | 窗戶 | ♈ | 紅色 |
| 5 | 教皇 | Vav (ו) | 6 | 釘子 | ♉ | 橘紅色 |
| 6 | 戀人 | Zain (ז) | 7 | 劍 | ♊ | 橘色 |
| 7 | 戰車 | Cheth (ח) | 8 | 柵欄 | ♋ | 橘黃色 |

1.Crowley, *Liber L. vel Legis*, 7。

| 塔羅 | | 希伯來文 | 數值 | 象形文字 | 宇宙 | 顏色 |
|---|---|---|---|---|---|---|
| 8 | 力量 | Teth (ט) | 9 | 蛇 | ♌ | 黃色 |
| 9 | 隱者 | Yod (י) | 10 | 拳頭 | ♍ | 黃綠色 |
| 10 | 命運之輪 | Kaph (כ) | 20 | 手掌 | ♃ | 紫羅蘭色 |
| 11 | 正義 | Lamed (ל) | 30 | 牛刺 | ♎ | 綠色 |
| 12 | 吊人 | Mem (מ) | 40 | 水 | ▽ | 藍色 |
| 13 | 死亡 | Nun (נ) | 50 | 魚 | ♏ | 藍綠色 |
| 14 | 節制 | Samekh (ס) | 60 | 噴泉 | ♐ | 藍色 |
| 15 | 惡魔 | Ayin (ע) | 70 | 眼睛 | ♑ | 藍紫色 |
| 16 | 高塔 | Peh (פ) | 80 | 嘴巴 | ♂ | 紅色 |
| 17 | 星星 | Tzaddi (צ) | 90 | 魚鉤 | ♒ | 紫羅蘭色 |
| 18 | 月亮 | Qoph (ק) | 100 | 後腦杓 | ♓ | 紫紅色 |
| 19 | 太陽 | Resh (ר) | 200 | 臉 | ☉ | 橘色 |
| 20 | 審判 | Shin (ש) | 300 | 牙齒 | △ | 紅色 |
| 21 | 世界 | Tav (ת) | 400 | 標記／交叉 | ♄ / ▽ | 藍紫色 |

表2：黃金黎明希伯來文字母塔羅之鑰

韋特在克努特‧史特寧（Knut Stenring）所譯的《創世之書》的介紹裡，對塔羅的神祕指令做了這個諷刺般的觀察：

> 塔羅牌愚人的適當位置是所有努力中非常重要的關鍵，有不少人創造大阿爾克那卡與希伯來字母間的對應。如果這值得一提的話，從無法預期的考量中出現的正確排序從來沒有印製出來，且不會與維多利亞分配混淆。不過過去認為這很重要，提到「Aleph」密碼卡表數字一，因此我們會面對0＝1的奇怪比擬，就如同我們看到的0＝300，除了21在字母的排列之外。[2]

在他一如往常自大的風格，韋特揭露塔羅「0＝1」真正關鍵的真實祕密，即便他持相反的意見。他自己的塔羅設計背離了這個由黃金黎明（即便他是成員之一）所設置的獨特象徵。

我在第二本《西方神祕學》第十二章裡，其中有一大章節在描述，韋特如何用七十八張獨特設計的塔羅牌融合至黃金黎明的象徵符號中——這到現今仍作為現代塔羅牌的基礎架構。

愚人牌為數字零與希伯來字母「Aleph」排序的祕密，也在克勞利第四十八版《律法之書》第一章提及：「我的先知就是帶著他的『一』的愚人，他們不是牛，亦非這本書。」[3]

希伯來文字母的每一個字都有一個名字，「Aleph」寫成 ALP（希伯來文），代表數值111；每一單字的字母會依形狀產生一個象形文字，這是此名字的翻譯。如「Aleph」是牛，在表2「象形文字」一欄有標示。因此，前面由克勞利所提及的愚人、數字111、牛以及無的價值皆與「Aleph」作為塔羅愚人產生連結。

在表2顯示大阿爾克那塔羅牌與希伯來文字母所排列的顏色一欄，源自黃金黎明傳統由四種不同的色階分配給二十二張大阿爾克那牌。這個色階最能代表彩虹的色調，並標記為「國王層級」（King Scale）──對應到卡巴拉最高階的「四世界」；這是融合黃金黎明系統魔法使用的玫瑰十字會的設計。

在表2的塔羅牌，使用不同於先前出版過的塔羅排列方式──將「力量」（有些牌卡是用「堅毅」〔Fortitude〕）與「正義」互換，因此「力量」為八號牌，「正義」則是十一號牌。這個互換發生自馬瑟斯和維斯特考特採用《創世之書》卡片本身設計的特性，不過韋特將兩張牌互換時，並沒有提供一個適當的解釋。

希伯來字裡的「Teth」和「Lamed」為單發音字母（另外兩種為雙發音字母和母字母）；十二個單發音字母分配到黃道十二宮象徵，Teth 為獅子座，Lamed 為天秤座。藉由建立愚人牌為Aleph 和主牌，正義牌顯示一個女人一手拿著天秤，另一手拿著劍，自然地就落在「Teth」和獅子座象徵；力量牌顯示一個女人打開獅子的嘴巴則落到「Lamed」和天秤座象徵。透過兩張牌的互換，力量變成獅子座（明顯在設計上用獅子顯示），正義變成天秤座（明顯在設計上用天秤顯示），將這兩張牌帶入星象上的和諧。

其中維斯特考特和馬瑟斯最激進的舉動是，將列維的「魔法師」屬性換成「Aleph」，並將「Aleph」與愚人牌並列，將愚人牌的位置避開所有先前關於塔羅評論家的說法。這張卡會放在第二十張「正義」和二十一張「宇宙」間，或者排到最後一張、二十一張牌的後面。一旦力量牌和正義牌互換，並將愚人牌放到這個位置帶領牌卡和給予0的編號，使得希伯來文的宇宙觀符號學完美對應到卡片的圖像。

---

2. 克努特 ‧ 史特寧《創世之書》。注意韋特可能參考他於一九一七至一九二三年，由 J.B. 特里尼克（J. B. Trinick）為韋特自己的玫瑰十字會所繪製、未出版的塔羅牌，這本書原是於一九二三年出版。韋特－特里尼克塔羅牌最近僅能在古德溫和馬庫斯 ‧ 卡茨於二〇一一年出版的《守護聖堂》（Abiding in the Sanctuary）一書中看到。

3. Crowley, *Liber L. vel Legis, 6*。

　　馬瑟斯和維斯特考特將二十二張大阿爾克那牌，放在對應到源自阿塔納斯·珂雪（Athanasius Kircher）生命之樹的設計；他們修正連結生命之樹的十個輝耀路徑，以對應到與希伯來字母到塔羅的獨特連結。也修正生命之樹以符合傳統猶太教卡巴拉生命之樹現存路徑，這些連接十個輝耀的二十二條路徑有著不同的連結方式。原本的生命之樹三條水平路徑對應到三個母字母，七條垂直路徑對應到七個行星，以及十二條斜路徑對應到黃道十個象徵。[4]

　　生命之樹是西方宇宙的地圖，等同於東方曼陀羅；這個圖表十個圓圈象徵十個宇宙間不斷擴張的極限，底部第十個輝耀為土元素，第九個到第三個之間有七個行星（象形符號），第二個輝耀由恆星（fixed stars）構成黃道，以及第一個輝耀為「神的白色光芒」，也就是「原動」（primum mobile）或萬物的第一層漩渦。這十個輝耀應被視為十個同心圓，其中心為地球，以及第十個輝耀和最外層的圈圈是第一個輝耀的白色光芒，為萬物的起源。

　　這十個輝耀在希伯來文稱作「薩弗拉」，形成了由黃金黎明會所發展的第一個以十個數字象徵性質做出最全面的理解；十個輝耀或數字將宇宙的占星屬性分類，並提供黃金黎明會以彩虹顏色為基礎所形成的複雜配色。

　　二十二個希伯來字母作為連結形成生命之樹十個輝耀的通道，十個輝耀與二十二個路徑的結合，構成《創世之書》所描述的三十二條「智慧之道」（Paths of Wisdom），如圖1和表3。

| 路徑 | 宇宙屬性 | 路徑 | 宇宙屬性 |
|---|---|---|---|
| 1 | Kether－王冠（原動） | 17 | Zain－戀人（♊） |
| 2 | Chokhmah－智慧（黃道） | 18 | Cheth－戰車（♋） |
| 3 | Binah－領會（♄） | 19 | Teth－力量（♌） |
| 4 | Chesed－仁慈（♃） | 20 | Yod－隱者（♍） |
| 5 | Geburah－力量（♂） | 21 | Kaph－命運之輪（♃） |
| 6 | Tiphereth－美（☉） | 22 | Lamed－正義（♎） |
| 7 | Netzach－勝利（♀） | 23 | Mem－吊人（▽） |
| 8 | Hod－宏偉（☿） | 24 | Nun－死亡（♏） |
| 9 | Yesod－根基（☽） | 25 | Samekh－節制（♐） |
| 10 | Malkuth－王國（⊗） | 26 | Ayin－惡魔（♑） |
| 11 | Aleph－愚人（△/⊕） | 27 | Peh－高塔（♂） |

4. 見我的著作《東方神祕學》112頁原型生命之樹的圖表。

| 12 | ב Beth－魔法師（☿） | 28 | Tzaddi－星星（♒） |
| 13 | ג Gimel－女祭司（☽） | 29 | Qoph－月亮（♓） |
| 14 | ד Daleth－女帝（♀） | 30 | Resh－太陽（☉） |
| 15 | ה Heh－皇帝（♈） | 31 | Shin－審判（△） |
| 16 | ו Vav－教皇（♉） | 32 | Tav－世界（♄ / ▽） |

表3：生命之樹三十二條智慧路徑

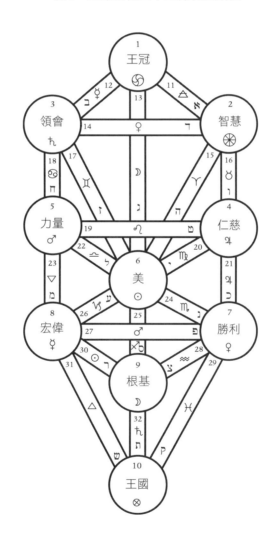

圖1：生命之樹三十二條路徑

此外，應該注意到黃金黎明體系的魔法，生命之樹第一個十個輝耀，或稱十個薩弗拉，分配到塔羅小阿爾克那（Minor Arcana）四十張數字牌。四張「王牌」落到輝耀一，其他數字卡的數字二至九對應到權杖、聖杯、寶劍和錢幣，則分配到輝耀二到十。

希伯來卡巴拉到宇宙間有四個階層，每一個階層包含自己的生命之樹；最頂端的世界名為「Atziluth」，也就是「原型界」（Archetypal world），此世界表創意來源、創意背後的衝動以及對應到權杖和火元素；第二個世界名為「Briah」，也就是「創造界」（Creative World），此世界表創意的行動，對應到聖杯和水元素。第三個世界名為「Yetzirah」，也就是「形塑界」（Formative World），此世界表創意背後的構造或藍圖，對應到寶劍和風元素；第四個也是最後一個世界名為「Assiah」，也就是「行動界」（world of Action），表創意世界與物質世界，對應到錢幣和土元素。

由於四世界對應到生命之樹，黃金黎明會得出四世界的每一世界裡有十個輝耀，以及二十二條路徑對應到複雜的顏色編碼系統；每一個世界的三十二條路徑的四個主要配色，原型界標記為「國王層級」；創造界標記為「王后層級」（Queen scale）；形塑界標記為「王子層級」（Prince scale）；行動界標記為「公主層級」（Princess scale）。這四個名字源自黃金黎明塔羅宮廷牌的修正順序，原本舊的騎士牌變成新的國王牌，舊的國王牌變成新的王子牌——這背離許多現在評論家，在後面會詳細討論關於四元素的部分。

表4和表5顯示四世界十個輝耀和二十二條路徑四個顏色層級，此配色由莫伊娜・馬瑟斯所設想、黃金黎明會第一次設計的教學，之後在克勞利的魔法著作裡普及化。在他的《托特之書》裡，克勞利將「國王層級」標記為「騎士層級」，主要是為了幫助讀者了解，在黃金黎明系統中生命之樹的顏色分配舊騎士牌現在是新國王牌。

| 輝耀<br>（路徑） | 國王層級<br>（原型界） | 王后層級<br>（創造界） | 王子層級<br>（塑形界） | 公主層級<br>（行動界） |
|---|---|---|---|---|
| 1－王冠 | 耀眼的白光 | 白光 | 白光 | 帶有金色點的白光 |
| 2－智慧 | 輕柔的天空藍 | 灰色 | 藍灰色／珍珠灰 | 帶有紅、藍、黃點的白色 |
| 3－領會 | 緋紅色 | 黑色 | 棕黑色 | 帶有粉紅點的灰色 |
| 4－仁慈 | 深紫羅蘭色 | 藍色 | 紫紅色 | 帶有黃點的深天藍色 |
| 5－力量 | 橘色 | 猩紅色 | 亮猩紅色 | 帶有黑點的紅色 |

| 輝耀<br>（路徑） | 國王層級<br>（原型界） | 王后層級<br>（創造界） | 王子層級<br>（塑形界） | 公主層級<br>（行動界） |
|---|---|---|---|---|
| 6－美 | 透明粉薔薇色 | 金黃色 | 鮭魚般的粉紅 | 金黃琥珀色 |
| 7－勝利 | 琥珀色 | 翡翠綠 | 亮黃綠色 | 帶有金色點的橄欖綠 |
| 8－宏偉 | 紫羅蘭色 | 橘色 | 紅褐色 | 帶有白點的黃褐色 |
| 9－根基 | 靛藍色 | 紫色 | 極深紫色 | 帶有天藍色點的檸檬黃 |
| 10－王國 | 黃色 | 檸檬黃、深棕色、橄欖綠、黑色 | 檸檬黃、猩紅色、橄欖綠、帶有金色點的黑色 | 黃色帶狀的黑色 |

表4：四世界十個輝耀的四種顏色層級

| 輝耀<br>（路徑） | 塔羅牌 | 國王層級<br>（原型界） | 王后層級<br>（創造界） | 王子層級<br>（形塑界） | 公主層級<br>（行動界） |
|---|---|---|---|---|---|
| 11－א | 愚者 | 淡黃色 | 天空藍 | 藍綠色 | 帶有金色點的翡翠綠 |
| 12－ב | 魔法師 | 黃色 | 紫色 | 灰色 | 帶有深紫色帶狀的靛藍色 |
| 13－ג | 女祭司 | 藍色 | 銀色 | 淡藍冷色 | 帶有天空藍帶狀的銀色 |
| 14－ד | 女帝 | 翡翠綠 | 天空藍 | 春綠色 | 帶有淡黃帶狀的亮玫瑰色 |
| 15－ה | 皇帝 | 猩紅色 | 紅色 | 亮白豔火紅色 | 如火焰般的紅色 |
| 16－ו | 教皇 | 橘紅色 | 深靛藍色 | 深橄欖綠色 | 深褐色 |
| 17－ז | 戀人 | 橘色 | 淡紫色 | 新黃皮革色 | 略帶紅色的灰色至淡紫色的分布 |
| 18－ח | 戰車 | 琥珀色 | 褐紫紅色 | 亮紅褐色 | 深棕綠色 |
| 19－ט | 力量 | 黃色 | 深紫色 | 灰色 | 略帶紅色的琥珀色 |
| 20－י | 隱者 | 黃綠色 | 板岩灰色 | 灰綠色 | 紫紅色 |
| 21－כ | 命運之輪 | 紫羅蘭色 | 藍色 | 濃紫色 | 帶有黃色帶狀的亮藍色 |
| 22－ל | 正義 | 翡翠綠 | 藍色 | 深藍綠色 | 淡綠色 |

| 輝耀<br>（路徑） | 國王層級<br>（原型界） | 王后層級<br>（創造界） | 王子層級<br>（塑形界） | 公主層級<br>（物質界） | 公主層級<br>（行動界） |
|---|---|---|---|---|---|
| 23－מ | 吊人 | 深藍色 | 碧綠色 | 深橄欖綠色 | 帶有紫色點的白色 |
| 24－נ | 死亡 | 藍綠色 | 暗褐色 | 極黑褐色 | 鮮明的靛藍褐色 |
| 25－ס | 節制 | 藍色 | 黃色 | 綠色 | 鮮明的暗藍色 |
| 26－ע | 惡魔 | 藍紫色 | 黑色 | 藍黑色 | 接近黑色的冷黑灰色 |
| 27－פ | 高塔 | 猩紅色 | 紅色 | 威尼斯紅 | 帶有翡翠綠帶狀的<br>亮紅色 |
| 28－צ | 星星 | 紫羅蘭色 | 天空藍 | 淡藍紫色 | 稍微帶有紫色的白色 |
| 29－ק | 月亮 | 深紫紅色 | 帶有白銀點<br>的淺黃色 | 半透明粉<br>棕色 | 石頭灰 |
| 30－ר | 太陽 | 橘色 | 金黃色 | 濃琥珀色 | 帶有紅色帶狀的<br>琥珀色 |
| 31－ש | 審判 | 猩紅橘色 | 朱紅色 | 帶有金色點的<br>猩紅色 | 帶有緋紅色與翡翠綠點<br>的朱紅色 |
| 32－ת | 世界 | 藍紫色 | 黑色 | 藍黑色 | 帶有藍色帶狀的黑色 |

表5：四世界二十二條路徑四種顏色層級

　　黃金黎明系統中分配到生命之樹的顏色對應，各自分成四種顏色配色，一種顏色對應到一個世界，十個輝耀則被賦予四種特別的顏色配色以對應到四世界；二十二條路徑同樣有四種獨特的顏色基模。藉由分配路徑四種獨特的色值與十個輝耀的顏色分配，十個輝耀搭配二十二條路徑會有十六種排列組合（4×4）。因此，在原型界十個輝耀的顏色基模，可透過二十二條路徑四個不同顏色（一種對應一個世界）做連結。當然另外三個世界也是一樣，每一個世界有四個可能的顏色分配以連結路徑。

　　在生命之樹最現代的顏色版本所看到的十六種經典組合，採用「王后層級」的十個輝耀與「國王層級」二十二條路徑。這是十六個組合的第五個，並對應到創造界裡▽的△。這兩種顏色配色依序最靠近彩虹紅色到紫紅色的十二種漸層，常出現於現代魔法文學裡生命之樹的插畫裡。

　　雖然各種顏色色系的一百二十八種顏色屬性展現在四世界三十二條發散路徑的顏色量表裡，看起來較隨意，不過在國王、王后與王子的顏色層級有一定的模式；以四字母聖名所發

現的家庭分化為基礎：國王層級對應到父親、王后層級對應母親、王子層級則對應到兒子。國王層級與王后層級的結合產生王子層級的顏色屬性；請看「Chokhmah」（智慧）的顏色層級為輕柔的天空藍（國王：爸爸）結合灰（王后：媽媽）形成藍灰色／珍珠灰（王子：兒子）。以這樣的邏輯來推論適用於生命之樹三十二條路徑。

不過，公主的顏色層級並不適用於這個邏輯，它有自己的層級，代表一種泥土的顏色混合。此層級可藉由符合其他三種層級的顏色來表示，因此，「智慧」的公主層級為帶有紅點的白色與黃色；可以在生命之樹看到使用王后層級的「Kether」（王冠）、「Chesed」（仁慈）、「Geburah」（力量）和「Tiphereth」（美），其顏色為含有淺白色斑點的符（藍色）、符（紅色）和符（黃色）。

現在我們已經建立黃金黎明裡塔羅和生命之樹的基礎核心對應，接著應該學習魔法象徵的元素、行星和黃道——宇宙的魔法積木——的細節。我們會從元素——在西方傳統裡，可被歸類為三種煉金術元素、四方位的四元素、環繞五芒星五點的五個元素、四元素的十六種交錯組合（每一種元素與其他三種配對），以及最後十六個分組組成相當複雜的對應系統。

## 三個煉金術元素

煉金術學問中存在的三個基礎元素構成完整的宇宙，為汞（☿）、硫磺（🜍）和鹽（🜔），其顏色對應分別為黃色、紅色和藍色。這三種象徵符號出現在韋特「命運之輪」牌卡的輪邊上。

汞、硫磺和鹽的三位一體象徵女性、男性和兩者所結合的能量。鹽為陰性，接收水和月亮的能量；硫磺為陽性，表火和太陽的作用力；汞為陽性與陰性的結合形成了兩者的結晶，以及風與星星的雌雄同體。

這三個元素也能對應到印度哲學的三德（或指人的行為類型），這三種特質標記為惰性（Tamas）、激性（Rajas）和悅性（Sattva），並分別象徵真性裡的黃色方形、紅色上三角形和藍色圓圈；而鹽等同於惰性、硫磺為激性，汞為悅性。

韋特利用煉金術元素三種顏色的真性變化，作為「命運之輪」設計的一環；黃色的蛇從輪子旁往下的符號是🜔，紅色向上的赫密阿努比斯（Hermanubis）是🜍，以及上方在休息的藍色人面獅身是☿。

像這種以三位一體區分世界的方式，也能在《創世之書》神祕屬性裡發現——將希伯來文字母分成三等分：三個母字母表聲音來源；七個雙發音字母的每一個字母有兩個獨特的發音；十二個單發音字母只有一個發音，其對應到黃道；而七個雙發音字母對應到七個行星，

以及三個母字母對應到三元素。

三個母字母分別是：作為風元素的「Aleph」、水元素的「Mem」以及火元素的「Shin」，其發音則是掌握這些元素象徵：Aleph 是呼吸的「ah」氣音，Mem 是流水的「murmuring」（連接 r 的母音），Shin 是火的「hiss」擬聲音。三個母音對應到煉金術三位一體：Aleph 表水銀、Mem 表鹽以及 Shin 表硫磺。請參考表6劃分出元素的三種分類。

| 象徵符號 | ☉ | ☿ | 🜍 |
|---|---|---|---|
| 煉金術 | 鹽 | 汞 | 硫磺 |
| 顏色（煉金術） | 藍色 | 黃色 | 紅色 |
| 宇宙 | 月亮 | 星星 | 太陽 |
| 家庭 | 母親 | 小孩 | 父親 |
| 雅威（Yahweh） | Heh (ה) | Vav (ו) | Yod (י) |
| IAO | A（月亮） | Ω（星星） | I（太陽） |
| 三德 | 惰性 | 悅性 | 激性 |
| 特質 | 闇質 | 純質 | 激質 |
| 運作 | 向下 | 中心 | 向上 |
| 真性 | 方形 | 圓圈 | 三角形 |
| 顏色（真性） | 黃色 | 藍色 | 紅色 |
| 希伯來文 | Mem (מ) | Aleph (א) | Shin (ש) |
| 聲音 | 連接r的母音 | 氣音 | 擬聲音 |
| 身體 | 肚臍、生殖器 | 心臟、肺部 | 大腦 |
| 元素 | 水 | 風 | 火 |
| 塔羅牌 | 第十二張吊人 | 第0張愚者 | 第二十張正義 |
| 立方塊 | 東至西 | 上至下 | 北至南 |
| 生命之樹 | 庇納 | 科帖爾 | 侯克瑪 |
| 數字 | 3 | 1 | 2 |
| 名字 | 領會 | 王冠 | 智慧 |
| 星體 | 土星 | 第一因 | 恆星 |
| 顏色（生命之樹） | 黑色 | 白色 | 灰色 |
| 大天使 | 加百列 | 拉斐爾 | 米迦勒 |

表6：煉金術三位一體元素

　　三元素的劃分形成西方魔法傳統最基本、也最普遍的元素分類法；加入土元素的劃分則是將元素分成四個，用來對應羅盤上東西南北四方位的基本方向。

## 元素的四個分類

　　在韋特所描繪的「命運之輪」（圖2），是一張將象徵符號元素劃分為四的美麗插圖，此源自列維在《聖殿王國的魔法儀式：塔羅牌闡釋》（The Magical Ritual of the Sanctum Regnum: Interpreted by the Tarot Trumps）一書裡「以西結之輪」（Wheel of Ezekiel）的插畫。因三種煉金術元素將世界劃分為空氣、水與火，而劃分為四則是在加入了土元素達到巔峰。

　　煉金術傳統裡的四元素，源自兩個三角形交錯的六角星（✡）的不同部位：火元素為上三角形（△），水是下三角形（▽），風是上三角形加上六角形上方穿越的橫線（🜁），土則是下三角形加上六角形下方穿越的橫線（🜄）。相連的兩個三角形也是表東方最至高無上的曼陀羅神聖圖騰「斯里圖騰」（Sri Yantra）──由九個緊密相連的三角形所組成。

　　四種元素可以對應到四個方位。在黃金黎明小五芒星儀式裡，將一個元素和顏色分別對應到四個方位：風元素與黃色表東方，火元素與紅色表南方，水元素與藍色表西方，土元素與綠色（或黑色）表北方。

圖2：韋特〈命運之輪〉牌卡

四種元素也是作為塔羅小阿爾克那分成四組牌組的基礎：權杖對應到火元素和紅色，聖杯對應水元素和藍色，寶劍對應到風元素和黃色，錢幣則對應到土元素和綠色。

在黃金黎明所使用的四個分類，是用四個希伯來四字字母的神的名字，也就是「四字神名」（希伯來文），以及各種譯為「雅威」（Yahweh、Iehovah 或 Jehoveh）的名字。在希伯來寫作 Yod（י）的數值為 10，Heh（ה）的數值為 5，Vav（ו）的數值為 6，以及 Hed（ה）的數值為 5，四個加總等於神祕的數字 26。

每一個神的四個字母反映了家庭的劃分：父親、母親、兒子和女兒；Yod 表爸爸、Hehd 表媽媽、Vavd 表兒子，最後 Hehd 表女兒。爸爸代表火元素、媽媽是水元素、兒子是風元素、女兒是土元素。現在像這樣以家庭為單位的劃分方式，是黃金黎明以四張宮廷牌順序所修改後的基礎。

塔羅牌中四張小阿爾克那的花色：權杖、聖杯、寶劍和錢幣，每一張都包含源自於國王王室的四個角色：國王、他的王后、騎士以及他的侍者。在黃金黎明會出現以前，這四張宮廷牌（court cards 或 coate cards，因為他們都著中世紀宮廷服）將家庭中的國王劃分為父親、王后為母親、騎士為兒子、侍從為女兒。但黃金黎明塔羅的象徵將此假定為不同的家庭架構；騎士變成爸爸和新國王，王后仍是媽媽，舊國王變成作為兒子的新王子，侍從變成作為女兒的公主的配偶。在宮廷牌的新架構裡，騎士牌作為國王仍保留駿馬的裝配，王后仍坐在她的王位，新王子指揮戰車（這結合國王的機動性和王后的王位），以及公主去除其服裝以符合其元素。

克勞利在他的《托特之書》裡，看見讀者可能會漏失在宮廷牌的微妙改變，他保留騎士的舊名而非重新命名他國王，也保留王后，並加上王子和公主。

在克勞利一九二〇年五月三日的魔法紀錄，試圖解釋這個對黃金黎明有點誤解的獨特象徵：「為什麼塔羅牌將騎士視為父親，而國王視為兒子呢？是因為受到贏得王后芳心且使得其兒子成為王子的『流浪騎士』（Wandering Knight）的迴響。那麼因而與女權傳統有所關聯。」[5]

---

5. Crowley, *The Magical Record of the Beast 666*, 116。

# 宮廷牌的深入說明

列維形容傳統的塔羅宮廷牌排序為「國王、王后、騎士、侍從，結婚的一對、年輕人以及小孩……」（出自《高等魔法之教條與儀式》〔Doctrine and Ritual of Transcendental Magic〕，p.103，1896）。在黃金黎明教導的書籍《Book T》裡，將宮廷牌傳統的象徵符號國王與王后修正成一對夫妻，騎士為年輕人，侍從則是小孩。在奧祕的黃金黎明系統，將傳統的騎士擢升到國王的地位，並跨騎著馬；傳統的國王變成開著戰車的王子；侍從則轉化成公主的配偶，唯有王后維持原本的身分，並變成新國王的配偶。

二十世紀，塔羅牌出現兩種主要的卡牌設計，這兩種設計在每一個現代牌卡中，幾乎定義了所有的象徵——兩種卡牌分別是韋特（由帕梅拉·科嫚·史密斯〔Pamela Colman Smith〕所繪製）以及克勞利（由芙瑞姐·哈利斯女士〔Lady Frieda Harris〕所繪製）。當韋特設計他的卡牌時，他維持宮廷牌原有的稱謂——國王、王后、騎士和侍從；不過，克勞利則是將由黃金黎明會所設想的適當設計融入塔羅牌中。他正確展示了王子在他的戰車裡，這樣才能更簡單地證明傳統的騎士為新的王子。

縱觀現代任何的塔羅牌，我們可以很快辨別是來自克萊利還是韋特塔羅；如果宮廷牌顯示開著戰車的王子和騎著戰馬的騎士，那麼這就是源自黃金黎明系統所繪製的克勞利塔羅。如果宮廷牌為傳統的國王、王后、騎士和侍從的設計，那就是源於韋特的塔羅牌。

需要注意的是，大部分在一九七〇年代出版的塔羅牌卡，受到韋特的影響比克勞利的還深遠；不過，克勞利和哈利斯的《托特之書》塔羅牌設計，則是第一個不僅顯示正確的宮廷牌，同時也讓小阿爾克那牌擁有適當名稱和占星對應，以及根據黃金黎明的《Book T》，使大阿爾克那有正確名稱和占星屬性的塔羅設計。

　　這個象徵的微妙之處被韋特、保羅‧福斯特‧凱斯、伊斯瑞‧瑞格德、羅伯特‧王（Robert Wang）與克里斯多福‧海厄特（Christopher Hyatt）等人忽視，在這裡僅列出一些現代塔羅評論家。如果這個細微的象徵之處被忽略，那麼火元素和風元素會不經意地被交換？如果魔法師可以理解關於宮廷牌的祕密，那所有根基於黃金黎明的神祕教導都可以完整理解。參考表7所列的四張宮廷牌對應。

| 傳統名稱 | 騎士 | 王后 | 國王 | 侍從 |
|---|---|---|---|---|
| 黃金黎明改版名稱 | 國王 | 王后 | 王子 | 公主 |
| 克勞利的版本 | 騎士 | 王后 | 王子 | 公主 |
| 圖像 | 在馬背上的騎士 | 坐在王位的王后 | 開著戰車的王子 | 裸體的公主看起來適得其所 |
| 家庭 | 父親 | 母親 | 兒子 | 女兒 |
| 元素 | △ | ▽ | △ | ▽ |
| 牌組 | 權杖 | 聖杯 | 寶劍 | 錢幣 |

表7：宮廷牌的神祕排列

　　每一個四字母聖名的四字字母也對應到四個基路博天使（Kerubic Angel）──駛著以西結輪子戰車的獅子、老鷹、人和公牛（他們在宮廷牌裡也駛著王子的戰車）；獅子表 Yod 和火，老鷹表 Heh 和水，人表 Vav 和風，公牛表 Heh 和土。占星學符號對應到這四個天使的總數為26，等同於「幸運之輪」所寫的四字神名的數值。獅子對應到第五宮的獅子座，老鷹對應到第八宮的天蠍座，人對應到第十一宮的水瓶座，公牛則對應到第二宮的金牛座，因此，5＋8＋11＋2＝26＝希伯來文。

　　如果使用拉丁卡巴拉單純形西勒斯數值（Latin Cabala Simplex values of Selenus, 1624）解碼在生命之輪邊的單字「ROTA」（「TAROT」的一種變位字），其數字總和為48，R ＝ 16 ＋ O ＝ 13 ＋ T ＝ 18 ＋ A ＝ 1（表8）。

　　如果四字神名的數值是 ROTA 減去四字神名的26，會產生象徵命運之輪邊上的大阿爾克那二十二個塔羅；如果將這兩個數字相加，產生74（26 ＋ 48），這數值會變成「Lamed」完整的字母數值（希伯來文＝30 ＋ 40 ＋ 4 ＝ 74），這掌管下一張塔羅牌「正義」。

| A | B | C,K | D | E | F | G | H | I,J | L | M |
|---|---|-----|---|---|---|---|---|-----|---|---|
| 1 | 2 | 3 | 4 | 5 | 6 | 7 | 8 | 9 | 10 | 11 |
| N | O | P | Q | R | S | T | U,V | X | Y | Z |
| 12 | 13 | 14 | 15 | 16 | 17 | 18 | 19 | 20 | 21 | 22 |

表8：拉丁卡巴拉單純形

注意四字神名套用在塔羅上，其數字總和也是22，也就是9＋4＋5＋4＝22，如 Yod ＝ IX.，第九張隱者；Heh ＝ IV.，第四張皇帝；Vav ＝ V.，第五張教皇以及最後的 Hah ＝ IV.，第四張皇帝。四元素完整對應請參考表9。

| 元素 | 煉金術 | 黃道 | 希伯來文 | 拉丁文 | 象限 |
|------|--------|------|----------|--------|------|
| △ | ♀ | ♌ | י | A | 右下方 |
| ▽ | θ | ♏ | ה | O | 右上方 |
| △ | ☿ | ♒ | ו | T | 左上方 |
| ▽ | ♒ | ♉ | ה | R | 左下方 |

表9：命運之輪卡中的四元素

在表9「煉金術」那行，土元素的象徵符號是「水瓶」（符），表現出煉金術元素的分解；三種煉金術元素溶解後會得到一種神聖的「萬能藥」。拉丁字母依形狀對應到煉金術元素，每一個元素（以及每一個固定的符號）掌管一象限，也掌控四象限的每一個以諾魔法守望塔（Enochian Watchtower）。

四元素流經生命之樹並觸碰到所有的輝耀。風元素流經科帖爾到悌菲瑞特到易首德形成中柱；火元素以 Z 字形的方式從侯克瑪到葛夫拉到聶札賀；水元素以 Z 字形的方式從庇納到候德；土元素則是在瑪互特集結風、火和水元素。

表10包含四元素四種獨特的顏色配色；第一組色碼是以西方魔法四元素為基礎；第二組是源自希臘哲學家希波克拉底（Hippocrates）的體內四液；第三組以中國元素為基礎；第四組則是以古印度真性系統為基礎。

每一組都是四元素獨特的組合，不過還是以使用第一組層級為主——三種主要顏色：紅色表火、藍色表水、黃色表風為基礎，加上第四種代表土的綠色（或黑色）。

| 符號 | △ | ▽ | △ | ▽ |
|---|---|---|---|---|
| 元素 | 火 | 水 | 風 | 土 |
| 顏色（元素） | 紅色 | 藍色 | 黃色 | 綠色／黑色 |
| 雅威 | Yod | Heh | Vav | Heh |
| 希伯來文 | Shin | Mem | Aleph | Tav |
| 塔羅牌 | 審判 | 吊人 | 愚者 | 世界 |
| 家庭 | 父親 | 母親 | 兒子 | 女兒 |
| 牌組 | 權杖 | 聖杯 | 寶劍 | 錢幣 |
| 宮廷牌 | 騎士 | 王后 | 國王 | 侍從 |
| 方位 | 南 | 西 | 東 | 北 |
| 季節 | 夏 | 秋 | 春 | 冬 |
| 大天使 | 米迦勒 | 加百列 | 拉斐爾 | 烏列爾（Auriel） |
| 輝耀 | 2, 5, 7 | 3, 4, 8 | 1, 6, 9 | 10 |
| 行星（輝耀） | ♂♀ | ♄♃☿ | ☉☽ | ⊗ |
| 體液（humour） | 黃膽液 | 黏液 | 血液 | 黑膽汁 |
| 氣（temperament） | 膽汁質 | 黏液質 | 多血質 | 憂鬱質 |
| 身體 | 脾臟 | 大腦／肺臟 | 肝臟 | 膽囊 |
| 性質 | 熱／乾 | 溼／冷 | 熱／溼 | 乾／冷 |
| 顏色（體液） | 黃色 | 藍色 | 紅色 | 黑色 |
| 三畫卦 | 震卦 | 兌卦 | 巽卦 | 艮卦 |
| 自然 | 火焰 | 湖水 | 風／林 | 山 |
| 顏色（三畫卦） | 紅色 | 黑色 | 綠色 | 白色 |
| 真性 | 阿耆尼（Agni，火神） | 阿帕斯（水神） | 瓦優（風神） | 頗哩提毗（地神） |
| 形狀 | △ | ☽ | ○ | □ |
| 顏色（真性） | 紅色 | 白色（銀色） | 藍色 | 黃色 |

表 10：四元素其他象徵

# ◆ 五元素之五芒星 ◆

　　當我們進一步探討四元素的神祕劃分時，可增加第五個「靈」元素，其掌管並賦予其他四元素生命力（圖3）。五元素的分法是在標準五角形的五個點上放上元素，右下方是火元素，上方是水元素，左上是風元素，左下是土元素，而頂端是靈元素。五芒星上四個小元素位置，等同於命運之輪卡上四個基路博天使的位置，以及四個以諾魔法守望塔四象限的位置。如果五芒星的起始點從頂端開始，連接到右下角的火元素、風元素、水元素和土元素，這樣的順序反映了舊文藝復興的模型：火、風元素凌駕於水和土元素。

圖3：五元素之五芒星

　　這個五芒星擴大了作為四字母聖名耶和華（Yehoshuah）的耶穌神之聖名，將字母 Shin（ש）當作四元素中心裡熾熱靈魂的象徵。「Yahweh」（יהוה）變成「Yehoshuah」（יהשוה），這是文藝復興基督教卡巴拉的偉大祕密；而「Yahweh」被視為四字母聖名（或四個字母的單字），「Yehoshuah」則是五字母聖名（或五個字母的單字）。

　　五芒星是魔法和魔法師主要的象徵符號，也可稱為「五芒星形」（Pentalpha），因五芒星是由希臘字母 Alpha（A）交錯五次所組成。在黃金黎明的傳統，這個象徵符號在進行小五芒星儀式時會畫在四個方位以保護魔法師。

　　在文藝復興藝術方面，正五芒星畫在人體上時，頂端位置就是頭部，上方兩點位置為手臂，而下方則是雙腳。

　　將五芒星倒置，則與現代的黑魔法或黯黑藝術有所關聯；不過，五芒星頂端朝下的古老象徵原是指，作為人類祝福的星星光芒降臨到地求上，也可被視為「伯利恆之星」（Star of

Bethlehem）的一種象徵——倒置的星星發散著光芒來到地球，產生了彌賽亞（Messiah）。倒置五芒星象徵也使用在東方之星（Eastern Star）的共濟會，作為表示賢者（Magi）的指引星星，以引導彌賽亞的出生。

　　這個元素的五重象徵是四元素的延伸。在煉金術加入的第五個元素（fifth element），是從主要的四大元素裡萃取與純化出的作業。請參考表11最典型的元素分法。

| 符號 | △ | ▽ | ⊛ | △ | ▽ |
|---|---|---|---|---|---|
| 元素 | 火 | 水 | 靈（空間） | 風 | 土 |
| 五芒星 | 右下角 | 右上角 | 頂端 | 左上角 | 左下角 |
| 耶和華 | Yod (י) | Heh (ה) | Shin (ש) | Vav (ו) | Heh (ה) |
| 顏色（元素） | Red | Blue | White | Yellow | Green (Black) |
| 柏拉圖立體（Platonic Solid） | Pyramid | Icosahedron | Dodecahedron | Octahedron | Cube |
| 面 | 4 | 20 | 12 | 8 | 6 |
| 塔羅牌 | 權杖 | 聖杯 | 大阿爾克那 | 寶劍 | 錢幣 |
| 手指 | 中指 | 食指 | 大拇指 | 無名指 | 小拇指 |
| 五感 | 視覺 | 味覺 | 聽覺 | 嗅覺 | 觸覺 |
| 大阿爾克那 | 皇帝 | 力量 | 教皇 | 戀人 | 隱者 |
| 生命之樹 | 5、7 | 4、8 | 1、2 | 6、9 | 3、10 |
| 方位 | 南 | 西 | 中心 | 東 | 北 |
| 真性 | 阿耆尼 | 阿帕斯 | 阿卡夏 | 瓦優 | 頗哩提毗 |
| 形狀 | 三角形 | 新月形 | 卵形 | 圓形 | 方形 |
| 顏色（真性） | 紅色 | 白色（銀色） | 黑色（藍紫色） | 藍色 | 黃色 |
| 中國元素 | 火 | 水 | 金 | 木 | 土 |
| 星星 | ♂ | ☿ | ♀ | ♃ | ♄ |
| 顏色（星星） | 紅色 | 黑色 | 白色 | 綠色 | 黃色 |

表11：五元素之五芒星

在表11，靈元素相對於四個地球上的元素，可以指稱「空間」（Space），就真性表「阿卡夏」（表「虛空」）而言特別真實。表列出的五張大阿爾克那牌卡，代表其希伯來文字母對應的五個感覺；這些皆來自代表黃道的十二個單發音字母，並與源自《創世之書》發現的象徵的五種感官，以及五個挑選過的希伯來字母產生關聯。生命之樹的十個輝耀是指左右手的手指：右手的大拇指表1、食指表4、中指表5、無名指表6、小拇指表3；左手的大拇指表2、食指表8、中指表7、無名指表9以及小拇指表10。

在中國元素中，土元素和靈元素可以互換，因此，在一組基模裡是表靈，不過在另一種基模土即是靈。中國道教系統裡將五芒星視為一種創造和破壞的象徵，五芒星的五點分別對應到中國五元素為：頂點＝金、右下＝木、右上＝水、左上＝土、左下＝火。

創造的路線從五芒星的左下角順時鐘轉動，依序是火、土、金、水、木，然後再次回到火；破壞的路線則沿著五芒星的實際形狀，從左下的火開始，沿著線往上到金，接著連到木、土和水，最後回到火。

最後一個元素劃分系統將在接下來的內容詳述，那是將四個主要元素火、水、風和土細分成十六種，發現於黃金黎明系統的魔法對應系統中心。

## 四元素之十六種組合

四元素擁有十六種可能的配對，這十六種形成元素最詳細的描述，另外也被描繪成地占術地占十六形、十六種真性互換（以及易經六十四卦的十六個卦性）、以諾魔法字母的十六個字、小阿爾克那的十六張宮廷牌，以及通常在生命之樹中不會畫出的十六條神祕通道，也就是第三十三條到第四十八條的隱形通道。另外，在黃金黎明四世界的生命之樹中，也是指四個色碼的十六種顏色組合，以及以諾魔法眺望塔的十六個象限。

有關金色黎會所教導的四元素十六種互換，是依據對四張宮廷牌的正確理解，以及大多評論家常混淆的兩張卡騎士和國王。騎士、王后、國王和侍從的舊名稱，被黃金黎明改成國王、王后、王子和公主，接著又被克勞利釐清為騎士、王后、王子和公主。

在這個部分的表格將使用傳統的宮廷牌名稱：騎士、王后、國王和侍從，以清楚區分騎士和國王的名稱，因為舊騎士被更正為國王，而舊國王在黃金黎明傳統裡被更改為王子。

參考表12有關十六元素正確配對到十六張宮廷牌。

| 宮廷牌 | 權杖 | 聖杯 | 寶劍 | 錢幣 |
|---|---|---|---|---|
| 騎士 | 火之火 | 水之火 | 風之火 | 土之火 |
| 王后 | 火之水 | 水之水 | 風之水 | 土之水 |
| 國王 | 火之風 | 水之風 | 風之風 | 土之風 |
| 侍從 | 火之土 | 水之土 | 風之土 | 土之土 |

表 12：宮廷牌的元素互換

　　每一個元素火、水、風和土會配對到其他四元素，火元素又會細分為火之火、火之水、火之風與火之土。每一組配對主要為火元素，不過每一組都會有一些改變；火之火會強化火元素，不過火之水因受到水的影響而使火熄滅。以象徵性來說，火之火可能是指熊熊焰火本身，火之水則是指岩漿的流動。

　　真性本身配對到另一個真性時，可以作為進入星體地圖──由任何特定元素互換所描繪──的入口；易經的六十四卦對應到十六組元素，同樣也可視為想像星體元素地圖的一種手段。

　　地占術是占卜的古老形式，主要是將土地作為占卜的平台。地占十六形的排列由一或兩個點形成的四行圖形，並給予十六種圖形名稱以表現其占星意涵。黃金黎明會地占術的屬性源自十六個排列的拉丁名稱，不過其占星體系則源於非洲和中東。藉由地占十六形的排列到十六種元素的互換，更能正確地解譯以諾魔法字母的屬性。表 13 列出地占十六形的圖形及其所分配到的元素互換。

　　在黃金黎明傳統下，地占十六形的排列與十六個選出的以諾魔法字母有所關聯；兩者之間的關聯建立在透過地占十六形排列的占星性質，其連結給予以諾魔法字母獨特的數值。

　　與黃道象徵符號相關的宮廷牌，每一張牌在黃道上是由前一個符號的十度到下一個掌管符號二十度所組成。對應到的地占術形狀會與一個行星和符號產生關聯，包含月亮交點──也就是龍頭和龍尾；行星與占星符號的關聯是它們的主管行星。

| 圖形 | 名稱 | 圖形 | 名稱 | 圖形 | 名稱 | 圖形 | 名稱 |
|---|---|---|---|---|---|---|---|
| ○ ○<br>○<br>○ ○<br>○ | 獲得<br>Acquisitio<br>△△ | ○<br>○<br>○ ○<br>○ | 男子<br>Puer<br>▽△ | ○ ○<br>○ ○<br>○<br>○ | 大幸運<br>Fortuna<br>Major<br>△△ | ○<br>○<br>○<br>○ ○ | 龍尾<br>Cauda<br>Draconis<br>▽△ |

| 圖形 | 名稱 | 圖形 | 名稱 | 圖形 | 名稱 | 圖形 | 名稱 |
|---|---|---|---|---|---|---|---|
| | 喜悅<br>Laetitia<br>△▽ | | 群眾<br>Populus<br>▽▽ | | 紅色<br>Rubeus<br>△▽ | | 道路<br>Via<br>▽▽ |
| | 白色<br>Albus<br>△△ | | 女子<br>Puella<br>▽△ | | 傷心<br>Tristia<br>△△ | | 小幸運<br>Fortuna<br>Minor<br>▽△ |
| | 結合<br>Conjunctio<br>△▽ | | 限制<br>Carcer<br>▽▽ | | 損失<br>Amissio<br>△▽ | | 龍首<br>Caput<br>Draconis<br>▽▽ |

表 13：地占十六形

表 14：詳列出十六個互換元素的象徵組合，包含宮廷牌、占星、地占術、行星與黃道。

| 元素 | 宮廷牌 | 占星 | 地占術 | 意涵 | 行星 | 黃道 |
|---|---|---|---|---|---|---|
| △ of △ | 權杖騎士 | 20° ♏ — 20° ♐ | 獲得 | 取得、獲得 | ♃ | ♐ |
| ▽ of △ | 權杖王后 | 20° ♓ — 20° ♈ | 男子 | 年輕、輕率 | ♂ | ♈ |
| △ of △ | 權杖國王 | 20° ♋ — 20° ♌ | 大幸運 | 財富、名聲 | ☉ | ♌ |
| ▽ of △ | 權杖侍從 | 屬性之火 | 龍尾 | 離開、下降 | ♄ + ♂ | ☋ |
| △ of ▽ | 聖杯騎士 | 20° ♒ — 20° ♓ | 喜悅 | 歡喜、愉悅 | ♃ | ♓ |
| ▽ of ▽ | 聖杯王后 | 20° ♊ — 20° ♋ | 群眾 | 人群、群體 | ☽ | ♋ |

| 元素 | 宮廷牌 | 占星 | 地占術 | 意涵 | 行星 | 黃道 |
|---|---|---|---|---|---|---|
| △ of ▽ | 聖杯國王 | 20°♎ — 20°♏ | 紅色 | 熱情、情緒 | ♂ | ♏ |
| ▽ of ▽ | 聖杯侍從 | 屬性之水 | 道路 | 路徑、旅途 | ☽ | ♋ |
| △ of △ | 寶劍騎士 | 20°♉ — 20°♊ | 白色 | 光明、智慧 | ☿ | ♊ |
| ▽ of △ | 寶劍王后 | 20°♍ — 20°♎ | 女子 | 美麗、純潔 | ♀ | ♎ |
| △ of △ | 寶劍國王 | 20°♑ — 20°♒ | 傷心 | 難過、生病 | ♄ | ♒ |
| ▽ of △ | 寶劍侍從 | 屬性之風 | 小幸運 | 援助、巨款 | ☉ | ♌ |
| △ of ▽ | 錢幣騎士 | 20°♌ — 20°♍ | 結合 | 聯合、會晤 | ☿ | ♍ |
| ▽ of ▽ | 錢幣王后 | 20°♐ — 20°♑ | 限制 | 延遲、禁錮 | ♄ | ♑ |
| △ of ▽ | 錢幣國王 | 20°♈ — 20°♉ | 損失 | 遺失、放棄 | ♀ | ♉ |
| ▽ of ▽ | 錢幣侍從 | 屬性之土 | 龍首 | 入口、上升 | ♃ + ♂ | ☊ |

表14：宮廷牌、地占術和占星十六種子元素

　　十六張宮廷牌與十六個元素互換有一個直接的連結，這個連結藉由地占十六形的排列決定以諾魔法字母的編號。解決十六個元素正確屬性對應路徑為：十六個元素→十六張宮廷牌→十六張大阿爾克那→十六個地占圖形→十六個選出來的以諾魔法字母。從這樣的配置來看，希伯來文字母對應到大阿爾克那產生連結，以及希伯來文字母的數值與十六個以諾魔法字母配對，所有都藉由地占十六形圖形連結一起。

# 以諾字母的數祕術

　　黃金黎明會是如何取得以諾字母的數值呢？在伊斯瑞・瑞格德的《黃金黎明》第四卷的第七十七頁裡，可以發現一張顯示為十六個地占術圖形的十六個以諾字母表格；這張表格來源不明，不過卻清楚地將地占術的占卜圖形與以諾字母產生連結。在二九八頁可以發現這個表格上標注：「注意這本書力量的結合」；第二張表格提供了十六個地占術形狀語十六個希伯來文字母——以地占術形狀的占星屬性為基礎——彼此相關性。馬瑟斯從《創世之書》關於卡巴拉文字裡發現正確的希伯來文字母占星屬性，並將彼此連結到傳統的地占術占星屬性。如果我們結合這兩張表格，就可以藉由與以諾字母並行的地占術、占星學和希伯來文來取得十六個挑選過的以諾字母。

　　不過，黃金黎明是從哪裡取得十六個以諾字母的地占術屬性呢？馬瑟斯所使用的以諾語編碼，可以在路德博士（Dr. Rudd）的《天使魔法論文》（A Treatise of Angel Magic，在大英圖書館為「哈雷6482手稿」〔Ms. Harley 6482〕）發現，在「地占十六形的特性」表格中（手稿的二十頁），路德將十六個以諾字母同時分配到地占十六形和占星屬性。馬瑟斯則在大英博物館裡花了好幾個小時，研究、導引出黃金黎明的奧祕教學，他使用這些屬性，並與希伯來文字母的占星數值結合。藉由這樣的結合，他替十六個挑選過的以諾字母編號以取代希伯來文的數值。

　　舉例來說，路德博士顯示以諾字母的「Pe」是地占形的「Puer」，同樣指牡羊座（Aries）的火星。馬瑟斯知道希伯來文中的「Aries」的字母是「Heh」，數值為5，因此他將「Pe」定義為數值5。

　　克勞利在閱讀這套系統時，發現有五個以諾字母並沒有對應到占星或數值，他憑著直覺認為這五個剩下的字母應該被安排到五芒星的五個點，並以其元素屬性為基礎，將五個字母配對到適當的希伯來文並給予其數值。當克勞利在解碼三個字母組成的以諾語稱呼時，這個屬性可以在克勞利《靈視與靈聽》一書中發現。

馬瑟斯依據路德先前的資料用來建立以諾字母的數值；克勞利則是基於他自身的魔法洞見。不過無論是馬瑟斯還是克勞利都運用了約翰・迪伊自己將以諾字母當作數值，而這出現在迪伊呼喚三十重天（Aethyr）時。若想了解約翰・迪伊對於以諾數字編碼的討論，可以參考我的著作《西方神祕學》第二版第十一章的介紹。

表15列舉出希伯來文字母與大阿爾克那對應，以地占圖形的占星特性為基礎。表14是連結十六個互換元素到十六張宮廷牌，而表15則是連結十六個互換元素和十六張大阿爾克那牌以及其同等的希伯來文字母。希伯來文字母的數值決定對應的以諾魔法字母的數值，這又連結回十六個互換元素的地占圖形。

| 元素 | 大阿爾克納 | 希伯來文 | 數值 | 以諾語 | 名字 | 英文 |
|---|---|---|---|---|---|---|
| 火之火 | 節制 | ס | 60 | ﺯ | Gon | I |
| 火之水 | 皇帝 | ה | 5 | ﻉ | Pe | B |
| 火之風 | 力量 | ט | 9 | ﻝ | Ged | G |
| 火之土 | 審判 | ש | 300 | ﺥ | Orth | F |
| 水之火 | 月亮 | ק | 100 | ﻉ | Don | R |
| 水之水 | 戰車 | ח | 8 | Ω | Mals | P |
| 水之風 | 死亡 | נ | 50 | ﻉ | Drun | N |
| 水之土 | 吊人 | מ | 40 | ﻝ | Ur | L |
| 風之火 | 戀人 | ז | 7 | ﻝ | Graph | E |
| 風之水 | 正義 | ל | 30 | ﺯ | Med | O |
| 風之風 | 星星 | צ | 90 | ﻉ | Tal | M |
| 風之土 | 愚者 | א | 1 | ﻕ | Ceph | Z |
| 土之火 | 隱者 | י | 10 | ﻝ | Fam | S |
| 土之水 | 惡魔 | ע | 70 | ﺡ | Vau | U |
| 土之風 | 教皇 | ו | 6 | ﺯ | Un | A |
| 土之土 | 世界 | ת | 400 | ﻝ | Gisa | T |

表15：塔羅、希伯來文、數字和以諾語的十六個子元素

　　大阿爾克那牌與十六個子元素和十六張宮廷牌的連結，源自於地占占星屬性。每一個希伯來文字母的數值與大阿爾克那的連結，是黃金黎明魔法系統中十六個以諾魔法字母數值的來源。

　　以諾魔法字母在黃金黎明魔法象徵中，僅包含了二十一個裡的十六個字母，剩下的五個被排除在外。在克勞利《靈視與靈聽》一書的分析裡，他知道有五個額外的以諾字母需要賦予象徵，於是以五芒星的元素值為基礎，運用在他自己的系統上——他憑自身直覺定義在黃金黎明以諾魔法教學中沒有對應屬性系統的這五個字母。

　　表16為五個排除在以諾魔法字母之外的數值，克勞利藉由元素五芒星和四元素加上靈的希伯來文對應方法，賦予其意義。他給予象徵靈的希伯來文字母「Daleth」（ד）數值4，在其《律法之書》關鍵數值為31，表 AL（אל）也就是神，將4拆分為 3 + 1．ד ＝ 4 ＝ 1 + 3 ＝ 31 ＝ אל。

| 以諾語 | 名字 | 字母 | 希伯來文 | 數值 | 元素 |
|---|---|---|---|---|---|
| ב | Gal | D | ד | 4 | ⊕ |
| ᗰ | Na–Hath | H | א | 1 | △ |
| ᔎ | Ger | Q | מ | 40 | ▽ |
| ß | Veh | C | ש | 300 | △ |
| ⌐ | Pal | X | ת | 400 | ▽ |

表16：排除以諾字母的五元素

　　黃金黎明的教學藉由靈魂投射的方式，探索每一個元素結合的內在視界。進入這些元素地圖的大門是源自羅摩・普拉沙德（Rama Prasad）《呼吸的科學》（Science of Breath）的東方真性系統——此將五元素（以黃色方形、銀色新月形、紅色三角形、藍色圓形和藍紫色橢圓形的形式）結合到二十五個子元素裡。第一個畫的是主要元素，第二個元素則是畫成小形狀裡的大象徵符號。這些十六個的結合直接對應到十六個元素的結合，因此，火之風的真性為一個藍色圈圈裡有一個紅色三角形，反之，風之火的真性則是一個紅色三角形裡有一個藍色圈圈。

　　中國《易經》選出的十六個卦性所組成的占卦文獻，也能與四元素的十六個組成連結；每個卦性由一個主要的三畫卦為基底，在其上方有第二組的三畫卦；三畫卦由三條線形成，總數為八。克勞利在他關於《易經》的著作裡，將其中四個分配到四元素，分別是卦性「震」（☳）為火、「兌」（☱）為水、「巽」（☴）為風、「艮」（☶）為山。表17列出十六個子元素的星體景觀。

| 元素 | 真性 | 圖形 | 星界 | 易經 | 卦形 | 星界意象 |
|---|---|---|---|---|---|---|
| 火之火 | 阿耆尼之火 | 三角形裡的三角形 | 炎熱氣候 | 51－震卦 | ䷲ | 閃電暴風雨 |
| 火之水 | 阿耆尼之水 | 三角形裡的新月形 | 熱帶、彩虹 | 17－隨卦 | ䷐ | 湖中閃電暴風雨 |
| 火之風 | 阿耆尼之風 | 三角形裡的圓形 | 熱風 | 42－益卦 | ䷩ | 天空上雲下方的閃電暴風雨 |
| 火之土 | 阿耆尼之地 | 三角形裡的方形 | 火山、地震 | 27－頤卦 | ䷚ | 山腳閃電暴風雨 |
| 水之火 | 阿帕斯之火 | 新月行裡的三角形 | 熱泉 | 54－歸妹卦 | ䷵ | 湖面漣漪閃電 |
| 水之水 | 阿帕斯之水 | 新月行裡的新月形 | 潮溼氣候、海洋 | 58－兌卦 | ䷹ | 從湖流下的河水 |
| 水之風 | 阿帕斯之風 | 新月行裡的圓形 | 雨、霧、薄霧 | 61－中孚卦 | ䷼ | 風吹過水面 |
| 水之土 | 阿帕斯之地 | 新月行裡的方形 | 瀑布、河岸 | 41－損卦 | ䷨ | 地底下流動的水 |
| 風之火 | 瓦優之火 | 圓形裡的三角形 | 陽光 | 32－恆掛 | ䷟ | 風吹過火 |
| 風之水 | 瓦優之水 | 圓形裡的新月形 | 雪、冰 | 28－大過卦 | ䷛ | 湖中之樹 |
| 風之風 | 瓦優之風 | 圓形裡的圓形 | 微風、雲 | 57－巽卦 | ䷸ | 風劃過雲朵 |
| 風之土 | 瓦優之地 | 圓形裡的方形 | 懸崖、山谷 | 18－蠱卦 | ䷑ | 風侵蝕山峰 |
| 土之火 | 頗哩提毗之火 | 方形裡的三角形 | 沙漠 | 62－小過卦 | ䷽ | 山中之火 |
| 土之水 | 頗哩提毗之水 | 方形裡的新月形 | 海邊 | 31－咸卦 | ䷞ | 山頂之湖 |
| 土之風 | 頗哩提毗之風 | 方形裡的圓形 | 山 | 53－漸卦 | ䷴ | 山頂之木 |
| 土之土 | 頗哩提毗之地 | 方形裡的方形 | 森林、花園 | 52－艮卦 | ䷳ | 高山之塔 |

表 17：十六個子元素之自然現象

在小阿爾克那十張卡牌的四個牌組對應到生命之樹的十個輝耀，二十二張大阿爾克那則與十個宇宙站形成二十二條可見的路徑；十六張宮廷牌對應到的十六個子元素，在生命之樹上有兩個特別的分配點，一個已知，一個未知。

黃金黎明會將十六張宮廷牌放在生命之樹四個特定的輝耀上，對應到四字神明的配置。大多數的塔羅評論家對於微妙的象徵誤解：騎士和國王在這個配置裡通常會感到混淆。四字母聖名的四個字作為家庭成員裡的父親、母親、兒子和女兒，放在生命之樹「智慧」（第二個輝耀）、「領會」（第三個輝耀）、「美」（第六個輝耀）、「王國」（第十個輝耀），這最後則對應到騎士、王后、國王和侍從。

因為四世界有四個不同輝耀的生命之樹，十六張宮廷牌分別對應到四個獨特的輝耀；參考表18列出的十六個獨特輝耀屬性對應到十六張宮廷牌。

| 元素 | 宮廷牌 | 家庭 | 輝耀 | 世界 | 顏色 |
| --- | --- | --- | --- | --- | --- |
| 火之火 | 權杖騎士 | 父親 | 智慧 | 原型界 | 淡天空藍 |
| 火之水 | 權杖王后 | 母親 | 領會 | 原型界 | 緋紅色 |
| 火之風 | 權杖國王 | 兒子 | 美 | 原型界 | 粉薔薇色 |
| 火之土 | 權杖侍從 | 女兒 | 王國 | 原型界 | 黃色 |
| 水之火 | 聖杯騎士 | 父親 | 智慧 | 創造界 | 灰色 |
| 水之水 | 聖杯王后 | 母親 | 領會 | 創造界 | 黑色 |
| 水之風 | 聖杯國王 | 兒子 | 美 | 創造界 | 黃色 |
| 水之土 | 聖杯侍從 | 女兒 | 王國 | 創造界 | 檸檬黃、深棕色、橄欖綠、黑色 |

| 元素 | 宮廷牌 | 家庭 | 輝耀 | 世界 | 顏色 |
|---|---|---|---|---|---|
| 風之火 | 寶劍騎士 | 父親 | 智慧 | 形塑界 | 藍灰色、珍珠灰 |
| 風之水 | 寶劍王后 | 母親 | 領會 | 形塑界 | 棕黑色 |
| 風之風 | 寶劍國王 | 兒子 | 美 | 形塑界 | 鮭魚般的粉紅色 |
| 風之土 | 寶劍侍從 | 女兒 | 王國 | 形塑界 | 檸檬黃、深棕色、橄欖綠、黑色（帶有金色點） |
| 土之火 | 錢幣騎士 | 父親 | 智慧 | 行動界 | 帶有紅、黃、藍點的白色 |
| 土之水 | 錢幣王后 | 母親 | 領會 | 行動界 | 帶有粉紅色點的灰色 |
| 土之風 | 錢幣國王 | 兒子 | 美 | 行動界 | 金琥珀色 |
| 土之土 | 錢幣侍從 | 女兒 | 王國 | 行動界 | 帶有黃色帶狀的黑色 |

表18：十六張宮廷牌在生命之樹的輝耀

　　關於宮廷牌對應到生命之樹有第二個神祕的配對。在保羅・福斯特・凱斯的生命之樹函授課程裡，提供一個顯示生命之樹十六條隱形路徑的圖表。這十六條連接不同輝耀的路徑並沒有出現在生命之樹的通道上，不過，我在圖4裡設計出一個十六條隱形路徑的配對系統，這是以宮廷牌每一張牌卡牌組的元素性質作為基礎。

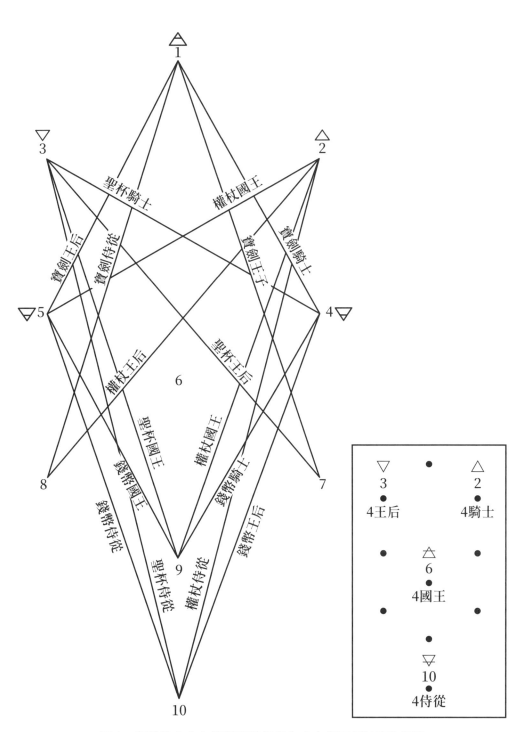

圖4：宮廷牌之十六條隱形路徑與生命之樹四個特定的輝耀

# 十六條隱形路徑來源

圖4的生命之樹十六條隱形路徑圖表，並不存在於黃金黎明會的神祕教學裡，此圖表也沒有出現在克勞利豐富的魔法創作，抑或其學生弗雷特・阿查德的卡巴拉教學中。然而，這個鮮為人知的圖表確實曾出現在保羅・福斯特・凱斯關於生命之樹的課程裡，並作為他「至聖所建造者」（Builders of the Adytum）兄弟會的課程內容。

凱斯提供這張圖表，但沒說明出處或評論。當我第一次看到圖表時，發現了一個以黃金黎明所教導的象徵符號為基礎解釋十六條隱形路徑模式。

因為四十張小阿爾克那王牌卡通過十個輝耀，而二十二張大阿爾克那則是生命之樹二十二條可見的路徑，因此剩下的十六張宮廷牌就可以歸類到這十六條隱形路徑。

其中十二條隱形路徑發源自生命之樹前三個輝耀，也就是王冠（1）、智慧（2）和領會（3）的高層世界；這三個輝耀分別代表三個元素流入生命之樹的來源：「王冠」是風元素、「智慧」是火元素，「領會」是水元素。

透過符號象徵，十二張宮廷牌直接對應到四條路徑，每一條路徑發源自構成高層世界的三個輝耀；四張宮廷牌權杖牌組源自火元素的「智慧」，四張聖杯牌組源自水元素的「領會」，另外四張張寶劍牌組則源自風元素的「王冠」。

四張錢幣牌組宮廷牌為土元素，而剩下的四條路徑則落到發源自「仁慈」與「力量」的「深淵」（abyss）階段；其中兩條隱形路徑在「美」輝耀結束，這是生命之樹的土元素。

十六條隱形路徑由十六個選出的以諾字母所掌管，因為十六張宮廷牌由十六個以地占術和占星術之元素為基礎的以諾字母掌管，因此，構成生命之樹的可見路徑由希伯來文字母掌管，隱形路徑則由以諾語掌管。

生命之樹的前三個輝耀形成一個高層三角形，作為三位一體的風、火和水元素的來源。第一個輝耀「王冠」表風，第二個「智慧」表火，第三個「領會」表水；這三個高層元素通過生命之樹剩下的輝耀，在第十個輝耀「王國」收尾，作為第四個土元素之三個元素的總結。「王冠」往下通過中柱來到「美」和「根基」；「智慧」以「之」字形的方向往下至「力量」和「勝利」；「領會」以「之」字形的方向來到「仁慈」和「宏偉」。最後在「王國」交會，將三元素結合到第四個土元素。參考表19元素在生命之樹十個輝耀的流動。

| 元素 | 輝耀 | 占星 |
|---|---|---|
| △ | 1. 王冠→6. 美→9. 根基 | 第一因：☉：☽ |
| △ | 2. 智慧→5. 力量→7. 勝利 | 黃道：♂：♀ |
| ▽ | 3. 領會→4. 仁慈→8. 宏偉 | ♄：♃：☿ |
| ▽ | 10. 王國 | △▽△▽ |

表19：元素經過輝耀的流動

如果觀看十六條隱形路徑，我們會發現構成高層世界的輝耀，每一個有四條隱形路徑，「仁慈」和「力量」各有兩條；使用元素從高層世界流動的邏輯，「王冠」是風元素的來源（對應到寶劍牌組），「智慧」是火元素的來源（對應到權杖），以及「領會」是水元素的來源（對應到聖杯）。剩下發源自「仁慈」與「力量」的四條路徑流經高層世界以及土元素和錢幣牌組；這四條低位的隱形路徑在「根基」和「王國」這兩個生命之樹最低的輝耀停止。

表20顯示宮廷牌在生命之樹上的十六條隱形路徑。注意生命之樹二十二條可見的路徑對應到二十二個希伯來文字母，而十六條隱形路徑則對應到十六個選出的以諾字母。

| 宮廷牌 | 路徑 | 相互連結的輝耀 | 以諾語 | 名字 | 顏色（宮廷牌） |
|---|---|---|---|---|---|
| 權杖騎士 | 33 | 2到5 | Ꝉ | I—Gon | 淡天空藍 |
| 權杖王后 | 34 | 2到8 | Ʋ | B—Pe | 緋紅色 |
| 權杖國王 | 35 | 2到9 | Ꝭ | G—Ged | 粉薔薇色 |
| 權杖侍從 | 36 | 2到10 | Ꝓ | F—Orth | 黃色 |
| 聖杯騎士 | 37 | 3到4 | Ɛ | R—Don | 灰色 |
| 聖杯王后 | 38 | 3到7 | Ω | P—Mals | 黑色 |

| 宮廷牌 | 路徑 | 相互連結的輝耀 | 以諾語 | 名字 | 顏色（宮廷牌） |
|---|---|---|---|---|---|
| 聖杯國王 | 39 | 3到9 | Ɜ | N—Drun | 黃色 |
| 聖杯侍從 | 40 | 3到10 | C | L—Ur | 檸檬黃、深棕色、橄欖綠、黑色 |
| 寶劍騎士 | 41 | 1到4 | ﬠ | E—Graph | 藍灰色、珍珠灰 |
| 寶劍王后 | 42 | 1到5 | L | O—Med | 棕黑色 |
| 寶劍國王 | 43 | 1到7 | Ƹ | M—Tal | 鮭魚般的粉紅色 |
| 寶劍侍從 | 44 | 1到8 | P | Z—Ceph | 檸檬黃、深棕色、橄欖綠、帶有金色點的黑色 |
| 錢幣騎士 | 45 | 4到9 | ﬧ | S—Fam | 帶有紅、黃、藍點的白色 |
| 錢幣王后 | 46 | 4到10 | ה | U—Vau | 帶有粉紅色點的灰色 |
| 錢幣國王 | 47 | 5到9 | ﭫ | A—Un | 金琥珀色 |
| 錢幣侍從 | 48 | 5到10 | ノ | T—Gisa | 帶有黃色帶狀的黑色 |

表20：生命之樹之十六條隱形路徑

在我們結束象徵符號背後十六個元素互換的漫長討論前，另外應該要提及在黃金黎明會使用的兩種系統，分別是在四世界生命之樹十六種變化之十六種可能的顏色組合，以及以諾魔法眺望塔四元素的四個象限（表21）。

| 元素 | 輝耀顏色層級 | 路線顏色層級 | 世界 | 守望塔碑 | 子元素 | 塔碑上四象限 |
|---|---|---|---|---|---|---|
| 火之火 | 國王 | 國王 | 原型界 | △ | △ | 右下角 |
| 火之水 | 國王 | 王后 | 原型界 | △ | ▽ | 右上角 |
| 火之風 | 國王 | 王子 | 原型界 | △ | ⍍ | 左上角 |
| 火之土 | 國王 | 公主 | 原型界 | △ | ▽ | 左下角 |

| 元素 | 輝耀顏色層級 | 路線顏色層級 | 世界 | 守望塔碑 | 子元素 | 塔碑上四象限 |
|---|---|---|---|---|---|---|
| 水之火 | 王后 | 國王 | 創造界 | ▽ | △ | 右下角 |
| 水之水 | 王后 | 王后 | 創造界 | ▽ | ▽ | 右上角 |
| 水之風 | 王后 | 王子 | 創造界 | ▽ | 🜁 | 左上角 |
| 水之土 | 王后 | 公主 | 創造界 | ▽ | 🜃 | 左下角 |
| 風之火 | 王子 | 國王 | 形塑界 | 🜁 | △ | 右下角 |
| 風之水 | 王子 | 王后 | 形塑界 | 🜁 | ▽ | 右上角 |
| 風之風 | 王子 | 王子 | 形塑界 | 🜁 | 🜁 | 左上角 |
| 風之土 | 王子 | 公主 | 形塑界 | 🜁 | 🜃 | 左下角 |
| 土之火 | 公主 | 國王 | 行動界 | 🜃 | △ | 右下角 |
| 土之水 | 公主 | 王后 | 行動界 | 🜃 | ▽ | 右上角 |
| 土之風 | 公主 | 王子 | 行動界 | 🜃 | 🜁 | 左上角 |
| 土之土 | 公主 | 公主 | 行動界 | 🜃 | 🜃 | 左下角 |

表21：十六個生命之樹顏色變換與以諾魔法守望台四象限

## ◆　七個神聖行星　◆

在古老魔法世界裡有七個神聖的行星，其中不包含地球，不過發光的太陽和月亮則算在七個行星內，另外五個分別是土星、木星、火星、金星和水星。現代的海王星、天王星和冥王星不算在內，最近冥王星也不歸類在行星的範疇。

關於這七個行星的神祕及其正確分配到七張大阿爾克那，其中最困難的部分是要解釋七個希伯來文雙發音字母分配的對應組合。不同版本的《創世之書》提供了七個行星矛盾的屬性。馬瑟斯和維斯特考特使用塔羅牌的對應想像，將七個行星正確歸類在塔羅牌中。

　　他們曾在《創世之書》裡提到關於行星的神祕之處有過一些掙扎。希伯來文有七個雙發音字母，每一個有兩個不同的發音，在每一本密教手稿的印製文本中提到關於字母的奇妙之處，其中三元素和十二個符號能在沒有任何爭論下被描繪出來；但是當討論到七個雙發音字母時，不同版本的文本則在行星的位置上出現爭議。

　　這七個雙發音字母的屬性最常見的是，行星的柏拉圖式排列——其中第一個字母「Beth」等同於土星，而第七個、也是最後一個字母「Tav」等同於月亮。列維採用這樣的排列方式來放置雙發音字母，不過他的方式是將「魔法師」牌列為「Aleph」，而黃金黎明則是採用「愚者」牌列為「Aleph」。

　　維斯特考特和馬瑟斯將七個雙發音字母和他們修正後的牌卡對比，認為柏拉圖式的順序並不管用。他們專心研讀對應大阿爾克那的確切象徵，以及使用象徵引領他們的分配。因此對應到「Beth」的「魔法師」變成水星，而非土星，他們將魔法師視為赫密士（墨丘利）·崔斯墨圖（Hermes –Mercury–Trismegistus）的形象。表22同時顯示列維和黃金黎明關於七個行星的塔羅分配。

| 希伯來雙發音字母 | 行星 | 列維：<br>א＝魔法師 | 黃金黎明：<br>א＝愚者 | 神祕排序 | 大阿爾克那的象徵 |
|---|---|---|---|---|---|
| ב＝Beth | ♄ | 女祭司 | 魔法師 | ☿ | 魔法師為赫密士 |
| ג＝Gimel | ♃ | 女帝 | 女祭司 | ☽ | 女祭司為<br>伊西斯月亮女神 |
| ד＝Daleth | ♂ | 皇帝 | 女帝 | ♀ | 皇帝為大地之母 |
| כ＝Kaph | ☉ | 力量 | 命運之輪 | ♃ | 朱比特為幸運之神 |
| פ＝Peh | ♀ | 星星 | 高塔 | ♂ | 閃電為馬斯 |
| ר＝Resh | ☿ | 正義 | 太陽 | ☉ | 卡裡的太陽為太陽神 |
| ת＝Tav | ☽ | 世界 | 世界 | ♄ | 土星另一個象徵<br>為地球 |

表22：大阿爾克那的七個行星

　　雖然凱斯能夠解析關於希伯來文和塔羅的神祕之處，但除了這些行星以外。他承認在其第一本著作《塔羅學習介紹》（An Introduction to the Study of the Tarot，收集自他在祕術期刊《阿佐特》〔Azoth〕雜誌文章）必須仰賴克勞利的《777》，以正確解析這些行星的屬性。克勞利在黃金黎明會學習這個神祕學。關於他使用《創世之書》在一個補充說明裡，已正確證實塔羅占星的特性，他表示「行星屬性來自《777》（倫敦，1909）這本書」。[6]

　　七個行星的使用，對於煉金術練習七大金屬對應到行星非常重要，其教義與東方怛特羅傳統（Eastern Tantric tradition）的脈輪系統一致──藉由儀式和冥想連結七個放在靈魂身體的內在星體。

　　生命之樹將七個行星分別排序：土星、木星、火星、太陽、金星、水星和月亮，放在輝耀三到九，這樣的順序有時是參考柏拉圖行星的順序；不過，一週的行星排列順序與此不同。從星期日開始的行星順序為太陽（星期日）、月亮（星期一）、火星（星期二）、水星（星期三）、木星（星期四）、金星（星期五）和土星（星期六）。

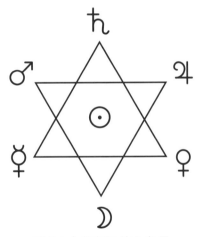

圖5：七個行星的六角星

　　在生命之樹裡使用行星柏拉圖式排序的傳統象徵符號，為七個行星的六角形（圖5）；七個行星在柏拉圖式排序裡，被放在六角形（又稱「大衛星」〔Star of David〕和「所羅門王星陣」

6. Case, *An Introduction to the Study of the Tarot*, 14n。

〔Shield of Solomon〕）的中心和各個點，從土星開始、月亮結束，太陽為中心，其地占術的形狀是六角星。七個行星的位置對應到生命之樹的輝耀則是從「領會」開始，「根基」結束。

　　七個行星的名字和符號源自希臘神話，以及形成希臘字母裡的七個母音；七個行星表示彩虹的七道色調，也表八度音階裡前七個音符，以及於《創世之書》發現構成立方體的七個維度。參考表23的七個行星西方象徵符號。

| 行星 | ♄ | ♃ | ♂ | ☉ | ♀ | ☿ | ☽ |
|---|---|---|---|---|---|---|---|
| 脈輪 | 第七個 | 第六個 | 第五個 | 第四個 | 第三個 | 第二個 | 第一個 |
| 古希臘羅馬 | 薩圖恩、克羅諾斯 | 朱比特、宙斯 | 瑪爾斯、阿瑞斯 | 阿波羅、希里歐斯 | 維納斯、阿芙蘿黛蒂 | 墨丘利、赫密士 | 黛安娜、阿提米絲 |
| 象徵 | 鐮刀 | 王位 | 矛、盾 | 戰車輪子 | 鏡子 | 雙蛇杖 | 皇冠 |
| 形狀 | 三角形 | 方形 | 五角星 | 六角星 | 七角形 | 八角形 | 九角形 |
| 希臘文 | $\Omega = 800$ | $Y = 400$ | $O = 70$ | $I = 10$ | $H = 8$ | $E = 5$ | $A = 1$ |
| 希伯來文 | ת | כ | פ | ר | ד | ב | ג |
| 生命之樹 | 領會 | 仁慈 | 力量 | 美 | 勝利 | 宏偉 | 根基 |
| 顏色（生命之樹） | 黑色 | 藍色 | 紅色 | 黃色 | 綠色 | 橘色 | 紫羅蘭色 |
| 魔法立方塊 | $3 \times 3 = 9$ | $4 \times 4 = 16$ | $5 \times 5 = 25$ | $6 \times 6 = 36$ | $7 \times 7 = 49$ | $8 \times 8 = 64$ | $9 \times 9 = 81$ |
| 塔羅牌 | XXI | X | XVI | XIX | III | I | II |
| 顏色（塔羅牌） | 靛藍色 | 紫羅蘭色 | 紅色 | 橘色 | 綠色 | 黃色 | 藍色 |
| 空間立方體 | 中心 | 西 | 北 | 南 | 東 | 上方 | 下方 |
| 路徑（生命之樹） | 第三十二條 | 第二十一條 | 第二十七條 | 第三十條 | 第十四條 | 第十二條 | 第十三條 |
| 天使 | 扎夫基爾 | 薩基爾 | 哈瑪耶爾 | 拉斐爾 | 漢尼爾 | 米迦勒 | 加百列 |

| 行星 | ♄ | ♃ | ♂ | ☉ | ♀ | ☿ | ☽ |
|---|---|---|---|---|---|---|---|
| 礦石 | 黑瑪瑙 | 藍寶石 | 紅寶石 | 紅水晶 | 祖母綠 | 鑽石 | 水晶 |
| 臉部 | 右耳 | 左耳 | 右鼻孔 | 右眼 | 左鼻孔 | 嘴巴 | 左眼 |
| 身體 | 右腳 | 頭部 | 右手 | 心臟 | 生殖器 | 左手 | 左腳 |
| 八度音階 | B (Ti) | A (La) | G (Sol) | F (Fa) | E (Mi) | D (Re) | C (Do) |

表23：七行星的柏拉圖式排序

　　表23列出兩種顏色層級，一種是以生命之樹輝耀為基礎，另一則是以連接輝耀的路徑為基礎；有五種變化：♄＝黑色和靛藍色（藍紫色），♃＝藍色和深紫色，☉＝黃色和橘色，♀＝橘色和黃色，☽＝紫羅蘭色和藍色。兩種層級都是有根據的顏色屬性。當你在處理生命之樹的輝耀和前十個數字時，應該使用第一組層級；處理塔羅和希伯來文字母時，則使用第二組。

　　另一個七個行星的主要對應，是以煉金術裡七種金屬與七個行星相關的煉金術傳統為基礎，這七種金屬也等同於古印度怛特羅傳統中脈輪提到的七顆體內內在星星。「脈輪」在梵文裡表「輪」，而這七顆內在星星可視為能量與靈魂轉動的輪子。

　　七個行星在人體中對應的位置，以脊椎為基底直達頭部的王冠（圖6）。脊椎底表土星、金屬鉛以及第一個脈輪「海底輪」（Muladhara），而頭頂則是表水星、金屬汞以及第七個脈輪「頂輪」（Sahasrara）。

圖6：七脈輪作為七行星

脈輪中行星與金屬的順序分別是♄（鉛）、♂（鐵）、♃（錫）、☉（金）、♀（銅）、☽（銀）、☿（汞），在煉金術中將鉛變成金，這可視為一種從基底脈輪（鉛）到心（金）的能量提升。

在塔羅牌裡，七種行星適用於七個脈輪時，會展開一個有趣的排序。當我們從最後一張牌數到第一張：宇宙（第一：海底輪）、太陽（第四：心輪）、高塔（第二：生殖輪）、命運之輪（第三：太陽神經叢）、女帝（第五：喉輪）、女祭司（第六：眉心輪）以及魔法師（第七：頂輪）；能量流動降到較低的脈輪時，從海底輪上升到心輪；下降到生殖器和太陽穴較低的能量

前，又打開心胸接受愛與同情。表24列出在東方怛特羅傳統發現的七個脈輪，以及西方傳統黃金黎明和神智學的象徵。

在煉金術的語言裡，每一個行星對應到一個煉金術金屬，七大金屬又對應到怛特羅傳統裡七個脈輪體內的七個內在星星，分別沿著脊椎定位，這在神智學傳統裡被分成三十三個部分。

將七個脈輪視為七朵花，每一朵花有不同數量的花瓣，包含了五十個梵文字母，其中前六個脈輪有五十片，第七個脈輪的頂輪則是有二十乘以五十，共一千片花瓣。在神智學傳統，將脈輪的花瓣取代成光束；前六個脈輪總共有三百六十道光束，第七個脈輪自身就有三百六十道。

表24列出七個脈輪各種顏色配色。怛特羅傳統使用真性的象徵；神智學和塔羅大阿爾克那使用彩虹的七道配色，現代的脈輪版本則是使用彩虹七個顏色中的自然順序，也就是從脊椎基底開始的紅色再到頭頂的紫色結束。這與黃道將身體分成十二區的十二個符號類似，一樣頭部表紅色，腳表紫紅色。

到目前為止的概論已詳細介紹將元素分成三、四、五與十六和七個行星，接下來我們將以鑑於黃金黎明魔法十二個象徵裡的祕術性質作為結尾。

| 行星 | ♄ | ♃ | ♂ | ☉ | ♀ | ☿ | ☽ |
|---|---|---|---|---|---|---|---|
| 金屬 | 鉛 | 錫 | 鐵 | 金 | 銅 | 水銀 | 銀 |
| 塔羅牌 | 第二十一張 | 第十六張 | 第十張 | 第十九張 | 第三張 | 第二張 | 第一張 |
| 脈輪 | 第一個 | 第二個 | 第三個 | 第四個 | 第五個 | 第六個 | 第七個 |
| 身體 | 會陰 | 生殖器 | 太陽穴 | 心臟 | 喉嚨 | 第三隻眼 | 頭冠 |
| 脊椎節點（33） | 第一、二、三節 | 第七節 | 第十六節 | 第二十六節 | 第三十一節 | 第三十二節 | 第三十三節 |
| 五感 | 嗅覺 | 味覺 | 視覺 | 觸覺 | 聽覺 | 心靈 | 高我 |
| 名字 | 海底輪 | 生殖輪 | 太陽神經叢 | 心輪 | 喉輪 | 眉心輪 | 頂輪 |
| 意涵 | 根部、入口 | 自我空間 | 珠寶城市 | 無聲之聲 | 純潔 | 超越知識 | 一千片花瓣 |

| 行星 | ♄ | ♃ | ♂ | ☉ | ♀ | ☿ | ☽ |
|---|---|---|---|---|---|---|---|
| 梵文音節 | Lam | Vam | Ram | Yam | Ham | Om | Hum |
| 花瓣 | 4 | 6 | 10 | 12 | 16 | 2 | 1,000 |
| 光芒 | 56 | 62 | 52 | 54 | 72 | 64 | 360 |
| 真性 | 頗哩提毗 | 阿帕斯 | 阿耆尼 | 瓦優 | 阿卡夏 | 摩訶薩埵 Mahásattva | 明點 Bindu point |
| 真性顏色 | 黃色 | 白色 | 紅色 | 藍色 | 藍紫色 | 五種顏色 彩虹 | 透明 |
| 顏色 （怛特羅） | 黃色 | 淺藍色 | 火焰紅 | 煙燻綠 | 煙燻紫 | 白色 | 彩虹 |
| 顏色 （神智學） | 橘紅色 | 玫瑰色 | 綠色 | 金色 | 淺藍色 | 藍紫色 | 紫羅蘭色 |
| 顏色 （塔羅） | 藍紫色 | 猩紅色 | 紫羅蘭色 | 橘色 | 綠色 | 藍色 | 黃色 |
| 顏色 （現代） | 紅色 | 橘色 | 黃色 | 綠色 | 藍色 | 藍紫色 | 紫羅蘭色 |

表24：七個行星作為七個脈輪

◆ **黃道的十二個象徵** ◆

　　每一個黃道象徵由一個行星和對應的一個特定元素所掌管。如同元素，星座符號也被分類為基本星座（cardinal，元素的第一個星座）、固定星座（fixed，元素的第二和中間的星座）、變動星座（mutable，元素的第三和最後一個星座）。

　　每一個星座符號掌管身體的部分，身體有兩個主要的分法，一個是來自希臘占星學從頭開始、到腳結束；另一則是來自《創世之書》。表25列出黃道基本象徵符號。

| 符號 | 象徵 | 元素 | 廟宮 | 類型 | 身體（希臘） | 身體（創世之書） |
|---|---|---|---|---|---|---|
| ♈ | 公羊的角 | △ | ♂ | 基本星座 | 頭部 | 右手 |
| ♉ | 公牛的角 | ▽ | ♀ | 固定星座 | 喉嚨 | 左手 |
| ♊ | 雙胞胎環抱 | △ | ☿ | 變動星座 | 肩膀、手 | 右腳 |
| ♋ | 蟹爪 | ▽ | ☽ | 基本星座 | 胸部 | 左腳 |
| ♌ | 獅子的鬃毛和尾巴 | △ | ☉ | 固定星座 | 心臟 | 右胰臟（睪丸） |
| ♍ | 三根玉米 | ▽ | ☿ | 變動星座 | 胃部 | 左胰臟（睪丸） |
| ♎ | 槓桿秤 | △ | ♀ | 基本星座 | 腸、胰臟 | 肝部 |
| ♏ | 蠍子的腳、尾巴與毒刺 | ▽ | ♂ | 固定星座 | 生殖器 | 脾臟 |
| ♐ | 箭在弓的切口 | △ | ♃ | 變動星座 | 大腿 | 膽汁 |
| ♑ | 山羊的頭與角以及魚尾 | ▽ | ♄ | 基本星座 | 膝蓋 | 胃部 |
| ♒ | 來自兩個花瓶的雙水紋 | △ | ♄ | 固定星座 | 腳踝 | 膀胱、生殖器 |
| ♓ | 由鏈子連接的兩隻魚 | ▽ | ♃ | 變動星座 | 腳部 | 直腸、大腸 |

表25：黃道的基礎占星象徵

　　行星掌管黃道將十二個符號分成兩組，一組六個，其中一組由月亮管理，另一則由太陽管理。當行星分配到煉金術階級中時，其中土星和金星位在最低階，水星為最高階，被太陽與月亮覆蓋。這樣的形式有五個行星各掌管兩個符號，另外兩個發光體則各掌管一個（表26）。

| 符號 | 行星 | 行星 | 符號 |
|---|---|---|---|
| ♋ | ☽ | ☉ | ♌ |
| ♊ | ☿ | ☿ | ♍ |
| ♉ | ♀ | ♀ | ♎ |
| ♈ | ♂ | ♂ | ♏ |
| ♓ | ♃ | ♃ | ♐ |
| ♒ | ♄ | ♄ | ♑ |

表26：行星廟宮的煉金術階層

　　黃道十二宮符號對應到希伯來文字母的十二個單發音字母（僅有一種發音）。維斯特考特和馬瑟斯在塔羅大阿爾克那中詳細解說了黃道，將大阿爾克那十二張牌放在黃道裡，從皇帝（牡羊座）開始，月亮（雙魚座）結束。

　　黃道被分成彩虹的十二道顏色以及八度音階的十二個音符，對應到的希伯來文字母可以依適當的音調歌頌，並以適當顏色視覺化；也能與身體的十二個部分配合，如表25所示，作為療癒儀式。任何一個神聖的希伯來文都能使用其聲調歌頌為曼陀羅，並使用顏色屬性將顏色視覺化。

　　《創世之書》將宇宙模型形容成一個不斷擴張的立方體，三元素是三個座標，七個行星表六個維度和一個中心，黃道十二宮則是表立方體的十二個角度；本書同樣也提供十二個符號四字神明的排列置換，以及十二個人類的獨特表現。

　　表27列出大阿爾克那十二個符號所對應的象徵。

| 符號 | 塔羅牌 | 希伯來文 | 顏色 | 音階 | 生命之樹路徑 | 立方體（創世之書） | 神 | 人（創世之書） |
|---|---|---|---|---|---|---|---|---|
| ♈ | 皇帝 | ה | 紅色 | C | 15 | 東北 | יהוה | 視覺 |
| ♉ | 教皇 | ו | 橘紅色 | C# | 16 | 東南 | יההו | 聽覺 |
| ♊ | 戀人 | ז | 橘色 | D | 17 | 東之上 | יוהה | 嗅覺 |
| ♋ | 戰車 | ח | 橘黃色 | D# | 18 | 東之下 | הההי | 言語 |
| ♌ | 力量 | ט | 黃色 | E | 19 | 北之上 | הויה | 味覺 |
| ♍ | 隱者 | י | 黃綠色 | F | 20 | 北之下 | הוהי | 交合 |
| ♎ | 正義 | ל | 綠色 | F# | 22 | 西北 | היוה | 運作 |
| ♏ | 死亡 | נ | 藍綠色 | G | 24 | 西南 | היהו | 步行 |

| 符號 | 塔羅牌 | 希伯來文 | 顏色 | 音階 | 生命之樹路徑 | 立方體（創世之書） | 神 | 人（創世之書） |
|---|---|---|---|---|---|---|---|---|
| ♐ | 調節 | ס | 藍色 | G# | 25 | 西之上 | ויהה | 憤怒 |
| ♑ | 惡魔 | ע | 藍紫色 | A | 26 | 西之下 | היהו | 笑、歡笑 |
| ♒ | 星星 | צ | 紫羅蘭色 | A# | 28 | 南之上 | היוה | 沉思 |
| ♓ | 月亮 | ק | 紫紅色 | B | 29 | 南之下 | ההיו | 睡眠 |

表27：在大阿爾克那的黃道

《創世之書》所有的版本清楚將黃道分配到字母裡，不過，人類交合與勞動的功能有時會由希伯來字母「Yod」和「Lamed」取代。

以色列十二支派的排序可配對到黃道十二宮，在黃金黎明傳統裡也能發現。十二使徒岩（Twelve Apostles）也能作為黃道的象徵；十二個獨特的符號會使用在基督建築物，用來象徵十二使徒岩。阿格里帕將黃道配對到天使和羅馬神祇；黃道也反映二十四個希臘字母，並分成十二對，放在諾斯底智慧女神蘇菲的宇宙體黃道區。

表28列出黃道象徵這些宇宙主宰的部分。

| 符號 | 支派／旗幟 | 希伯來文 | 門徒／符號象徵 | 天使 | 羅馬神靈 | 希臘文 |
|---|---|---|---|---|---|---|
| ♈ | 迦得（Gad）／騎兵 | גד | 西門彼得（SimonPeter）／兩把鑰匙交叉 | 馬拉錫第爾（Malahidiel） | 帕拉斯（Pallas） | A Ω |
| ♉ | 以法蓮（Ephraim）／閹牛 | אפראים | 安德烈（Andrew）／聖安得烈十字 | 阿斯莫德（Asmodel） | 維納斯 | B Ψ |
| ♊ | 瑪拿西（Manasseh）／藤蔓、牆壁 | מנשה | 大雅各（James the Elder）／三個扇貝殼 | 安比爾（Ambrial） | 福玻斯（Phoebus） | Γ X |
| ♋ | 以薩迦（Issachar）／驢子 | יששכר | 約翰（John）／聖杯裡的蛇 | 穆利爾（Muriel） | 墨丘利 | Δ Φ |
| ♌ | 猶大（Judah）／獅子 | יהודה | 湯瑪士（Thomas）／角尺和矛 | 凡基爾（Verchiel） | 朱比特 | E Y |
| ♍ | 拿弗他利（Naphtali）／鳥 | נפתלי | 雅各（James of Alphaeus）／垂直切割鋸 | 哈瑪利爾（Hamaliel） | 刻瑞斯 | Z T |

| 符號 | 支派／旗幟 | 希伯來文 | 門徒／符號象徵 | 天使 | 羅馬神靈 | 希臘文 |
|---|---|---|---|---|---|---|
| ♎ | 亞設（Asher）／杯子 | אשר | 腓力（Philip）／兩條麵包交叉 | 祖菲爾（Zuriel） | 伏爾甘（Vulcan） | Η Σ |
| ♏ | 但（Dan）／老鷹 | דן | 巴多羅買（Bartholomew）／三把割皮刀 | 巴拉基勒（Barachiel） | 瑪爾斯 | Θ Ρ |
| ♐ | 便雅憫（Benjamin）／狼 | בנימין | 馬太（Matthew）／三個錢包 | 亞德南丘（Adnachiel） | 黛安娜 | Ι Π |
| ♑ | 西布倫（Zabulun）／船 | זבולן | 西門（Simon the Zealot）／聖經上的魚 | 漢尼爾 | 維斯塔 | Κ Ο |
| ♒ | 呂便（Reuben）／人類 | ראובן | 雅各的猶大（Jude of James）／乘行於十字狀的船 | 加百列 | 茱諾 | Λ Ξ |
| ♓ | 西緬（Simeon）／劍 | שמעון | 猶達斯依斯加略（Judas Iscariot）／帶有三十元硬幣的錢袋 | 拜丘（Barchiel） | 涅普頓 | Μ Ν |

表28：宇宙裡的黃道

　　上張表格提供黃道的宇宙象徵，下一張則提供自然的象徵符號對應到黃道（表29）；其中行星、香精和藥物（做了一些調整）的屬性來自克勞利的《777》；石頭、樹木、鳥和野獸屬性則來自阿格里帕。

| 符號 | 礦石 | 植物 | 樹木 | 香精 | 藥物 | 鳥類 | 野獸 |
|---|---|---|---|---|---|---|---|
| ♈ | 赤鐵礦 | 天竺葵 | 橄欖樹 | 龍血 | 咖啡 | 貓頭鷹 | 母羊 |
| ♉ | 綠寶石 | 錦葵 | 香桃木 | 蘇合香 | 糖 | 鴿子 | 公羊 |
| ♊ | 色彩斑斕石 | 蘭花 | 月桂樹 | 艾草 | 麥角 | 公雞 | 公牛 |
| ♋ | 冰長石 | 蓮花 | 榛樹 | 施喜列香 | 賽洛西賓 | 鷺 | 狗 |
| ♌ | 紅寶石 | 向日葵 | 七葉樹 | 乳香 | 古柯鹼 | 老鷹 | 雄鹿 |
| ♍ | 綠柱石 | 百合 | 蘋果樹 | 水仙 | 啤酒 | 麻雀 | 母豬 |
| ♎ | 瑪瑙 | 蘆薈 | 黃楊木 | 白松香 | 菸草 | 鵝 | 驢子 |

| 符號 | 礦石 | 植物 | 樹木 | 香精 | 藥物 | 鳥類 | 野獸 |
|---|---|---|---|---|---|---|---|
| ♏ | 紫水晶 | 仙人掌 | 接骨木 | 安息香 | 烏羽玉 | 鵲 | 狼 |
| ♐ | 綠松石 | 燈心草 | 棕櫚樹 | 沉香 | DMT（迷幻藥） | 寒鴉 | 母鹿 |
| ♑ | 黑瑪瑙 | 印度大麻 | 松樹 | 麝香 | 印度大麻 | 蒼鷺 | 獅子 |
| ♒ | 琥珀 | 橄欖 | Ramthorn | 大戟 | 紅酒 | 孔雀 | 綿羊 |
| ♓ | 珊瑚 | 罌粟 | 榆樹 | 龍涎香 | 鴉片 | 天鵝 | 馬 |

表29：自然世界裡的黃道

## ◆ 三十六個旬星 ◆

　　黃金黎明傳統裡的黃道在小阿爾克那中象徵兩種意涵，其一是十二張宮廷牌對應到十二個符號，小阿爾克那的數字牌二到十分配到黃道（360度）上，區分成三十六個旬星（decans），每一個占十度。每一個符號由三個旬星組成，每一個旬星大約是十天。

　　每一張宮廷牌是由黃道符號最後一個旬星和下一個黃道符號前兩個旬星所構成。因此，宮廷牌混合了兩個黃道符號，不只有一個；前兩個旬星代表一個特定符號在其力量高峰的原始狀態，當進入到下一個接續的符號時，第三個、也是最後一個代表元素能量的沉降。這就是為什麼宮廷牌是由上一個符號的最後一個旬星，以及一個主要符號的前兩個旬星所組成──為了顯現元素能量從一個符號進入下一個的轉變。

　　表30列出小阿爾克那所分配到三十六個旬星的象徵。

| 宮廷牌 | 旬 | 廟宮 | 符號 | 數字牌 | 顏色 | 原始標題（之主） |
|---|---|---|---|---|---|---|
| 權杖王后 | 0°–10° | ♂ | ♈ | 2W | 天空藍 | 統御 |
| | 11°–20° | ☉ | ♈ | 3W | 緋紅色 | 已確立的力量 |
| | 21°–30° | ♀ | ♈ | 4W | 深紫色 | 臻至完美工作 |
| 錢幣國王 | 0°–10° | ☿ | ♉ | 5P | 帶黑點的紅色 | 物質煩憂 |
| | 11°–20° | ☽ | ♉ | 6P | 金琥珀色 | 物質成功 |

| 宮廷牌 | 旬 | 廟宮 | 符號 | 數字牌 | 顏色 | 原始標題（之主） |
|---|---|---|---|---|---|---|
| 寶劍騎士 | 21°–30° | ♄ | ♉ | 7P | 帶金點的橄欖綠 | 未實現的成功 |
| | 0°–10° | ♃ | ♊ | 8S | 紅褐色 | 被縮減的力量 |
| | 11°–20° | ♂ | ♊ | 9S | 暗紫色 | 絕望與殘酷 |
| 聖杯王后 | 21°–30° | ☉ | ♊ | 10S | 檸檬黃、深棕色、橄欖綠、帶金點的黑色 | 毀滅 |
| | 0°–10° | ♀ | ♋ | 2C | 灰色 | 愛 |
| | 11°–20° | ☿ | ♋ | 3C | 黑色 | 豐盛 |
| 權杖國王 | 21°–30° | ☽ | ♋ | 4C | 藍色 | 綜合享樂 |
| | 0°–10° | ♄ | ♌ | 5W | 橘色 | 競爭 |
| | 11°–20° | ♃ | ♌ | 6W | 粉玫瑰色 | 勝利 |
| 錢幣騎士 | 21°–30° | ♂ | ♌ | 7W | 琥珀色 | 勇氣 |
| | 0°–10° | ☉ | ♍ | 8P | 帶白點的棕黃色 | 審慎 |
| | 11°–20° | ♀ | ♍ | 9P | 帶天空藍的檸檬黃 | 物質獲取 |
| 寶劍王后 | 21°–30° | ☿ | ♍ | 10P | 黃色帶狀的黑色 | 財富 |
| | 0°–10° | ☽ | ♎ | 2S | 藍灰珍珠色 | 重建寧靜 |
| | 11°–20° | ♄ | ♎ | 3S | 暗棕色 | 悲傷 |
| 聖杯國王 | 21°–30° | ♃ | ♎ | 4S | 深紫色 | 停息紛爭 |
| | 0°–10° | ♂ | ♏ | 5C | 猩紅色 | 失落歡樂 |
| | 11°–20° | ☉ | ♏ | 6C | 黃色（金色） | 享樂 |
| 權杖騎士 | 21°–30° | ♀ | ♏ | 7C | 翡翠色 | 虛幻成功 |
| | 0°–10° | ☿ | ♐ | 8W | 紫羅蘭色 | 迅捷 |
| | 11°–20° | ☽ | ♐ | 9W | 靛藍色 | 強大力量 |
| 錢幣王后 | 21°–30° | ♄ | ♐ | 10W | 黃色 | 壓制 |
| | 0°–10° | ♃ | ♑ | 2P | 帶紅點的白色、藍色、黃色 | 和諧變化 |
| | 11°–20° | ♂ | ♑ | 3P | 帶粉紅色點的灰色 | 物質工作 |
| 寶劍國王 | 21°–30° | ☉ | ♑ | 4P | 帶黃色點的深天藍色 | 世俗力量 |
| | 0°–10° | ♀ | ♒ | 5S | 亮猩紅色 | 擊潰 |
| | 11°–20° | ☿ | ♒ | 6S | 鮭魚般的粉紅色 | 贏得成功 |

| 宮廷牌 | 旬 | 廟宮 | 符號 | 數字牌 | 顏色 | 原始標題（之主） |
|---|---|---|---|---|---|---|
| | 21°–30° | ☽ | ♒ | 7S | 亮黃綠色 | 不穩定的努力 |
| 聖杯騎士 | 0°–10° | ♄ | ♓ | 8C | 橘色 | 被遺棄的成功 |
| | 11°–20° | ♃ | ♓ | 9C | 紫羅蘭色 | 物質幸福 |
| 權杖王后 | 21°–30° | ♂ | ♓ | 10C | 檸檬黃、深棕色、橄欖綠、黑色 | 完美的成功 |

表30：三十六旬星象徵

注意黃道十二個符號與十二張混合不同黃道屬性的宮廷牌，在年曆上分配的不同。表31顯示其中差異。

| 黃道 | 期間 | 宮廷牌 | 混合黃道 | 時期 |
|---|---|---|---|---|
| ♈ | 3/21–4/19 | 權杖王后 | ♓/♈ | 3/11–4/9 |
| ♉ | 4/20–5/20 | 錢幣國王 | ♈/♉ | 4/10–5/10 |
| ♊ | 5/21–6/20 | 寶劍騎士 | ♉/♊ | 5/11–6/10 |
| ♋ | 6/21–7/22 | 聖杯王后 | ♊/♋ | 6/11–7/12 |
| ♌ | 7/23–8/22 | 權杖國王 | ♋/♌ | 7/13–8/12 |
| ♍ | 8/23–9/22 | 錢幣騎士 | ♌/♍ | 8/13–9/12 |
| ♎ | 9/23–10/22 | 寶劍王后 | ♍/♎ | 9/13–10/13 |
| ♏ | 10/23–11/21 | 聖杯國王 | ♎/♏ | 10/14–11/12 |
| ♐ | 11/22–12/21 | 權杖騎士 | ♏/♐ | 11/13–12/11 |
| ♑ | 12/22–1/19 | 錢幣王后 | ♐/♑ | 12/12–1/10 |
| ♒ | 1/20–2/18 | 寶劍國王 | ♑/♒ | 1/11–2/8 |
| ♓ | 2/19–3/20 | 聖杯騎士 | ♒/♓ | 2/9–3/10 |

表31：一年與黃道的天數

## ◆ 玫瑰十字會的象徵 ◆

我們將以彩虹與黃道作為結尾。黃金黎明給啟蒙者的最高符號可以在玫瑰十字會看到（圖7）。二十二片花瓣的玫瑰中心為金色十字交叉，中心第一圈有三片花瓣，中間有七片，最外圈有十二片；每一片花瓣有一個希伯來文字母對應三元素、七個行星或十二個符號的其中一個，並在二十二條途徑使用國王（原型界）顏色層級。

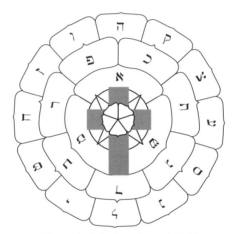

圖7：玫瑰十字二十二片花瓣

花瓣本身是以彩虹十二個配色為基礎，希伯來文字母則是畫上閃影（或對比）色，這是以元素、行星或黃道影響為基礎，以建立所有魔法護身符的技巧，其中的背景色是特定的元素、行星或黃道符號，其象徵符號本身是互補的閃影色，閃影色通常是黃道（三百六十度）上相反的元素（一百八十度）。

表32顯示玫瑰十字彩虹顏色層級。希伯來文有三行，代表希伯來文在玫瑰十字的三圈；最裡面那一圈為元素，中間是行星，玫瑰花瓣最外圈則是黃道。另外也顯示顏色彩虹層級所對應的音符，這能與希伯來文字母結合用來歌詠二十二個希伯來文字母。

| 顏色 | 閃影色 | 音階 | 希伯來文 | 黃道 | 希伯來文 | 行星 | 希伯來文 | 元素 |
|---|---|---|---|---|---|---|---|---|
| 紅色 | 綠色 | C | ה | ♈ | פ | ♂ | ש | △ |
| 橘紅色 | 藍綠色 | C# | ו | ♉ | | | | |
| 橘色 | 藍色 | D | ז | ♊ | ר | ☉ | | |

| 顏色 | 閃影色 | 音階 | 希伯來文 | 黃道 | 希伯來文 | 行星 | 希伯來文 | 元素 |
|---|---|---|---|---|---|---|---|---|
| 橘黃色 | 藍紫色 | D# | ח | ♋ | | | | |
| 黃色 | 紫羅蘭色 | E | ט | ♌ | ב | ☿ | א | △ |
| 黃綠色 | 紫紅色 | F | י | ♍ | | | | |
| 綠色 | 紅色 | F# | ל | ♎ | ד | ♀ | | |
| 藍綠色 | 橘紅色 | G | נ | ♏ | | | | |
| 藍色 | 橘色 | G# | ס | ♐ | ג | ☽ | מ | ▽ |
| 藍紫色 | 橘黃色 | A | ע | ♑ | ה | ♄ | | |
| 紫羅蘭色 | 黃色 | A# | צ | ♒ | כ | ♃ | | |
| 紫紅色 | 黃綠色 | B | ק | ♓ | | | | |

表 32：玫瑰十字彩虹層級

◆　**參考書目**　◆

Agrippa, Henry Cornelius. *Three Books of Occult Philosophy*. St. Paul, MN: Llewellyn Publications, 1993. First published in 1553.

Barrett, Francis. *The Magus*. Secaucus, NJ: Citadel Press, 1967. First published in 1801.

Blavatsky, Helena Petrovna. *Collected Writings, Volume XII: 1889–1890*. Wheaton, IL: The Theosophical Publishing House, 1980. First published in 1890.

Case, Paul Foster. *An Introduction to the Study of the Tarot*. New York: Azoth Publishing Company, 1920.

Crowley, Aleister. *The Book of Thoth*. New York: Samuel Weiser, 1969. First published in 1944.

———. *Liber L. vel Legis. In Thelema, Volume III*. Lincolnshire, UK: Hell Fire Club, 2015. First published in 1909.

———. *The Magical Record of the Beast 666: The Diaries of Aleister Crowley, 1914–1920*. Edited with annotations by John Symonds and Kenneth Grant. London: Duckworth, 1972.

———. *777*. San Francisco, CA: Level Press, 1969. First published in 1909.

———. *Shih Yi*. Oceanside, CA: Monthelema, 1971.

———. *The Vision and the Voice*. Dallas, TX: Sangreal Foundation, 1972. First published in 1952.

Foucault, Michel, et al. *IO Magazine, No. 5: Doctrine of Signatures*, Summer 1968. Ann Arbor, MI.

Goodman, Tali, and Marcus Katz. *Abiding in the Sanctuary*. Keswick, UK: Forge Press, 2011.

Hulse, David Allen. *The Key of It All: Book One: The Eastern Mysteries*. St. Paul, MN: Llewellyn Publications, 1993.

———. *The Key of It All: Book Two: The Western Mysteries*. St. Paul, MN: Llewellyn Publications, 1994.

Küntz, Darcy, ed and trans. The Complete Golden Dawn Cipher Manuscript. Edmonds, WA: Holmes Publishing Group, 1996.

Levi, Eliphas. *The Magical Ritual of the Sanctum Regnum*. London: George Redway, 1896.

———. *Transcendental Magic*. New York: Weiser, 1974. First published as *Doctrine and Ritual of High Magic* in 1896.

Mathers, S. L. MacGregor. *The Kabbalah Unveiled*. New York: Samuel Weiser, 1974. First published in 1887.

McLean, Adam, ed. *A Treatise on Angel Magic*. Magnum Opus Hermetic Sourceworks series, no. 15. Edinburgh: Magnum Opus Hermetic Sourceworks, 1982.

Papus [Gerard Encausse]. *The Tarot of the Bohemians*. North Hollywood CA: Wilshire Book Company, 1975. First published in 1916.

Prasad, Rama. *The Science of Breath and the Philosophy of the Tattvas*. New York: Theosophical Publishing Society, 1894.

Regardie, Israel. *The Complete Golden Dawn System of Magic*. Phoenix, AZ: Falcon Press, 1984.

———. *The Golden Dawn*. St. Paul, MN: Llewellyn Publications, 1970. First published in four volumes in 1939–1940.

Stenring, Knut, trans. *The Book of Formation (Sepher Yetzirah)*. New York: Ktav Press, 1970. First published as *Sepher Yetzirah* in 1923.

Tatlow, Ruth. *Bach and the Riddle of the Number Alphabet*. New York: Cambridge University Press, 2006. First published in 1991.

Waite, Arthur Edward. *The Pictorial Key to the Tarot*. New York: University Books, 1959. First published in 1910.

Westcott, William Wynn, trans. *Sepher Yetzirah: The Book of Formation and the Thirty–Two Paths of Wisdom*. New York: Samuel Weiser, 1976. First published in 1893.

Wirth, Oswald. *The Tarot of the Magicians*. York Beach, ME: Samuel Weiser, 1985. First published in 1927.

### ◆　作者介紹　◆

　　大衛・艾倫・浩斯（David Allen Hulse）是位出版東西方魔法與神祕學的作者。他促成各種出版品，包含《樹木雜誌》（Tree Magazine）、《神聖乞人報》（Holy Beggars' Gazette）、《東方聖殿會通訊》（OTO Newsletter）、《塔羅之旅》（The Tarot Journal），另外也促成伊斯瑞・瑞格德的《黃金黎明魔法大全》關於以諾字母的關鍵數值。鹿林出版則出版《東方神祕學》和《西方神祕學》（原為《所有的關鍵》），這些是關於東西方神聖字母的廣泛內容，另外還有《數祕學的真相》（The Truth About Numerology）。韋澤出版公司出版《空間立方體新觀點》（New Dimensions for the Cube of Space），本書探討保羅・福斯特・凱斯在《創世之書》所形容的凱斯塔羅牌放在空間立方體的內容；地獄火俱樂部出版其《魔法律法之書》（Genesis of the Book of the Law，原為福爾摩斯出版公司出版），本書探討克勞利《律法之書》背後的神話和傳說。作者目前定居在加州薩克拉門托。

### ◆　插圖出處　◆

　　圖1、3–5和7出自盧埃林出版藝術部門。

　　圖2出自作者愛德華・韋特的《關鍵塔羅牌》。

　　圖6出自瑪莉・安・薩帕拉克。

# 結語
# 儀式魔法的未來——布蘭迪・威廉斯

## ◆ 故事：未來 ◆

「我召喚未來的靈魂，來吧，強大的力量，向我展現你的面貌！」

一片閃閃發光的迷霧出現在我面前，形成一個雙手向外伸、眼睛睜大的人類外觀，帶著同情眼神歡迎我。「我無法顯現我的原形。」這個靈魂帶著像是鐘聲的聲音說道。

我問：「為什麼無法顯現？」我最深沉的恐懼找不到未來。「是因為不存在嗎？」

「是，也不是。」靈魂說。

像這樣的回答，通常代表我沒有問到正確的問題。我嘗試另一種方法。「你可以向我展現嗎？」

「在你了解我之前，你必須了解現在。」他說道。雙手在胸前交叉，這個形體消失了。

那些眼睛！他們承諾宇宙間所有的喜悅與哀傷。究竟這個形體是男還是女？那一團迷霧是什麼顏色？看起來似乎是白色和藍色，一瞬間是發光的黑色。他是神、靈魂、幻覺還是天使？這個靈魂要告訴我什麼？知識、警告還是某種特定的幸福？

## ◆ 何謂未來？ ◆

若我們將時間比喻成河流，河流僅會流往一個方向，就像射箭一樣。「現在」就是河流上承載的一隻小船，瞬息萬變，隨時從過去流向未來。

當我們談到未來時，它彷彿就像一個我們正在一起旅行的空間，希望它是一個烏托邦、星際迷航記世界，在這裡如果希望任何事情發生，就需要渴求它，努力與創造力會得到報

酬，使仇恨消逝並接納規則；不過我們害怕抵達的是一個反烏托邦，在那裡僅能得到少許所想望的，每個人稍縱即逝，且規則殘酷。

魔法師在解讀牌卡、占星和預言時，試圖抓住未來的瞬間；這預示了我們相信未來至少在某個部分是可預見且能看到的。凡事豫則立，如果我們預測未來，就能避免最糟糕的後果並得到最好的一面。我們希望未來是能改變的，現在所做的選擇能幫助我們決定未來將經歷的人生；我們害怕的，是太晚改變未來或是修正錯誤，以及我們根本沒有能力去改變它。

未來尚未出現。我們要如何知道哪一個選擇可以航向心之所向的時間之河呢？

無法改變的意義就是故事。

## ◆　故事：現在　◆

「我召喚現在的靈魂，來吧，強大的力量，在我眼前展現吧！」

砰！一名雙膝跪著的男子出現在我面前，他雙腳努力掙扎，一條光滑的銀色電線纏著他，使他的身體怪異地扭曲，電線纏住他的雙臂、胸前到整個胸部。他透過受到限制的喉嚨喘氣。我在恐懼中目睹著電線不斷纏繞著他的嘴巴，最後到達眼睛。

我大叫，抓住電線，從他的嘴邊扯開。這玩意兒感覺含油似的，弄髒我的手到大腿。我從他的眼神裡看到了絕望和感激。「救我，」他喘息著。「你必須挑戰命運。」伴隨著一股很大的聲響，他消失了。他離開時，我臉上感受到一陣急速的風。

振動，我深深地吸一口氣。很顯然地，某事完全錯誤。他眼裡的痛苦撼動了我。他到底發生了什麼事？他看起來那麼強壯，是什麼樣可怕的電線束縛了他？

使我萬分驚恐的是，我看到剛才碰觸到電線的雙手，電線的小碎片蔓延成一條銀線，纏著手腕然後不斷攀升到手臂，比冰還要冷冽，比逝去的每分每秒都要來得沉重。

我用雙手扯開、掙脫電線，不過反而向上攀升纏繞著另一隻手腕，纏住雙手。這個玩意兒綑綁了我的雙臂，蜿蜒到胸部，當這條銀色電線蔓延到喉嚨時，我驚恐地看著，我陷入窘境了嗎？我的命運是否如同他的命運？

### ◆ 將現在當作洞見 ◆

　　未來學家針對現在的時事提出有根據的猜測，並將現在作為一種洞見，以下就有一篇故事主要是這麼說的：

> 　　未來是放在時間線性的流動，我們無法回到過去，過去是固定、無法改變的，我們唯一能做的是向前邁進。與人們競爭的，是現在的影響對於未來會產生的變化。能夠決定人們行動、主導生活的，是那些制定規則用來管理我們的大型企業和國家。我們知道這些規則對現在所造成的影響，讓我們可以推算可能會發生的事，這些推算讓我們知道，無可避免的未來皆出自於現在。[1]

從我們的現在來推算未來，顯示了令人擔憂的前景：

- 氣候威脅造成物種滅絕、島嶼淹沒，以致出現首批的氣候難民。
- 受到塑膠與工業進步窒息的海洋汙染了島嶼和河川。
- 世界的經濟由少數人掌握了難以想像的財富，不過卻有數以百萬的人正處在飢餓狀態。
- 戰爭和乾旱使數以萬計的難民被迫離開家園。
- 形塑未來的權力集中在不斷崛起的獨裁政府與企業，他們排除了個人與群體做決定的過程。

　　反烏托邦看起來很有可能會不斷進展。我們想像一個糟糕的未來——河川和大海奄奄一息、動物生命受到威脅、大量的汙染使人口下降，最後我們都會淪為傲慢、難以接近的軍閥體制的農奴——根本無法想像一個威脅著我們存在的未來。[2]

　　如果這就是我們的未來，且出自我們的雙手，那又如何希望給我們自己和下一代更好的生活呢？

---

1. Gidley, *The Future*, 13。
2. Gidley, *The Future*, 1。

這是一個非常緊迫的問題。人們確實會因為喪失希望而自我了結。根據世界衛生組織（World Health Organization, WHO）的報告，每年有將近百萬的人自殺，自殺人口大部分發生在收入位於中低階層的國家。我們最脆弱的人口正面臨著高度風險——人們正飽受種族歧視、經歷暴力事件的悲劇，以及為了逃脫如此困境而不斷遷徙，成為難民。更糟糕的是，這些主要的死亡人口位在十五至二十九歲，他們卻是我們未來的希望。[3]

我們要如何重新取得生命的掌控權呢？又要如何解放現在並拯救未來呢？

## ◆　故事：索緹莉亞　◆

這發光的銀色電線纏著我的喉嚨一圈。痛苦。我雙膝跪下，感到窒息。「我幫助人類的友善靈魂啊，無論你可能是誰或在哪兒，拯救我吧！」

一陣光芒籠罩周圍的空氣。我看到一隻金色的手觸摸了我喉嚨上的電線，就像導火線般點燃。金色的光芒融解了我胸前、手臂和手腕的電線。就在我將手碰到眼前的靈魂時，光芒在綑綁手的最後一圈電線消逝。

我深深吸了一大口氣，看著我面前的救世主；這個靈體有金黃色的頭髮、黑琥珀色的皮膚和發光的眼睛，披掛著閃閃發光的衣服。「謝謝你救了我，你是？」我問道。

「索特（Soter）是不錯的名字。」他說。

「索特？」我說，起身。「你是人類？」他蓄著短髮，臉上被柔軟的頭髮蓋住，像是一名年輕的男子。

當我看著他時，他的臉變得柔和，頭髮長至肩下。「索緹莉亞（Soteria），」她用像蜂蜜般甜美的聲音說道。「告訴我，魔法師，你是如何陷入到如此窘境中？」

「我當時正試著召喚未來。」

索緹莉亞揮動手。「在沒有嚮導的引領下徘徊在時間裡，是很危險的。」

我感覺到手腕上某個東西正在移動。那條線又開始延伸，不過這次速度比較慢，慢慢地爬升到手臂。「它還會再出現嗎？」我問，再一次感覺到痛苦。「你可以讓我從中獲得解放嗎？」

---

3. 世界衛生組織「自殺數據」（Suicide Data）。

「我曾經妨礙它，但是我無法完全移開它。」她帶著後悔的語氣說道。「只有你釋放了你自己，才能了解你的命運。」

不過我告訴她：「現在的靈魂告訴我要挑戰命運。」現在自己在做時都很小心謹慎。召喚現在似乎並不是那麼危險，但是如果索緹莉亞不回應我的請求，又有什麼事會降臨到我身上？「你願意領導我嗎？」我問道。

「每一個請求都有代價。」她警告。

我張嘴正要表示同意又停頓一下。這不是我第一次和靈魂談條件。「你的代價是什麼？期限是什麼時候？」我小心翼翼地問道。

索緹莉亞溫暖地微笑，並回答：「就如同我幫助你一樣，你必須提供你的能力去幫助任何一個需要幫助的人。」

我試著快速地思考可能會有的後果。「如果我失敗會發生什麼？」

「我不會要求你做超過能力以外的任務。」索緹莉亞伸出友誼之手。「我要離開了，你是否同意？」

我對於未來的問題感到焦慮，對於拯救現在感到絕望。我決定相信這個名為「索緹莉亞」的神靈。「是的，」我說，將其中一隻手伸出去。「我要如何挑戰命運呢？」

### ◆ 拯救未來 ◆

未來學家積極地使未來民主化。未來研究的領域著眼在歷史、經濟理論、社會學、心理學與哲學，以達成對人類有益處的各種未來的可能。[4]

他們企劃了一個新的故事：

> 未來並非單一、固定的終點，相反地，是擁有許多可能性。人類意識與溝通的演化將我們以全新、有力的方式連結在一起。我們透過各種想像可能共同創造了我們的未來。
>
> 我們將未來想像為各種層面的堆疊：個體的未來、當地社區的未來、一個國家的未來以及全世界的未來。每一個生命在地球上與特定時間的歷史裡，都

---

4. Gidley, *The Future*, 1。

占據著一個特別的位置。在未來，每一個層面愈靠近，愈能為我們的未來前景帶來更多影響。每一個人擁有最大的權利，掌握個體層面以及對整體產生一定程度的影響。[5]

　　魔法也有層面，如同未來般擁有各種面向的魔法。今日的魔法幾乎專注在個體上。為了使其更有效率，魔法需要強調其他層面——我們需要社群、國家與全球化的魔法。雖然魔法在西方社會裡已經有將近一世紀的時間不占據主導地位，且在數千年裡也不具主宰性世界觀，不過我們仍相信我們可以改變自己的生活，即便難以克服世人對於魔法能夠改變整個世界的懷疑論調。

　　我們當前的任務就是要面對懷疑論的挑戰，因為最後事實能夠證明，魔法確實可能成為西方世界追求未來的最佳希望。

### ◆ 故事：絕望 ◆

　　索緹莉亞帶領我來到一間由巨大石塊所建造的石頭房間。一個女人在裝有鐵條的窗子前低著頭，一手如保護自己般抓著袍子，另一手緊抱著頭部。她的恐懼和悲傷使我難以承受。

　　「她是誰？」我問索緹莉亞。

　　「絕望束縛了她。」她回答。「她就像在牢籠般陷入了困境。」

　　我渴望幫助這位無助的女人。「我要如何幫助她？」

　　「這就是我要你完成的任務。」索緹莉亞說道。「你可以讓她掙脫束縛嗎？」

　　這是一個很沉重的負擔。我要如何做才能釋放另一個人的心呢？但是她正處在困境中，沒有其他事情比幫助她釋放痛苦還要重要。「我會用盡所有的力量。」我向索緹莉亞承諾，她表示同意地點頭。

　　那個女人將頭轉向我，我發現原來她可以聽見我。「是什麼讓你困擾？」我輕聲地問。

　　那隻抓住袍子的手稍微鬆開，某個東西飄到地板上。我小心撿起。這是一張寫滿希臘文字母的莎草紙，我向索緹莉亞表示。「這是什麼？」

---

5. Udayakamar, *Rescuing All Our Futures* 裡的「未來研究與未來促進者」，110。

「這是一個天宮圖。」她回答。

「你可以解釋嗎？」

「我不是專家，但是我知道有一個人可以，我可以帶你去找他嗎？」

「好！」這次我並沒有質疑會需要付出什麼代價。

## ◆ 面對過去 ◆

我們要如何到達生命的未來其實是令人感到懷疑的地方呢？

一四〇〇年代和一九〇〇年代期間歐洲統治了這個世界。「殖民」是一個冷血的詞，代表殘暴的擴張。在這些世紀裡，英國、法國、西班牙、德國、荷蘭和葡萄牙殘害北美洲眾多的人口，占領、掠奪南美洲以及將非洲人視為奴隸，攻占印度與南太平洋並在中國發動戰爭。

歐洲藉由將其視為人類成就的巔峰，將這些征戰合理化；基督教是人類道德發展的極致，西方科學以無可動搖的事實清楚解釋這個世界，西方哲學理論則將人類理性推至頂點。

如果歐洲殖民是進步的象徵，那麼其他的殖民亦是，且能合理解釋其擴張。啟蒙時代哲學家幫助了奴隸制度的形塑——艾薩克·牛頓（Isaac Newton）、羅伯特·波以耳（Robert Boyle）、約翰·洛克（John Locke）皆參與奴隸買賣，甚至為此寫了辯護學（apologetics）。[6]

現今，歐洲帝國主權地位已被美國帝國取代，即便美國的地位似乎也逐漸消退——印度擺脫英國殖民的影響、中國與南太平洋聯盟，幾乎可能成為下一個世界霸主。歐洲殖民者將慢慢明白，原本視為美好禮物的宗教與科學傳播，結果卻產生了巨大的破壞性；與其說是使全世界的人口上升，實則是在剝削廣大群眾的同時使少數人得利。殘酷的資源剝奪已經破壞了自然生態，這對人類來說才是真正的威脅，因為人類開始自相殘殺。

西方魔法傳統在維多利亞與愛德華時代，已經使當時的知識分子思維僵化。那些固守當時傳統的英國和歐洲魔法師，擁抱殖民主義的力量，他們將自身的魔法作為能精準形容宇宙的運作，並以為自己是世界上所有其他個體的管理者。畢竟他們的成就無可否認是成功的——招魂術圓圈、魔法教會，以及吸引知名藝術家、演員、詩人和政治家的密教團體，魔法確實在那些重要的領域產生影響。直到二十世紀末，魔法師成功站上世界的頂端。

我們身為魔法師的經驗已經正在改變，我們很難在世界遭受破壞時，仍自詡地站在世界頂端。我們要如何在新的時代中立足？我們的魔法有什麼可以提供給世界呢？

---

6. Williams, "White Light, Black Magic", 11。

## 故事：烏拉尼亞——占星的繆思

索緹莉亞說：「烏拉尼亞（Urania），帶領我們到你的領域、展示我們可以看到的。」

我們在天空下的一個山丘，周圍有廣大的平原如波浪般起伏，就像被水覆蓋般。烏拉尼亞的黑髮綁著星星的金環頭飾，她赤裸的腳深植土裡，不過眼睛卻固定在天空上，一個黑色碗裡裝滿光點。「你看，」她說，「這是從地球上人們可見的宇宙，這是動物的循環。」她繼續說道，指向黃道輪——獅子、蠍子、山羊、有角的大公羊盤旋在邊緣。「你藉由它們回溯你的人生，看看會發生什麼事。」

烏拉尼亞將此帶到我面前，看著它並搖搖頭。「星星顯示有個糟糕的命運，」她說，「健康轉為疾病、財富消失、那些被愛的會失去。」

「我可以翻轉它嗎？」我問。

烏拉尼亞轉過頭去。「星星顯示命運已註定。」

這個難道是現在之靈告訴我需要挑戰命運的意涵？「帶領我面對命運。」我向索緹莉亞說。

## ◆　不確定性　◆

當未來展開時，我們都會有所經歷，代表所有人類都有權利涵蓋在形塑經驗裡，不只是因為我們應該身在其中，更是因為對未來的樣貌有其責任。科學、基督教與其他宗教、西方經濟——所有一切應當在彼此的思維與想像形塑中共存。[7]

就像現在，資本主義促使我們做決策，但資本主義最糟的，是投資在一個遙遙無期的未來上；現今大多做決策的人，並沒有將他們快速做決定造成整個社會的影響考量在內。[8]

下一個重新取得對未來民主掌控的重要運動，就是挑戰僵固不變的未來本質。事實上，我們可以指出許多沒有成真的預測，以及多數人類也無從預料到的活動。接下來發生什麼會持續使我感到驚訝。我們對未來的理解沒有依據，不過這反而對藉由現在預測一個變化多端的未來開啟一扇窗。[9]

---

7. Udayakamar, *Rescuing All Our Futures* 裡的「未來研究與未來促進者」，110 – 113。
8. Fuller, *Rescuing All Our Futures* 裡的「未來研究與未來促進者」，141。
9. Fuller, *Rescuing All Our Futures* 裡的「未來研究與未來促進者」，135。

當我們提到對於不確定性感到不安、想要知道未來時，實際上我們真正渴望的，是未來是否會過得幸福快樂；若未來看起來似乎是固定、嚴峻的，那麼不確定性反而會是一種祝福。

## ◆ 故事：命運與機會 ◆

我們在山丘的一棵樹下，三個女人在樹蔭下編織；一個人輕彈紡錘、增加布料讓線段延展，她將線段拿給第二個負責拆線和測量的女人，接著再將此轉交給另一個負責剪裁的女人。

我清了喉嚨。「喔，命運，我誠摯邀請您。」

她們瞧了我一眼，但繼續手上的工作。負責紡紗的女人說：「歡迎，旅人。你是為了祈求小孩而來嗎？或是想延長你的壽命？還是要縮短某個你討厭的人的生命？」

這真是令人感到驚訝的選擇。「延長壽命。」我說。

負責測量的人說：「許多凡人來向我尋求協助，但是到現在我們的命運依舊沒有翻轉。」

我想到另一個法子。「我祈求能減輕某個生命的痛苦。」

負責剪裁的人說：「這並不是我們能力所能辦到的事。命運決定一切。」她在我後面說道。

我將目光轉向一名身穿精緻金色衣服、年輕又美貌的女子。她站在輪子旁固定板子，讓她能夠操作。「命運之輪」我在嘴裡碎唸著。

「加快腳步！」命運愉悅地說道。「我們是否能將你的人生拿來紡織？」她迅速地從輪子下拆下，當機器開始轉動時，我看到她的容貌快速變化——她的美貌消逝，華美衣裳變成破布。輪子突然間停止，她的年輕貌美與華麗衣服又回復原狀。「你要試試看你的運氣嗎？」

我拿著天宮圖。「你是否能改變已經註定的命運呢？」

「命運」看了那張莎草紙。「她曾經有過機會。」她向我眨眼示意。「你準備好了就來找我。」

她們消失了，剩下我們留在山丘上。「她們說命運已註定，」我說。「有任何人可以告訴我如何改變嗎？」

「還有另一個導師。」索緹莉亞說道。

### ◆ 挑戰命運 ◆

宿命論在西方經驗來說並非新鮮事。我們所知的占星學裡，在亞歷山大已固定化——融合埃及、巴比倫尼亞與希臘體系；由這個想法所產生的是，星星決定了無法變更的命運，命運由眾神裁定。占星學也許可以預測，但是無法影響它所發生的事。這個嚴峻的決定論，使人類變成一個想像中的大環境裡無助的受害者。[10]同一時期，基督徒也將命運視為由唯一的神決定且無法改變；他們回應命運的方式是聽從、接受它，甚至要克服在世所帶來的苦痛，並承諾會在來世獲得救贖。

柏拉圖式主義導師阿斯克蕾畢珍妮亞（Asklepigenia）拒絕宿命論的想法，她清楚表達基督神學與眾神異教徒理論的差異，她認為透過儀式與眾神結合可以影響世界上發生的事。因此，阿斯克蕾畢珍妮亞練習「奇術」（thaumaturgy），其通常大致譯為「產生奇蹟」。[11]

她其中最偉大的學生普羅克洛（Próklos），繼承了她在雅典學院領導者的位置。在普羅克洛的傳記裡，我們得知他會定期施展奇蹟術，他本身相當健康，異常地充滿活力。他受到人生夢想所引導，幫助他避開政治紛爭以及將重心轉向教學上。最重要的，他的魔法不只一人受益——他為雅典帶來甘霖，解救當時的嚴重乾旱。他也預測了地震。他透過藝術以及召喚療癒之神亞希彼斯（Asclepius）來治療人民。藉由他對儀式的知識與眾神的承諾，改變了他朋友的人生及其群體。[12]他體現阿斯克蕾畢珍妮亞的教學宗旨——魔法可以戰勝命運。

### ◆ 故事：阿斯克蕾畢珍妮亞與普羅克洛 ◆

我們在山丘的一棵樹下，這是個充滿夏季風情、洋溢著茴香與絲柏香氣的地方。在我們前方的年輕男子和上了年紀的女人，肩並肩坐在一張石製長椅上。他的手臂裸露，她的頭上則覆蓋著古希臘的長衫。圍繞著他們身邊的年輕男女坐在地上，有些人抱著膝蓋，有些則盤坐著，所有人彎著腰，彷彿要颳起一陣狂風。

---

10. Fowden, *The Egyptian Hermes*, 92 − 93。
11. Waithe, *Ancient Women Philosophers: 600 BC − 500 AD*, 9。
12. Marinus of Samaria, *The Life of Proclus* 或 *Concerning Happiness*, 15 − 55。

其中一個男子向老師說：「普羅克洛、阿斯克蕾畢珍妮亞，你們怎麼能如此冷靜！那些不應該被移動的都移動了。」他的手掃過我們上方的山丘，在那裡帕德嫩神殿（Parthenon）的大理石石柱在陽光下閃閃發光。「他們將雅典娜從家中帶走，她已經沒有居住在此。」

「他們只帶走了雕像。」普羅克洛強烈地說道。「雅典娜在這裡，在土裡。」他摸著土地說著，「在這裡，在我們的心裡。」

另一名女學生說：「這是否是地土（Ge）呢？」

「當然。」阿斯克蕾畢珍妮亞回答，並說：「就像天空是宙斯，這片土地是奉獻給我們城市的眾神。」

一個男人突然大聲地說：「在基督教徒不斷破壞我們的生活時，我們要如何對眾神沉思？這是否無法避免？命運是否已經不可逆？」

「不是！」阿斯克蕾畢珍妮亞強烈、清晰地說道。「命運從來都不是不可逆的，而且我們有魔法。」

這些是我所聽到的。我從遮蔽的樹蔭下方走出來。「那我們要如何挑戰命運？」

偉大的老師將目光轉移到我身上。她向普羅克洛的耳邊輕聲低語，然後起身、離開群眾來到我這裡，將我拉到一旁，普羅克洛仍繼續教導。

「我不認識你，陌生人，但是我歡迎你。」她用古老的希臘待客傳統向我說道。「什麼困擾著你？」

我給她看那張莎草紙。「有一個女人因為這個陷入絕望。烏拉尼亞告訴我星星已經註定了她糟糕的命運。我也去看了『命運與機會』，但是她們拒絕改變這個女人的命運。」

阿斯克蕾畢珍妮亞看著這張紙，臉色變得凝重。「看起來她極需幫助，她需要強大的協助去克服。」她看著地上的那個女人。「這裡，」她撿起一個光滑的橢圓形石頭並說道。「這顆石頭來自神聖的雅典娜山丘，它帶有雅典娜的力量。」她將石頭放在我的掌心，用手緊握著我的手。「她會感激你的成功。」

她離開我們之後，我看著我的手臂這條銀色線段又持續生長。

### ◆　異教世界觀　◆

阿斯克蕾畢珍妮亞和普羅克洛以異教徒練習的儀式稱作「通神術」或「神的工作」，這個儀式帶領他們直接與古希臘神靈溝通。以下是他們宗教與哲學世界觀的重要依據：

● **地球**：地球是神聖的。

● **重要神靈**：如其上，同其下——神靈無所不在。

● **異教主義**：一個靈體是眾多男神與女神形塑而成的綜合體，神靈可以有女性的面容。

● **女性**：女祭司、母親以及女性哲學家都是不可或缺的導師。

● **啟示**：我們來自眾神，每一個體可以直接獲得與眾神接觸的經驗。

● **轉世**：靈魂之旅讓我們藉由不斷循環的化身以回歸眾神領域，使形體進化。

這些要素來自受到基督教時代直接攻擊之下的產物。市區的教會關閉，基督修道士會四散到古希臘世界各個鄉鎮，破壞祭壇、詆毀雕像，並在神廟的牆上寫上「唯一的神！」向世人傳道可以破壞雕像，因為代表他們崇敬的神祇是無能的神靈且非神聖。這些神殿將重新奉獻給基督徒使用。[13]

在十五世紀，受過教育的歐洲人相信，他們會被來自撒旦以及與他同盟的女人的超自然力量所包圍。[14]以下是他們世界觀的重要依據：

● **地球**：世界是腐敗的。

● **精神與物質**：精神完全與世界分離。

● **異教主義**是邪惡的，唯一的合法宗教是基督教。

● **女人**的地位在男人之下，女人容易與邪惡力量站在同一陣線。

● **啟示**：任何與這個世界接觸的靈魂都是邪惡的。

● **轉世**：在靈魂面對神的審判前，我們只有一個在世。

這樣看起來，通神術最糟糕的恐懼將成真，異教徒的世界觀消逝在這個世上。

---

13. Trombley, *Hellenic Religion and Christianization*, 220 － 225。
14. Easlea, *Witch Hunting Magic, and the New Philosophy*, 1。

## ◆ 故事：第谷與蘇菲 ◆

我從阿斯克蕾畢珍妮亞與普羅克洛那裡學到很多，但我還是無法確定要如何改變「命運與機會」這樣已經註定的事物。我問索緹莉亞：「是否有任何人可以幫助我了解形塑未來的魔法呢？」

「第谷・布拉赫（Tycho Brahe）。」她說。

我們在山丘的一棵樹下。在下面的景觀裡，我看到知名的丹麥文島（Hven）花園——根據第谷精心設計的方位，精密的地占術反映球體的和諧。從這個距離我可以看到一座知名的城堡，其作為致力於研究占星的繆思：烏蘭尼寶（Uraniborg）的基地；這是個三層樓的建築，朝正南北方位，讓天文學家用來準確測量星星的位置。

不過現在並沒有人在外面測量天空。「讓我們來試試這個實驗室（城堡）。」索緹莉亞說。

在沒有透過任何轉換之下，我們站在一間研究煉金術的房間裡。一個男孩正將一些煤炭推進五英尺深的爐子底部，不過在這個地下房間裡沒有其他人。索緹莉亞說：「我們來做個實驗！」

轉眼間，我們來到一間牆上高處有扇窗子的房間，光線從窗子灑落到房間的桌子上。第谷在查閱年曆，並在一張紙上做記號。我可以讀懂這個天宮圖，在上面有一個標記著黃道符號與行星、看起來很熟悉的宮位盤。「蘇菲，」他低著頭說道。「光線愈來愈暗，幫我拿蠟燭。」

「馬上來。」蘇菲從別處回應。

第谷在查找他的資料時看到我。「我並沒有邀請客人。」他快速地看了我一眼。幸好當天索緹莉亞為我換上相當昂貴的衣裳。「雖然高尚令人歡迎，不過你去看過天體天文台或是那間放有地球儀的房間了？」

我決定不要提及我到過這兩個地方。「我的朋友有麻煩。」我說。「我希望可以請你幫助我。」

蘇菲手上拿著蜜蠟蠟燭來到房間。她說：「我們可以試試看。」她小心翼翼地將蠟燭放在遠離紙張的地方。

第谷帶著微笑轉向他的妹妹，他向她指著天宮圖，並說：「檢查一下我的數值。」他向我說：「我禁止她學占星學，但她竟然自學。」

「從那之後他還一直誇獎我呢，」蘇菲挨著桌子彎腰前傾說著，「你確定是這個地方嗎？」當第谷伸手要拿一本書時，蘇菲將那本書拿給他。「在這邊，我幫你查，你去幫助你的客人。」

第谷坐回椅子，他帶著期待的表情看著我。「你的問題是什麼？」

「我的朋友有一張天宮圖，上面預測她會有一個悲慘的人生。」我說。「她已經跌落深淵，我又要如何能說服她，她的命運並非註定？」

「告訴她，就祈禱吧。」他很快地回應。「神會撫慰一切。」

這並不是我希望得到的答案。在他桌上的一張紙寫了有關於他的一句知名座右銘：「Despiciendo suspicio」——藉由往下看我往上看，以及「Suspiciendo despicio」——藉由往上看我往下看。我指向那張紙。「我以為我可能會反對受到地球影響之天堂的影響。」

第谷想到並說：「你要如何做到？」

我拿出一個石頭。「我從雅典衛城拿到這顆石頭。」

他虔誠地摸了它並說：「它擁有自身的美德。」他將自己移開桌子旁，開始翻找牆邊的書櫃。「地球吸引大海。在這兒。」他拿出一個有木製塞子的小黏土容器。「這裡面有煉金術水。喝一口水可以舒緩心臟。」

「那風呢？」蘇菲說道。

「對了。」第谷說。「風連結了天空與地面。」他看著她。「什麼能夠引發風的美德？」

蘇菲拿起蠟燭並轉交給我。「讓這個照亮你的方向。」

我拿著他們給我的禮物並說：「謝謝。」我想著我可以回報什麼。「你們都是好人，你們的成就將會流傳好幾個世紀。」

「好的。」第谷高興地說道。

「真的是很貼心的祝福，謝謝你。」蘇菲的眼睛閃閃發光。

當我們從房間的陰影消失時，看到手上這條銀線已經快到達我的胸口。

## ◆ 異教復興 ◆

在羅馬帝國皇帝關閉亞歷山大和雅典學院後，各個城市遠至東邊的城市，遠離了柏拉圖式導師。羅馬帝國的部分東邊與伊斯蘭教世界持續學習柏拉圖與赫密士文本。相反地，西邊的羅馬基督教堂則以亞里斯多德為依據，並拒絕柏拉圖。

十五世紀，西邊的歐洲學者重新發現赫密士主義，始於一四六三年馬爾西利奧・費奇諾將《赫密士文集》（Corpus Hermeticum）從希臘文翻成拉丁文。柏拉圖式與赫密士世界觀鼓舞人們直接從這個世界學習，而非僅透過亞里斯多德理論。這個研究方法使當時對於藝術、科學與靈魂的理解激起了復興的火花。透過這些文本學習的人們被稱作「自然哲學家」（natural philosophers），用來強調從自然中學習之意。

我們不可能忽略異教徒所寫出的這些重要的文獻。這些自然哲學家發展了數種方法來處理。一些像是鳩達諾・布魯諾，他認為基督教堂已經顛覆了真正的埃及宗教，應該一起改信奉異教；抑或像是皮科・德拉・米蘭多拉清楚闡述基督教「長青哲學」（perennial philosophy）的概念，他的理論成就涵蓋聖經、柏拉圖式文本、猶太卡巴拉以及其他各種資料來源。[15]

第谷・布拉赫的成就源自柏拉圖式與赫密士思想，並將新科學集大成。對他來說，用占星學和煉金術來解釋世界同樣重要，他藉由發展土地、海洋與天空的宇宙學理論，以風作為天空與土地的連結。[16]其妹妹蘇菲・布拉赫（Sophie Brahe）的成就對於女性在煉金術上的重要性，做了一個良好的典範——女性即便在廚房與花園工作，同樣也能研究醫學和化學。[17]煉金術有時會以一男一女的方式進行。蘇菲在哥哥的研究室裡協助他天文學的研究，之後嫁給了煉金術師。他們婚禮的促成主要重點放在彼此的合作。

自然哲學家發展到一個也許普羅克洛能夠理解的世界觀。他們認為人才是宇宙的中心，宇宙則是由靈魂的網絡連結端點，此外，學習宇宙會引領我們朝向神聖的愛的經驗。[18]我們現今的魔法從自然哲學中開始蔓延。[19]

15. Schmitt, "Perennial Phiosophy: From Agostino Steuco to Leibniz," *Journal of the History of Ideas*, 505 — 532。

16. Christianson 和 Brahe, " Tycho Brahe' s Cosmology from the Astrologia of 1591", *Isis*, 312 — 318。

17. Ray, *Daughter of Alchemy*, 3 — 4。

18. Easlea, *Witch Hunting Magic, and the New Philosophy*, 108 — 109。

19. Williams, *For the Love of the Gods*, 219 — 220。

## ◆　故事：在絕望的監獄裡抱持希望　◆

　　我告訴索緹莉亞：「帶我到那絕望的女人那裡，我想要看看這個解藥是否能幫助她。」我拿著石頭、煉金術水和蠟燭。

　　我發現，我正看著我試著幫助的那個在絕望中的女人，她被控制在有鐵條的窗戶前。我和她並不是在同一個磚瓦房間裡，而是從畫架上看到這幅景象。我在一間藝術工作室，其他畫作分別掛在高聳的天花板上，角落的火爐不太能暖和這間風從隙縫中吹入的房間。

　　一位藝術家坐在一張木製椅子上，她的前方放著畫架。她靠著椅背，輕輕拍打著調色盤，操作著畫具，正在為著絕望女人的臉龐畫上線條。

　　「她是誰？」我低聲詢問索緹莉亞。

　　「伊芙琳・德・摩根（Evelyn De Morgan）。她是一名唯靈論者。」她輕聲地回覆。

　　這個藝術家停下手邊工作，環顧了房間。「誰在那裡？」

　　我站在光影下，伊芙琳將目光注視在我身上。「歡迎，靈魂，無論你是誰。」她溫柔地說道。

　　「我希望幫助你畫中的女人。」我告訴她。

　　「絕望？」她從畫板那裡看向我，然後回頭。「生命使她受困，不過到最後她能獲得解脫。」

　　「那她要如何知道？」我說道。

　　藝術家放下她的畫筆，拿你一個素描本。「等等，」她說。「不要動，拿著蠟燭在那裡等一下。」

　　突然感到有點不自在，我在那裡擺了姿勢，她大致畫出拿著蠟燭的人物外觀。「你看！」她說道。「我給她希望。」她向我微笑。「你給了我希望。」

　　「你給我希望。」我告訴她。

　　她轉向她的畫作，我往下看我的胸部，那條銀線纏繞我身體兩圈，正爬向我的脖子。

## ◆ 魔法、宗教與科學 ◆

教會認知到自然哲學的威脅——復興魔法師會與靈魂交談、探索異教概念，並挑戰基督教義。許多自然哲學家因此受到宗教裁判所監禁或迫害，其中焦爾達諾・布魯諾就被燒死在火形柱上。[20]

自然哲學者想要持續研究自然，也想要活得自由與快樂。有些自然哲學者針對自然哲學提出不同的方法，像是機械唯物主義（Mechanical philosophy）。教會認為神創造世界，然後離開，讓世界自行運轉；機械唯物主義者將這個概念——拒絕異教主義以及異教徒認為世界會自行運行——帶進自己的世界觀，反之，世界和生物都是不帶靈魂的機械，這可以被用來探索和利用。[21]

人類的類別是從動物的分類而來。人類有靈魂、智慧和情感，但是動物沒有。「概念化」產生快速、廣大且殘忍的動物剝削（包含活體解剖——動物的尖叫聲可以解釋為機械的磨擦聲）以及世上生命的意義不斷地消逝。

## ◆ 故事：烏拉尼亞——天文繆思 ◆

「帶我回到烏拉尼亞。」我急促地告訴索緹莉亞。

我的引導者遲疑。「你準備好了嗎？」

「我必須這麼做，我需要在這個枷鎖使我窒息前行動。」我拿著石頭、裝有煉金術水的燒瓶以及蠟燭。「我有土、水、火和風，現在可以挑戰她了。」

我們在天空之下的山丘。這個宇宙充滿了流瀉的光線、粉紅和藍色的漩渦、煙霧從鑽石的石柱裊裊升起。烏拉尼亞將她的手臂和雙膝棲息在石頭旁，一隻手稍微地拿著一個六角儀。我得意洋洋地向她說：「你告訴我星星顯示註定的事物，但我知道這非真實。」

「當然不是，」烏拉尼亞小心地說道。「為什麼你會認為星星代表未來？」她在空中揮動著手臂。「我們現在看到的光芒運行了數百萬年接近我們。」我們所看到的宇宙，其實是看到過

---

20. Easlea, *Witch Hunting Magic, and the New Philosophy*, 108－109。

21.Easlea, *Witch Hunting Magic, and the New Philosophy*, 111－112。

去。看那裡。」她說道。「這是星星出生的地方。」在其中一朵雲中，風將雲吹散，數十個小點發射光芒到我們存在的空間。「那裡就是星星消退的地方。」那一部分的天空充滿帶有紅色的霧，一圈光線往各處爆炸，炸出藍藍、紅紅的物體，接著那團霧散開，那一個點退去，只留下紅紅的一片。

我猶豫了一會兒。「意義在哪裡？」

「星星裡面沒有意義。」她說道。「宇宙是一個機械，我能顯示給你看的，是它的移動和過程。你必須自己去找尋意義。」

「如果我們現在看到是過去，那麼我們就是站在現在嗎？」我問。「那是為什麼我們沒有在移動嗎？」

烏拉尼亞看著我。「為什麼你會認為我們沒有在前進？」

在她說話的時候，我感覺到地面就像果醬般顫抖。我在無限中徘徊，沒有任何地面可以站立。我顛簸、失去重心。「索緹莉亞，帶我到安全的地方！」我大叫。

## ◆　理性和神祕學　◆

歐洲啟蒙（European Enlightenment）並沒有調和機械和自然哲學，反而完全拒絕了異教的世界觀，這段過程有時被稱作世界的「祛魅」（disenchantment）。我們感謝福特‧漢拿赫夫（Wouter Hanegraaff）教授有關啟蒙世代之於密契主義是相異的重要洞見。啟蒙時代的學者將人類文明發展的領域，歸類為一些像是「真實」和「嚴謹」的分類，其他則歸類為「愚蠢」和「迷信」，這樣的過程漢拿赫夫稱之為「兼容並蓄」（eclectic）。科學方法論特別將透視力（clairvoyance）、直覺、對應和本質上非因果影響排除在外。[22]

漢拿赫夫宣稱能代表「魔法」與「密教」的學派是異教。異教的世界觀理解這世界上的神聖來自內在，而基督教的一神論則是將無形的創造主，以一個可見、世俗的象徵外顯於世。錯誤認知異教如同是一個學術上的盲點。[23]

---

22. Hanegraaff, *Esotericism and the Academy*, 372 – 375。
23. Hanegraaff, *Esotericism and the Academy*, 370。

換句話說，有關宗教、科學與魔法浩瀚的學術討論，可以重新作為討論基督教、機械哲學與異教主義有用的架構。

## 故事：靈魂的黑夜

我抓住索緹莉亞，迷失，墜落。

當下我的蠟燭不見了。我掉落在所有星星都消失的地方，這裡只剩下一片漆黑；我掉落，直到失去時間的軌跡；我掉落，直到所有情緒洗去一切，只留下麻木；我掉落，直到甚至無法感覺到自己。

漸漸地，我了解到我不再掉落，我沒有著地，就是停止而已。看起來似乎有某個東西幫助了我，但是沒有任何聲響掠過我乾裂的嘴唇。我了解到我異常地乾渴。過了一些時間，我記得我帶了水。我趕緊在黑暗中摸索，找到那個燒瓶，用牙齒咬開塞子，小心地處理它。一股液體流經我的喉嚨。

我的感覺恢復了。一股海浪般的情緒向我襲來，悲傷、喜悅、恐懼、平和。我深深地吸一口氣，停止顫抖。「索緹莉亞，」我像個禱告者般喘息。「救我。」

沒有任何的回答。她是我捏造出來的嗎？她真的存在嗎？我是否只是在編造故事，為了保護我自己逃離這個宇宙間毫無意義的真理？

我獨自一人。我甚至無法確定我是否相信自己的靈魂。

## 克服懷疑論

每一個社會上的邊緣人會居住在兩個世界：有色人種住在由白人領導的世界，女人住在以男性為主的世界。魔法師同樣也身處在兩個世界——啟蒙時代與異教的世界。我們凝視著夜晚的天空，端視著神聖的智慧臉龐，同時看著一個力學世界對生命的漠不關心。

當我們看著太陽說它是「我們的母親」或「我們的父親」，我們無法聽到世紀的聲響以及對我們的竊笑——多麼愚蠢的迷信啊！在智慧產生效用之前，那只是一種解釋世界的方式。懷疑論、啟蒙主義拒絕異教的世界觀，成為我們自身力量懷疑的來源。

力學宇宙是充滿敵意且寂寞的，這也不符合我們的經驗。我們了解物理學上的太陽是一個充滿氣體的球體，但是也知道太陽是生命的來源。因此對它心懷感謝並非只是愚蠢。我們知道世界生生不息，其他的生物確實有情感，牠們痛苦時也會呻吟，就像我們感受到痛苦一樣；這個世界並不是被拆解的機械，而是一個有機的整體，我們渴望表達，我們對於生命值得關心的部分表達深沉的信念。

我們挑戰自大的信仰——只有一種知識可以解釋宇宙錯綜復雜的生物系統全貌，以及預測在系統中所有改變帶來的成就使其產生。我們試圖征服自然的方式，就是毀掉她。在內臟物理感覺來說，太陽與地球是我們的父母。使用這樣的形容方式，是對生命的一種尊重。我們需要重新獲得尊重以及傾聽我們的內心。我們需要我們的母親。

## 故事：奈斯

在萬物初始與最後一口氣有一個名字，我們稱之為「母親」。

「我原本想你何時會跌入谷底。」一個聲音道。在一片漆黑，非常深邃的地方有一個形體。

「你是誰？」我低聲詢問。

「母親，」她說。「在我成為雅典娜之前，我是奈斯（Neith）；在我成為奈斯之前，我是努特——天空；在我成為努特之前，我是尼烏（Niw）——萬物起源的黑水。」

我不確定我是否值得她的關注，即便我從她那裡誕生。生命的禮物是無所求的。「你是我的母親嗎？」我詢問她。

漆黑稍微褪去，我可以更看清楚她的形體。「我是所有事物的母親。」她溫暖地回覆。

我看到我現在人正往上攀升，帶領我離開無限的黑海。「我現在在山丘上。」我說。

「生物通常都是從山丘開始。」她說。「土堆從豐饒的水裡升起。」

充滿我內心的安心與感激使我感受極深，足以震撼我的靈魂。它們完整了我的靈魂。我流下眼淚，因為哀傷、喜悅而大聲啜泣，對這個充滿奧妙的宇宙微笑著。我唯一想到的字就是愛。造物主別無所求地給了我們愛，愛是唯一可能可以回報它的東西。「我愛你，母親。」

## 記住母親

我們發現全世界的原生與有宗教信仰的人們，稱地球為他們的母親和父親，太陽是他們母親與父親；星星、河川、氣候與宇宙是他們的母親與父親。地球上的生物對人類來說是手足，整個生生不息的世界藉由互相信任的聯絡網連結在一起；從這裡出自一種滿足的心理，有一處屬於我們的所在，我們也屬於這裡；以及感激的心理，我們值得被滋養，得到我們所需，毋須索求，我們獲得的禮物足以維持生命。

我們記住我們的母親——她是迪蜜特（Demeter）、阿芙蘿黛蒂、赫拉（Hera）。自古以來據說奈斯移動到希臘，成為了雅典娜。我們傳統的來源之一是古埃及宗教哲學。以前的人告訴我們這些。幾個世紀以以來，學院派拒絕的這些知識建立了歐洲文明的地位，不過現今學院派的聲音爭論我們應該相信古老祖先的說法，這也是一個不爭的事實。西方密契主義從來都不曾忘記，長久以來都認為我們的傳統根源自埃及。

希臘與希臘化時代的女性哲學家在畢達哥拉斯和柏拉圖學校學習，她們也會教導，甚至同時擁有家庭；當時女性哲學家是一種稀鬆平常的角色，有些知名的男性還是由母親教導。[24] 羅馬基督教世界將這些學院視為異教的據點，將女性哲學家的成就視為一個特定的目標，系統性地摧毀她們的成就。學院的關閉也在這幾世紀間，女性對於哲學、學校的參與以及哲學論述的發展就此結束。[25]

我們需要我們的母親、女神還有女性哲學家再現。女性魔法師也可以稱之為二十一世紀新故事、新儀式與新哲學框架的母親角色。

## 故事：因陀羅

天空突然發出火光，變成明亮的生命。

母親的形體消失。她變成水和蒼莒環繞在周圍，我發現正躺在一棵開滿了數百萬株各式顏色、充滿香氣花朵的樹上。

在樹下，有一位美麗的神正用著月亮形狀的杯子喝著東西，或者那是月亮本身？祂的肌膚布滿來自那棵樹的顏色，粉紅、藍色、紅色、金色、綠色、紫色、朦朧，然後變得明亮。

---

24.Glassman, *The Origins of Democracy in Tribes, City-States and Nation-States*, 1204。

25. Glassman, *The Origins of Democracy in Tribes, City-States and Nation-States*, 1205。

我深深地覺得感激，因為我不再是獨自一人。一股喜悅之情朝我襲來。我伸出一隻手，觸摸他的腳，顫抖。「敬重的大師，敬重的神，因陀羅（Indra）。祢願意教導我嗎？」

因陀羅對我笑著並說：「你在尋找意義。祢看。」他揮動著雙手指向天空。每一個閃耀著光輝的點交織成一片網，彼此在數不盡的結合裡互相連結。「意義就在網中，每一個寶石反射了其他。所有都是連結一起。你不再是獨自一人。所有的生命萬物緊密相連。」

祂從月亮形狀的杯子裡又啜飲一口。「你看下面。」祂說。靠近土地的水流注入數條小河，流經整個平原，它們在閃閃發光的光輝中彼此相連，然後消失。「萬物瞬變，我從中尋找可能性。每一條小河都是一種可能。」星星倒映在下面的河水，我們現在正在一個由寶石製成的小碗中間，河水與空間融合，過去融入了未來。

「你在這裡。」因陀羅王說道。「你永遠都屬於這裡。」

我起身，坐著，我感覺到這條令人討厭的銀線蔓延到我的脖子。「它獲勝了。」我說。「它要把我包圍了。」

「讓它這樣吧！」因陀羅王說。

這段期間，我一直與這個玩意兒對抗，用我的內心、意志、極度的渴望。現在我要讓它離開，我向它投降，無論它變得如何。

我一停止與它對抗，銀線在全身發光，纏繞著我的頭部到腳趾。一旦這個外殼完成，它的重量消失，被束縛和令人討厭的感覺讓我感到刺痛，接著就消失了。我變得容光煥發，我感覺到自己變成一顆寶石，照映到因陀羅王所編織的網上的其他寶石。此時片刻成為永恆，我看到、聽到、感受、知道且理解到我是所有的一切。

這是一種終極幸福，我看起來彷彿正在上升，且不斷地擴張。

## 尊敬的王

我們傳統不僅來自古埃及（Kemet，為古埃及語「凱米特」），還有印度、婆羅多。畢達哥拉斯在那裡學習，將轉世的教義帶回希臘。柏拉圖與隨後的哲學家建立了畢式定理哲學和練習的基礎。[26]

儀式魔法、異教主義以及西方文化都是印度宗教年輕的手足。對我們來說，現在就是恢復我們人性、展現感激以及視婆羅多為我們的神的時候了。西方人已成功拼湊一些古印度練

---

26. Williams, *For the Love of the Gods*, 202。

習的層面，我們發現學習怛特羅，在不用理解下透過更好的性和瑜伽獲得健康，這些被嵌入一個文化母體。當我們按照自我意識，帶著尊敬心態接觸印度主義和怛特羅，可以從完整的系統學習如何讓自己部分系統的整體有機地重生。

### ◆ 故事：雅典娜蘇菲 ◆

我永遠無法擴張到無限的宇宙，我必須重新回到自己的形體。一隻金色的手伸出來拯救我。「索緹莉亞！」我愉悅地說著，跳躍著並擁抱她。

她如此溫暖、甜美地微笑，並笑著說：「我看到你已經找到方向了。」

「奈斯，母親，給了我生命。因陀羅王，神聖的王，給了我意義。」我有點解釋得不是很清楚。

她似乎可以理解。「我們都是我們母親與父親的小孩。文化和身體都是真實的。」她看著我。「我看到你已經完成你的轉化。你準備好要完成你的任務了嗎？」

「你認為我準備好了嗎？」我學習到要問。

她同意地微笑著。「你知道要如何回家嗎？」

我已經遺失我的蠟燭，並喝了水，不過我還留有一個護身符。我緊握著我的石頭並說道：「帶我回家。」

星星消退來到白日，樹木變成絲柏。我們在夏日裡站在一個香味十足的山丘上，看著一間神廟。這間神廟並沒有像帕德嫩神廟般雄偉，也沒有那般打動人心且威嚇。小神廟的門開著，像是要邀請人般。

我承認我並不知道要如何帶著敬意前往這個地方。「你願意引領我嗎？」

索緹莉亞帶領我穿越柱子抵達神廟。在大理石的講台上有一座黃金寶座，寶座上坐著女神。她的盔甲放在其中一邊。她身穿簡單的古希臘袍子，編織的線纏繞在紡錘上。

「雅典娜。」我說，跪下其中一邊的膝蓋。

「起身，」她說。「在我成為雅典娜前，我是奈斯。我一直是一位編織者。」

因陀羅向我展示的是一片網狀。我了解到雅典娜正在編織的線是一種救贖。「你可以編織一個新的未來嗎？」我問道。

「你的意思是指挑戰命運？」她的聲音以震懾的美填滿整個空間。「我是雅典娜索緹莉亞——救世主；我是記得母親的女兒；我是繼承父親王位的小孩。我已來到這裡，我從來沒遺棄你。我是雅典娜蘇菲，我的智慧同時帶來理性與靈感。」她降低視線看向我。「你想要編織成什麼樣的未來？」

「我想要撫慰絕望。」我說。

她之前的聲音讓我覺得敬畏，不過現在則是讓我充滿恐懼。「我召喚你，赫瑪墨涅！出現在我們面前向我說明吧！」

此時有一道光芒，一位神靈站在王座前。她是命運，也不是命運，不過更明亮、宏偉；她不僅是我個人的命運，也是整個宇宙的命運。赫瑪墨涅將一隻手放在腰部，另一手撥弄著頭髮。「有什麼指教呢，我的姊妹？我們是否長得又高又宏偉呢？」

她們同聲笑了，彼此擁抱。「編織得如何？」赫瑪墨涅說道。

「這個網編織得如何呢？」雅典娜說。

當我看著快樂的景象，嘴巴卻脫口說出有點像是背叛的言語。「我想我應該要克服命運。」我告訴索緹莉亞。

女神並沒有受到冒犯，她們轉向我笑著說：「你並沒有失去。」。

「你已經有了。」赫瑪墨涅說道。

她們握住我的手，我看著索緹莉亞，她向我點頭，比了些手勢。我猶豫地站上講台。

「總是我們三人。」雅典娜說。「其中一人編織宇宙。」她輕彈紡錘。

「其中一人編織相關的圖樣。」赫瑪墨涅拆線，她編織一個貓咪搖籃的圖形，將此拿給我。

我了解我需要做什麼。我將織網拿到手上。「其中一人活出其意義。」

## ◆ 二十一世紀的魔法 ◆

在十九世紀晚期和二十世紀早期的教會，促使西方密契主義面對現代的挑戰，特別是在承認女性能否進入教會。[27] 一次大戰後，魔法從世界活絡的角色退居二線，並重塑一個自救系統。直到學院與大眾對於其再次感興趣時，我們才有大量的工作去塑造自己的儀式，去符合下個世紀的任務。

---

27. Williams, *The Woman Magician*, 11 — 12。

我們目前已經談論了一些任務：

● 理解世界是一個嵌入活著宇宙的有機體。

● 恢復母親與女性導師的制度。

● 放棄帝國主義，接觸其他文化並尊重其意願。

我們也有這些任務：

● 依照學院意願建立關係。

● 重新建立異教哲學的通神術儀式的關係。

● 一起觀想未來。

## ◆ 與學院的異教關聯 ◆

當學院派與異教間的高牆倒塌之際，我們需要積極地依照自身意識處理其關係。在經過一個半世紀被愚蠢地貶低後，又重新獲得一些讚美的驗證。我們可以在合法的工作裡尋求學院派的認可，不過重要的是，需要認知到魔法和學院有著不同的目標——我們的終極目標是體驗神聖的、活著的世界。魔法師可以與學院派成為夥伴，但是我們必須發展自身的學術標準，以及自身對於世界關係的連結。特別是我們可以堅持那些接受幫助我們塑造角色以及做法的實踐者，無論他們是否屬於學術派。

非西方思考家控訴西方在完整的非西方文化搜尋資源，以支撐窮途末路的啟蒙方案（Enlightenment project）。[28] 學院派的人對於異教感興趣的，一部分是走向一個包容性，一部分則是作為有點像是「覓食」的例子。比起方法學尋找好素材更好的地方，是特別排除定義啟蒙的地方嗎？ 我們必須抗拒那些試圖襲擊密契主義以彌補機械哲學的失敗的想法。

異教通神術的世界觀是一個活生生的整體。動物身體的本質，存在於這個世界，藉由直接接觸神靈的經驗——排除導致自然世界和人類意義的破壞。通神術提供一個活著的科學去追尋生命的來源，以及透過我們和世界去滋養。

---

28.Goonatilake, *Rescuing All Our Futures* 裡的「去西方化之未來研究」（De-Westernizing Futures Studies），74。

## ◆　重整儀式對於異教通神術的關係　◆

當羅馬基督教皇壓制大眾的異教實踐時，這些儀式從哲學基礎下劃分。無論儀式和哲學性文獻皆透過不同的管道傳承至好幾個世紀。通神術儀式形塑儀式魔法的基礎，並在二十世紀和二十一世紀初實踐。[29]

對於柏拉圖主義者來說，特別是阿斯克蕾畢珍妮亞和普羅克斯，通神術是以希臘宗教習俗為根基，我們的通神術必定也是札根於異教實踐上，可以將希臘異教含括在內，但不局限於此。重要的是，對於其文化習俗帶著尊敬態度，並以其觀點學習相關的系統。

當學術以哲學家實踐的儀式來重整柏拉圖哲學時，魔法師必須以相同的方式操作。學術派學者閱讀柏拉圖式文獻，發現實踐的守則，以及在保留下來的儀式文字中尋找與其對應的。他們有文字，我們則有儀式。我們用不同的方式來操作。而什麼是柏拉圖原則對於練習好幾個世紀的儀式重要的部分？

文藝復興的魔法師借用猶太卡巴拉來解釋儀式的實踐，不過此系統並非源自於儀式，而是柏拉圖對靈魂與卡巴拉精神的一種和諧；然而，文藝復興的魔法師並沒有帶著敬意接近猶太卡巴拉。通神術提供一種方式面對過去的殖民主義，並開始做出一些彌補。

我們是否應該放棄卡巴拉？現今，受到儀式魔法很深的影響，是這個系統歷史性的一部分。個人和群體會有不同的回應。我可以立即做到的，是認同猶太神祕主義是一個擁有自身規則的完美文化系統。我們可以得知現代有人在練習且理解其安排的規則。[30]

我們藉由愛和神聖去理解神聖。通神術同時教導我們何謂神聖，以及如何實踐神聖，這也是為什麼通神術對我們的未來既緊迫又嚴峻。當我們將理論與儀式魔法實踐重整，通常會重新找回我們自身靈性的道路。通神術喚回我們的故事，這是我們的過去，但也是我們的未來。

## ◆　一起觀想未來　◆

未來學家說：「我們所想像的就是我們在創造的。」[31]他們鼓勵個人和社群去創造未來想要居住的面貌，這將會是一個未來學與異教的交叉點。觀想是異教技巧的關鍵。早期魔法師

---

29. Williams, *For the Love of the Gods*, 219 － 220。
30. Tiiies, "Kosher Kabbalah for Non-Jews?"
31. Milojevic, *Rescuing All Our Futures* 裡的「女性化的未來研究」（Feminising Futures Studies），67。

學習如何建構想像並維持它。我們搭配這個技巧的能力去創造一個意向聲明，一個關於我們希望發生的清楚聲明。[32]

　　我們可以創造關於未來的意向聲明，我們想要在社群、國家和世界親自求證。現在的獨立魔法師創造儀式去形塑未來，以及將此公告讓大眾使用。我們的下一步是讓具體和虛擬合而為一，以此共同創造、測試和精煉。我們可以和學術派未來學者做夥伴，在社群裡有效學習方法學，並以團體的方式來完成；也可以提供我們的產出給其他社群使用，邀請他們加入。這樣的夥伴關係將會引領出團體的新形態，將會是有別以往的魔法會所，較少的遮掩與僵化，更多的包容與變動，並隨著需求的提升隨時做出改變。

　　大多數的魔法師都是創造未來的人。在因陀羅網上的每一顆珠寶都是反映其他的珠寶。[33]所有的過去都會引領未來。透過占卜、預知、先知以及啟示，開闢一條由我們一起選擇在未來裡不斷改變可能性的道路。

　　在我們的未來，西方因為世界是活生生的這個遲來的認同，拒絕了機械哲學。我們從古老的文化中學習。世人以生命長期的需求為基礎來做出決定，關係之網幫助我們站穩腳步去重生；我們理解我們是從樹木、山丘、動物、太陽、生命力量本身所借來的東西，我們在宇宙裡與自身體悟間理解神聖。

## ◆　故事：希望的魔法　◆

　　我站在一間由很多石塊建造的房子裡，面對一扇有鐵條的窗戶。我彎著腰，一隻手拉著我身上的線，另一隻手輕抱著頭。

　　索緹莉亞並不說「她在絕望中」，而是「絕望加諸在她身上」。

　　絕望在我身上。

　　所有對於未來的無用和無助的痛苦將磨練我。如果未來無法改變，如果我手無寸鐵，我要如何前進？

　　一道光線在我面前的牆壁上閃爍。我知道那道光線，是從檯燈照射出來的。希望就在我眼前，我將光線握在她的手中。漸漸地我挺直，讓手臂垂落，讓自己挺直背脊。那道光線提醒我，是宇宙中的一顆珠寶，而且我並不孤單。

　　在這個圖片裡，我也充滿希望。我是一位魔法師，我可以自由選擇我的未來。

---

32. Williams, *Practical Magic for Beginners*, 25–33。

33. Malhotra, *Indra' s Net: Defending Hinduism' s Philosophical Unity*, 5。

# ◆ 參考書目 ◆

Christianson, John, and Tycho Brahe. "Tycho Brahe's Cosmology from the Astrologia of 1591." *Isis* 59, no. 3 (Autumn 1968): 312–318.

Easlea, Brian. *Witch Hunting, Magic, and the New Philosophy: An Introduction to Debates of the Scientific Revolution, 1450–1750.* Brighton, UK: Harvester Press, 1980.

Fowden, Garth. *The Egyptian Hermes: A Historical Approach to the Late Pagan Mind.* Princeton, NJ: Princeton University Press, 1993.

Fuller, Ted. "Futures Studies and Foresight." In *Rescuing All Our Futures: The Future of Futures Studies,* edited by Ziauddin Sardar, 134–145. Westport, CT: Praeger Publishers, 1999.

Gidley, Jennifer. *The Future: A Very Short Introduction.* New York: Oxford University Press, 2017.

Glassman, Ronald M. *The Origins of Democracy in Tribes, City–States and Nation–States.* New York: Springer International Publishing, 2017.

Goonatilake, Susantha. "De–Westernizing Futures Studies." *In Rescuing All Our Futures: The Future of Futures Studies,* edited by Ziauddin Sardar, 72–82. Westport, CT: Praeger Publishers, 1999.

Hanegraaff, Wouter J. *Esotericism and the Academy: Rejected Knowledge in Western Culture.* Cambridge, UK: Cambridge University Press, 2012.

MacLennan, Bruce. *The Wisdom of Hypatia: Ancient Spiritual Practices for a More Meaningful Life.* Woodbury, MN: Llewellyn, 2013.

Malhotra, Rajiv. *Indra's Net: Defending Hinduism's Philosophical Unity.* Noida: HarperCollins Publishers India, 2014.

Marinus of Samaria. *The Life of Proclus, or, Concerning Happiness.* Translated by Kenneth Sylvan Guthrie. Yonkers, NY: Platonist Press, 1925. http://www.tertullian.org/fathers/marinus_01

_life_of_proclus.htm.

Mierzwicki, Tony. *Hellenismos: Practicing Greek Polytheism Today.* Woodbury, MN: Llewellyn Publications, 2018.

Milojevic, Ivana. "Feminising Futures Studies." *In Rescuing All Our Futures: The Future of Futures Studies,* edited by Ziauddin Sardar, 61–71. Westport, CT: Praeger Publishers, 1999.

Ray, Meredith K. *Daughters of Alchemy: Women and Scientific Culture in Early Modern Italy.* Cambridge, MA: Harvard University Press, 2015.

Schmitt, Charles B. "Perennial Philosophy: From Agostino Steuco to Leibniz." *Journal of the History of Ideas* 27, no. 4 (October–December 1966): 505–532. University of Pennsylvania Press. https://www.jstor.org/stable/2708338.

Tilles, Yerachmiel. "Kosher Kabbalah for Non–Jews?" Kabbalah Online, March 1, 2006. https://www.chabad.org/kabbalah/article_cdo/aid/380259/jewish/Kosher–Kabbalah–for–Non–Jews.htm.

Trombley, Frank R. *Hellenic Religion and Christianization*. New York: E. J. Brill, 2001.

Udayakamar, S. P. "Futures Studies and Futures Facilitators." *In Rescuing All Our Futures: The Future of Futures Studies*, edited by Ziauddin Sardar, 98–116. Westport, CT: Praeger Publishers, 1999.

Waithe, Mary Ellen, ed. Ancient Women Philosophers: 600 BC–500 AD. Boston: Martinus Nijhoff Publishers, 1987.

Williams, Brandy. *For the Love of the Gods: The History and Modern Practice of Theurgy*: Our Pagan Inheritance. Woodbury, MN: Llewellyn, 2016.

———. *Practical Magic for Beginners*. St. Paul, MN: Llewellyn, 2005.

———. "White Light, Black Magic: Racism in Esoteric Thought." Brandy Williams, 2018. http://brandywilliamsauthor.com/wp-content/uploads/2018/05/WhiteLightBlackMagic.pdf.

———. *The Woman Magician: Revisioning Western Metaphysics from a Woman's Perspective and Experience*. Woodbury, MN: Llewellyn, 2011.

World Health Organization. "Suicide Data." *World Health Organization*, accessed October 9, 2019. https://www.who.int/mental_health/prevention/suicide/suicideprevent/en/.

## ◆ 作者介紹 ◆

　　布蘭迪・威廉斯花了四十餘年，在魔法社群裡作為一名女祭司、儀式師、作家、老師以及思想領袖。她是諾斯底教會任命的女祭司，以及格魯吉亞威卡教（Georgian Wicca）、黃金黎明會（透過「Amore Gnostike」）、東方聖殿會與「Nath Tantrika Sampradahya」（Satya Vana Nath）的入會者。

　　布蘭迪具組織性的成就包含作為一名女祭司，服務於東方聖殿會心輪玫瑰十字架騎士團（Anahata Rose Croix Chapter）。她是東方聖殿會「渦流綠洲」（Vortex Oasis）的能手以及「女神之約」（Covenant of the Goddess）團體的前任校長。此外，她同時也是西雅圖異教學者（Seattle Pagan Scholars）和塞莎特姊妹會（Sisters of Seshat）——西方魔法傳統的姊妹會——的創立成員。她時常在 PantheaCon、Paganicon、TherugiCon、古書展論壇會（the Esoteric Book Conference）以及「巴巴倫崛起」（Babalon Rising）組織發表公開演說。其著作有《女性魔法師：來自女性觀點與經驗修正西方形上學》和《獻給上帝之愛：通神術的歷史與現代實踐》。

　　布蘭迪與兩位夥伴、三隻貓和一隻狗居住在華盛頓州郊區。她在當地與國際人權組織相當活躍，是一位狂熱的園藝家和中世紀音樂的歌手。

# 關於編輯

**羅・米洛・杜奎特**（Lon Milo DuQuette）是美國作曲家兼歌手，也是音樂錄製藝術家，另外也是儀式魔法、卡巴拉、塔羅牌，以及英國著名神祕學家阿萊斯特・克勞利（1875-1947）的生平與教導等領域最具國際權威的研究者。他是克勞利魔法組織東方聖殿騎士會的資深入門會員，現作為其美國總副會長，可以說是這個神祕魔法組織最常在公眾場合露面的成員。

他遊歷很多地方，並教導、傳授祕教美聲會、塔羅牌、卡巴拉和魔法等主題。他的著作繁多（並翻譯成十二種語言），其中有些被認為是現代祕教經典。

他與妻子康斯坦絲（Constance）居住在加州的科斯塔梅薩市已有五十二年。照片由保羅・慕斯卡（Paul Muska，muskavision.com）所攝。

**大衛・修梅克**是一間私人診所的臨床心理學家，專攻榮格心理治療與認知行為心理治療。修梅克是銀星聖殿（totss.org）的首席祕書暨發言人，提供泰勒瑪魔法與神祕學完整系統的訓練。他也是東方聖殿騎士會與銀星會（A∴A∴，onestarinsight.org）的資深成員，為這些傳統的入門者提供訓練已有多年經驗。修梅克是薩克拉門托東方聖殿騎士會四一八分會的前會長，繼承朋友兼老師的菲利斯・塞克勒，他也是協會的最高總檢察長。他曾是東方聖殿會心理公會（the O.T.O. Psychology Guild）的創始者，時常在國際間與區域間活動場合擔任講者。教學性廣播節目《活出真知》（Living Thelema）從二〇一〇年開始播送，並於二〇一三年以同名出版書籍。他同時也是多數其他專注於泰勒瑪、心理學與魔法學的作者或編輯。

除了魔法學與心理學作品外，他也是名作曲家和音樂家，可以透過官網 livingthelema.com 與他聯絡。

照片由凱文・菲斯庫斯（Kevin Fiscus）所攝。

"Translated from"

**Llewellyn's Complete Book of Ceremonial Magick:**
**A Comprehensive Guide to the Western Mystery Tradition**

Copyright © 2020 edited by Lon Milo DuQuette and David Shoemaker
Published by Llewellyn Publications
Woodbury, MN 55125 USA
www.llewellyn.com
Chinese complex translation copyright © Maple Publishing Co., Ltd., 2021
Published by arrangement with Llewellyn Publications, a division of Llewellyn Worldwide LTD.
through LEE's Literary Agency

# 儀式魔法全書〈下冊〉

出　　　　版／楓樹林出版事業有限公司
地　　　　址／新北市板橋區信義路163巷3號10樓
郵 政 劃 撥／19907596　楓書坊文化出版社
網　　　　址／www.maplebook.com.tw
電　　　　話／02-2957-6096
傳　　　　真／02-2957-6435
作　　　　者／隆・麥羅・杜奎特
　　　　　　　大衛・修梅克
翻　　　　譯／邱俊銘
　　　　　　　羅亞琪
　　　　　　　邱鈺萱
企 劃 編 輯／陳依萱
校　　　　對／黃薇霓
港 澳 經 銷／泛華發行代理有限公司
定　　　　價／650元
出 版 日 期／2021年10月

國家圖書館出版品預行編目資料

儀式魔法全書 ／ 隆・麥羅・杜奎特，大衛・修梅克作
; 邱俊銘，羅亞琪, 邱鈺萱翻譯. -- 初版. -- 新北市 :
楓樹林出版事業有限公司, 2021.10　　面；　　公分

譯自：Llewellyn's complete book of
　　　ceremonial magick : a comprehensive
　　　guide to the western mystery tradition

ISBN 978-986-5572-55-6（上冊：平裝）. --
ISBN 978-986-5572-56-3（下冊：平裝）

1. 巫術
295　　　　　　　　　　　　　　110012976